编撰委员会

主　编：张　健

副主编：王　峪　王玉成　王明荣　冯　路

编　委：（按姓氏笔画排序）

　　　　杜　愚　苏叠峰　吴小玲　岑　艳　邵子阳

　　　　范毅峰　郑高平　徐　毅　廖绍云（执行）

人才蓝皮书
TALENTS BLUE BOOK

宁波人才发展报告

A REPORT ON THE DEVELOPMENT OF TALENTS IN NINGBO

2024

主　编　张　健
副主编　王　峪　王玉成
　　　　王明荣　冯　路

中国商业出版社

图书在版编目（CIP）数据

宁波人才发展报告 . 2024 / 张健主编 ；王峪等副主编 . -- 北京 ：中国商业出版社，2024. 8. -- ISBN 978-7-5208-3101-7

Ⅰ . C964.2

中国国家版本馆 CIP 数据核字第 20249XX124 号

责任编辑：吴　倩

中国商业出版社出版发行

（www.zgsycb.com　　100053　北京广安门内报国寺 1 号）

总编室：010-63180647　编辑室：010-83128926

发行部：010-83120835/8286

新华书店经销

北京荣泰印刷有限公司印刷

＊

710 毫米 × 1000 毫米　16 开　20.25 印张　320 千字

2024 年 8 月第 1 版　2024 年 8 月第 1 次印刷

定价：78.00 元

＊＊＊＊

（如有印装质量问题可更换）

前　言

习近平总书记在主持中央政治局第十一次集体学习时强调，要按照发展新质生产力要求，畅通教育、科技、人才的良性循环，完善人才培养、引进、使用、合理流动的工作机制。2024年浙江省委"新春第一会"提出全面加强"三支队伍"即高素质干部队伍、高水平创新型人才和企业家队伍、高素养劳动者队伍建设，以"大人才观"全力打造中国式现代化建设者大军。当前的宁波，正以前所未有的速度和力度推进新质生产力的发展。人才是最宝贵的资源，是形成和发展新质生产力中最具活力也最具决定性意义的能动主体。我们必须树立强烈的担当意识、责任意识和争先意识，持续推动"八八战略"走深走实，按照宁波市委市政府"创新实干奋进年"的决策部署，聚焦高质量发展首要任务，强化整体性设计、精准性施策、靶向性破题、先行性探索，以"大人才观"广开育才、引才、聚才、识才、用才、护才之路，重点实施好十大专项行动，锻强勇扛使命的主力军，为现代化滨海大都市建设提供坚实支撑。

今年是《宁波人才发展报告》连续第十九年出版。经过多年的努力和探索，《宁波人才发展报告》已经成为宁波人才研究工作中具有显著特点的品牌，是宁波人才工作的一张"金名片"。《宁波人才发展报告》力求客观反映宁波人才发展基本情况，系统总结宁波人才工作实践做法，全面展现宁波人才研究创新成果。今年本书编写和组稿主要围绕四个方面开展：一是围绕宁波整体人才开发情况，总结提炼宁波一年来人才工作中的好经验好做法，突出人才工作特色亮点，尤其是聚焦宁波教育科技人才一体化推进、青年友好型人才生态建设、人才与产业双向奔赴、双向成就等方面的工作探索。二是围绕各区（县、市）人才工作实践，集中展现各区（县、市）人才工作实践、创新特色，搭建展示交流平台。三是围绕"宁波五优，人才无忧"人才服务品牌，对强化人才发展战略引领、人才服务关键小事、特色产业人才引培、创新主体活力释放等方面开展理论研究，坚持问题导向，深入分析原因，提出解决对策。四是围绕宁波最新人才政策规划，收集整理了2023年市级相关部门出台的重点综合人才政策和专项人才规划，为人才研究工作做好资料整理和研究参考。

本书由市委人才办和市政府研究室共同组织力量编辑出版。市委常委、市委组织部部长、市委人才办主任郑敏强，市委组织部副部长、市委人才办常务副主任张瑞丽等都十分关心本书的出版工作。本书由市政府研究室主任张健担任主编，副主任王峪、副主任王玉成、原人才资源研究所所长王明荣、改革处（人才处）处长冯路担任副主编。市委人才办邵子阳、吴小玲、杜愚以及郑高平等同志都全力支持本书编纂工作。

本书编辑出版工作还得到国务院发展研究中心、中国人事科学研究院、中国人才研究会和浙江省委组织部（省委人才办）、省政府研究室、省人才发展研究院等部门领导、专家的精心指导。宁波市委组织部、市委统战部（市侨办）、市委金融办、市经信局、市教育局、市科技局、市公安局、市人力社保局、市农业农村局等相关部门，各区（县、市）和重点开发区组织部门（人才办），以及在甬相关高校给予了大力支持和帮助。在此一并表示衷心感谢！

今后，我们将继续坚持"服务决策、服务发展、服务人才"的理念，进一步提高人才研究工作水平，力争多出成果、快出成果、出好成果，为宁波人才工作改革创新作出更大的贡献。

囿于水平，本书难免存在不足之处，恳请大家批评指正。

编　者

2024年6月

目　录

人才工作篇

研究探索篇

政策规划篇

人才工作篇

2023 年宁波人才工作综述

2023 年，市委组织部（市委人才办）牢牢锚定市委"争一流、创样板、谱新篇"部署要求，有力有效履行人才工作牵头抓总作用，全年围绕"重塑、精准、进位"，奋力推进人才发展"一城三地"建设，推动形成人才与城市双向奔赴、双向成就的生动局面。

一、强化重塑理念，凝聚党管人才"强合力"

坚持加强党对人才工作的全面领导，统筹政府与市场，加强横向协同和纵向联动，形成全市上下大抓人才、大兴人才的工作格局。系统重塑工作体系。深入学习贯彻习近平总书记考察浙江重要讲话精神，在全省率先制定人才工作专项贯彻落实意见，明确"三个率先、三个走在前列"总体目标以及"十个紧扣、十个示范引领"重点任务，构建新时代人才工作体系，着力开创新时代人才强市建设新局面。迭代优化推进机制。首创制定市级职能部门党管人才责任清单，明确党委（党组）和书记各 15 项共性职责，对 10 家领导小组成员单位和 14 家人才工作重点单位逐一明确重点任务，建立完善月度"工作例会＋指标通报"、季度"重点调度＋亮灯督促"、年度"综合考核＋述职评议"工作推进机制，推动全市人才工作争先进位、比学赶超。市级各相关部门抓人才工作的主动性和积极性得到加强，在上级重点人才申报和甬江人才工程评审中充分体现。整合提升工作力量。聚焦完善党管人才工作机制，在市县两级全面建立人才工作领导小组基础上，推动成立人才发展集团，高效运行市人才战略咨询委员会，整合优化浙江创新中心功能，形成市县两级行政部门、事业单位、企业单位、用人主体"四位一体"人才工作力量格局，形成齐抓共管强大合力。

二、强化精准培养，构建人才成长"快车道"

突出高端、青年、产业导向，建立完善人才培养机制，以高水平人才队伍支撑高质量发展。抢抓高端人才强引领。深入实施人才自主培养升级奖励，完善人才阶梯式培养机制，宁波大学杜时贵成为全省唯一新当选的中国工程院院士，江丰电子姚力军入选省特级专家、为全市第一位企业入选人才。系统研究院士后备人才队伍建设，形成近中远期培养名单，逐一研判形成"一对一"培养建议，着力打造顶尖人才成长梯队。抢抓科技人才强策源。聚焦高水平科技自立自强，着力做大科技人才"蓄水池"，布局建设基础研究人才培养基地，支持人才开展"科创甬江2023"攻关项目237个，新建省级以上企业博士后工作站62家、新招收博士后522人，"微交联法"高弹性铁电材料制备技术等一批关键核心技术成功攻克，3篇原创论文在顶级期刊《科学》上发表，获省科技进步一等奖9项，创历年新高，全市高价值发明专利达17959件，增长30%；人才创办企业中有"单项冠军"24家，"专精特新"小巨人34家。抢抓青年人才强潜能。把战略人才力量重心放在青年科技人上，首次实施青年科技领军人才项目，稳步提升重点人才工程、科技项目青年人才支持比例，支持青年人才当主角、挑大梁。新一批甬江人才工程中40周岁以下青年领衔项目比例达58.8%，自主培育国家"杰青"3人，西北工业大学宁波研究院首次入选国家级人才3人，均创历史新高。抢抓产业人才强支撑。统筹人才与人力资源，实施"一人一技"技能培训行动，推动职业技能等级与专业技术职称双向认可，1622名技能人才与专业技术人才实现职技融通，新增高技能人才7.57万人，累计达78.03万人。紧扣361万千亿级产业集聚建设，编制重点产业人才导向目录，出台实施人才赋能企业高质量发展等政策举措，有针对性地开展"百校百场"全国巡回招聘154场，新引进大学生26.6万人，同比增长17%。

三、强化主体思维，释放授权松绑"新动能"

坚持问题导向、目标导向，深化人才发展体制机制改革，以授权松绑充分激发创新创造活力。加强政策创新。持续完善"通则＋专项＋定制"人才政策体系，出台实施甬江科创区打造人才新高地定制政策，对省部属单位全面实行同城同待遇，把科学技术贡献奖励扩面至拔尖人才及产业高薪人才，甬江科创区已集聚 43% 国家级人才，新入选的 8 个省顶尖人才项目有 7 个集聚在科创区。坚持"一平台一政策"，推动开启与中国科学院新一轮战略合作，支持宁波材料所实施全国重点实验室、重大科技基础设施和科研经费投入、高层次人才数"双突破双倍增计划"。加强改革赋能。全面落实支持甬江实验室人才集聚 11 条，支持宁波大学引进人才推进"双一流"建设 9 条，支持东方理工大学人才集聚 8 条，全力赋能重大平台引才聚智。甬江实验室已集聚 20 个高水平研究团队、420 余名科研人员；东方理工大学累计引进 10 名海内外院士、58 名 PI；宁波大学力学高端人才达 25 名，其中海外院士 2 名、国家级人才 10 名。改进评价激励。坚持"谁使用谁评价"，将人才市场化评价从"大优强"企业扩面至单项冠军、专精特新"小巨人"等 6 类重点企业，新授权吉利等 10 家民营企业工程系列中级职称自主评审权，进一步激发企业引才主体作用。高效运行宁波人才院，发挥高层次人才编制池作用，一年来，已有 32 名高层次人才入院享受事业养老保险待遇，有效地助力企业留住创新领军人才。

四、强化系统观念，优化创业创新"生态圈"

以打响做实"宁波五优，人才无忧"服务品牌为牵引，着力解决人才全周期、全方位发展需求，让人才在宁波、不奔波。创新打造宁波人才大脑。围绕人才"引、育、留、用"全链条，以系统观念、数字技术建设"人才大脑"，搭建"1 个数仓 +1 个平台 +1 个终端 +N 个功能模块"，打通 22 个部门 31 个系统 13 亿条数据，覆盖用人主体 134 万家、人才 241 万人，着力推进人才一库统管、服务一站通享、决策一网智治。人才科技周正式发布以来，为各类人才提供岗位招聘、政策兑现等各项服务 30 余万次。全力赋能人才创新创业。新选聘助创、法务、财务等服务专员 86 名，全覆盖结对服务 563 家人才企业，集成推广研发贷、创业贷、智慧贷等人才专属产品，全年发放贷款 60.8 亿元、单家人才企业最高达 10 亿元。加强企业家关心关爱，联合宁波东方理工大学、宁波大学开办民营经济人士变革创新研修班，创新举办 HR 赋能学堂、"才金荟"人才企业融资专场对接会等活动，有效打好助才赋能"组合拳"。精心办好人才关键小事。全面深化党委联系服务专家制度，修订出台专家服务管理办法，将人才子女入学保障扩面至博士等高级人才、妥善解决 505 人次入学需求，建立人才全周期健康管理体系、为首批 53 名人才定制医疗保健服务，统筹全市 8 万余套人才安居政府房源，打造"房等人"人才安居体系，全链条、高品质人才服务矩阵加快构建。持续浓厚尊才爱才氛围。以创新、实效为导向，评选新一批 10 名市杰出人才，在人才科技周开幕式上由市委主要领导逐一颁证，以一座城市的最高礼遇致敬人才。在年初及年底策划推出 2 批"人才与城市双向成就"系列宣传，加强典型宣传、树立爱才风尚。按照"把行动置于活动中"要求，建立完善以人才日、人才科技周为双主线，以重要节日、重点节气为串联的全年活动体系，首次将人才日拓展至 2 周、将人才科技周拓展至 1 季，共达成人才引进意向 8400 余人，首次举办"人才之夜"专场交响音乐会、中外人才新年音乐会，获央视财经、中文国际等中央权威媒体密集报道，人才纷纷点赞"宁波的暖，留住了人才的心"。

2024 年，是全面贯彻习近平总书记考察浙江讲话精神的开局之年，也是国家高水平人才高地和吸引集聚人才平台建设的启动之年，我们将紧紧围绕融入国家人才战略布局，系统实施党管人才聚力行动、全球人才海纳行动、本土人才赋能行动、平台雁阵造峰行动、人才服务提质行动五大行动，绘好人才工作首位度、战略人才集聚度、人才培养自主度、平台聚才加速度、人才生态满意度五条增长曲线，勇当"浙江打造各类人才向往的科创高地"的先行者，谋好人才出彩、城市精彩的新篇章，为宁波争创共同富裕和中国式现代化示范引领的市域样板提供更为坚实的人才保障。

中共宁波市委组织部

2023年区（县、市）、重点开发园区人才发展基本情况

海曙区

一、基本情况

2023年，海曙区新引进青年大学生2.7万人，人才资源总量达到25.12万人。目前，全区集聚工程师人才1.3万人，共有268个海内外高层次人才领衔的项目入选市级以上重点人才工程，其中，国家级42个，省级43个，市级183个。

二、主要做法

（一）以塔尖标准多途径集聚人才

聚焦人才计划，有序推进各级人才项目申报，2023年经海曙申报入选国家级人才17个，入选省级人才3个，市级甬江人才工程项目31个。辖区人才企业上规数量突破两位数，进入拟上市企业培育库的人才企业数量达5家。个性化定制硕博士引进新政，加大补助奖励力度，提高海曙引才目的地的辨识度。瞄准重点城市和重点项目开展赴外招聘，全年赴北京、上海、苏州、西安、广州、深圳等地开展招商引智工作18次，对接重点人才企业项目41个。

（二）以卓越思维全方位塑造品牌

大力推进海曙"卓越工程师10/50储备计划""万名青年工程师培养计划""数字工程师千万奖励计划"。以共享工程师、数字工程师、翠柏里工程

师等为切入口，扩大工程师专项范畴，系统迭代工程师专项新政，2023 年 4 月正式发布"工程师系列政策 9 条"。充分发挥"卓越工程师培训班"作用，强化卓越工程师培养，2023 年以来，开展数字化赋能培训班 15 场次，培训青年工程师 1509 人次。

（三）以协同视野多渠道提升能级

深化名城名校合作。联动浙江大学谋划建设鲲鹏软件产业园，与浙江海洋大学签订战略合作协议共建高能级研究院，与安徽科技学院订立校地合作协议。浙江省工业软件产业技术联盟宁波工业软件赋能中心授牌成立，博士创新站、国家重点研发计划实现零的突破。前瞻眼光发展数字经济。聚焦产业迭代升级，重点提质数字经济"一号工程"。积极承接市级重大平台项目，成功签约落地人形机器人研究院，海曙再添高能级科创人才平台。连续承办中国工业互联网大赛，乘势而为规划数字经济产业园，成立数字经济促进会，建成智能工厂、数字化车间 20 家，凸显海曙对工业数字化人才的强磁效应。

（四）以服务意识深层次构筑生态

做实全方位服务。紧盯人才成长所需，聚焦人才生态营造，打造人才无忧好环境。加快人才政策"通则 + 专项 + 定制"的体系化构建，并按需推出机器人领域人才定向扶持、企业技能人才自主认定、硕博士引进奖励、大学生"来曙有位"、来曙创业过渡期安居等差异化、个性化政策。打造海曙高层次人才服务金字招牌，联手市人才集团推出 81890-910 人才专线，实行线上点对点推送提醒、线下专员跟踪闭环服务，同步加快推进人才工作数字化改革，梳理人才工作核心业务，完善系统应用场景，聚焦人才安居、子女就学、医疗保障等需求精准开展服务。丰富人才生态圈子。国家级艺术大师潘公凯工作室顺利落户，第十届天鹤奖国际创新设计大赛系列活动反响良好，人才赋能都市文博区建设、助力城市形象经营取得积极成效。配合市委人才办做好谷雨人才日活动，第二届卓越工程师人才峰会、"你好·芽"种子集市暨未来农学院启动仪式、第四届中国工业互联网大赛闭幕式、新兴产业高层次人才洽谈会暨博士后供需对接会等海曙分会场活动热烈开展，展示海曙创新创业浓郁氛围。

江北区

一、基本情况

2023年，江北区深入实施"双推双进""双招双引"人才聚智行动，引进落地中国航空学会先进制造技术应用推广中心，启动建设宁波大学创新港，新增省级企业研发机构12家；每万人有效发明专利量突破110件，位居区（县、市）第一；大连理工大学宁波研究院人才培养工作被央视财经频道报道。

二、主要做法

（一）围绕产业链部署人才链，打造引才聚才"强磁场"

迭代升级人才政策。围绕"361""133"产业集群，迭代升级"产才融合引领区"人才新政29条，涵盖人才薪酬补贴、人才安居补助、产业教授工作津贴等一揽子支持举措，推动人才和项目良性互动、人才和产业高效融合。4名国家级专家全职落地，到岗率达80%，"长江学者"全职引入且到岗实现零突破。全力开展"双招双引"工作。加强部门协同联动，整合升级人才联络服务站，建立"人才＋项目＋（企业）＋产业"招引体系，储备吸引一批延链扩链补链强链人才项目，聚力实现引进一个人才、集聚一个团队、培育一个企业、带动一个产业。共储备引进高层次人才项目超过110个，国家级项目、市甬江人才工程项目申报数再创历史新高。深入实施"双推双进"行动。用好各级学会协会资源，推动学会协会落地，探索建设产业技术应用中心，集聚行业人才智力资源。用好民主党派人才资源，推动民主党派工商联力量赋能人才发展，引入民革智库知识产权赋能中心，为区域经济高质量发展提供人才支撑。走进高校、科研院所，派遣2名干部分别到宁波工程学院、浙江纺织学院挂职，促进产学研深度融合发展。走进重点企业，通过建设企业人才工作服务站，打造企业需求库、人才信息库、项目储备库，实现人才精准匹配。

（二）围绕创新链融合人才链，搭建育才用才"主阵地"

支持重点平台招引人才。深化实施创新平台人才直通车制度，探索推进重点平台人才自主认定机制，面向重大创新平台、产业技术研究院、重点企业专门开通区级项目创新人才申报直通车，对符合条件的人才可直接进入答辩环节或直接认定。2023年以来，由研究院申报各级人才工程37个，入选项目3个，其中国科宁波生命与健康产业研究院全职到岗省级以上人才专家2人。着力提升区域平台能级。积极对接创新大平台，加强与学会协会合作力度，落地中国航空学会先进制造技术应用推广（宁波）中心创新平台，引进人工智能专家李伟博士等高端人才，推动前端先进制造技术产业化转化及商业化应用。开展产业技术研究院产业化项目专场融资对接会、高层次人才沙龙对接会等活动，服务对接领域内高端人才、资本市场，不断提高研究院引才聚才影响力、产学研项目转化力。深化开展"产业教授"工作。持续创新深化"产业教授"机制，联合高校院所、重点企业建设产业教授共同体，探索教育科技人才一体化发展新路径，推进产学研合作39项。选聘唐波、李砚硕等6名"产业教授"，推进技术领先性强、产业化成熟度高的创业创新项目转化落地，推动教育科技人才一体布局、融合发展。

（三）围绕资金链赋能人才链，构筑重才留才"生态圈"

全力提升人才项目资金效能。以数字化改革为牵引，新建"乐智江北"人才工作数字化系统，在全市率先贯通甬江人才工程申报系统，贯穿回流市级人才项目数据信息399条。利用数字化平台开展资金申请拨付工作，强化人才项目科学管理，缩短人才经费审核时间，进一步强化人才服务效能。持续做优做实人才服务。不断提升"宁波人才之家"综合服务效能，优化人才发展保障体系，创新成立人才赋能中心，目前已聘请8名赋能专家，涵盖财务服务、法律服务、金融服务、科技服务等六大人才企业关心关切领域，达成36项人才企业赋能合作。持续开展人才服务活动。坚持活动实效导向，打造"智创将来　才聚北岸"活动品牌，先后举办"才金荟"人才企业融资专场对接会、人才赋能制造业高质量发展对接会等人才活动200余场，进一步浓厚江北区重才爱才氛围，推动形成人才与发展"双向奔赴"、人才与城市"双向成就"的新生态、新氛围、新格局。其中，举办的"一带一路"国际牙科产业论坛，吸引 62 个国家、300 余名牙科产业专家参会。

镇海区

一、基本情况

2023 年，镇海区新入选国家级人才 35 人，支持省顶尖人才 7 人，助力科创平台入选市顶尖人才项目 5 个。2 家人才企业入选国家专精特新"小巨人"企业。新建成国家级博士后工作站 2 家，省级博士后工作站 8 家。

二、主要做法

（一）持续加强人才工作统筹

出台《一体推进"教育、科技、人才"引领产业高质量发展的实施意见》，牵头构建"三位一体"工作体系，在全市先行发布 13 项改革创新清单、16 项关键指标清单、7 项赋能产业清单和 23 项重点任务清单，进一步提升全域协同运行效能。落实人才工作"一把手"审计制度，将人才工作考核体系纳入"党的组织建设"考核序列，进一步树牢"管行业就要管人才、管项目就要管人才"工作导向。加强人才政治引领和吸纳，新评选 1 名"科创镇海"首席专家、5 名区杰出人才和 12 名区优秀人才。

（二）持续紧抓各类人才引育

构建"政府、平台、企业"多元主体招引格局，抢抓集成产业发展"窗口期"，及时发布集成电路产业人才专项政策 23 条，进一步简化项目评审机制，突出重能力、重经历的产业人才评价导向。持续实施区"雄镇英才"集成电路产业专项，全年新引进高端人才项目 22 个，集成电路、数字经济等领域占比超 80%。迭代人才项目全链条支持政策，新遴选 4 家成长示范培育企业、5 家上规、23 家估值超亿元、3 家纳入上市企业培育名单，2 家入选国家专精特新"小巨人"。统筹推进各支人才队伍建设，新引进 35 周岁以下高校毕业生 1.37 万人。

（三）持续放大平台集聚优势

实施顶尖人才"双引双创"行动，支持设立宁波东方理工产业技术研究院，以定制化政策推动东方理工大学张东晓院士团队、柳清伙教授团队等项目在镇海落地运行。持续推进产业技术研究院提质增效，新获批 1 家省级国际合作基地、2 家省级新型研究机构、1 家全省重点实验室、4 家市级重点实验室、3 家市级"揭榜挂帅"项目，1 家牵头项目入选国家重点研发计划，集聚科研人员 1821 人。

（四）持续提升人才服务质效

健全创新创业服务体系，深化区领导联系人才服务机制，雄镇英才"放心创"为 67 家人才企业、141 位核心成员提供创业保险，人才基金新投人才项目 5 个。健全人才暖心服务体系，新投用 1046 套人才安居专用房，协调 73 名市、区高层次人才子女就学，成立国资背景的甬江人才发展有限公司，打造甬江科创人才服务专区，首批推出 8 大类 19 项增值化服务事项。健全联谊交流服务体系，定期举办"人才日""人才科技周"活动，常态化开展马拉松、音乐节、篮球赛等联谊活动，持续营造爱才尊才浓厚氛围。

北仑区

一、基本情况

2023 年北仑区新入选省顶尖人才计划 1 人，国家级引才计划 26 个，入选国家级重点人才培养工程 1 人，宁波市顶尖人才项目 2 个，宁波市杰出人才 1 人，第一批"甬江人才工程"20 个。北仑区获全市首个浙江省"科技创新鼎"，成为全省首批、全市唯一外国高端人才创新集聚区。

二、主要做法

（一）坚持高标准落实，构建竞争有效人才机制

一是健全工作机制。优化调整区委人才工作领导小组成员单位名单，印发《中共宁波市北仑区委人才工作领导小组工作规则》《关于完善区级职能

部门党管人才职责落实机制的意见》和《区委人才工作领导小组 2023 年工作要点》，进一步凝聚人才工作合力，推动人才工作重点任务落细落实。二是强化考核机制。制定区人才工作专项考核实施细则，建立街道重点人才工程工作推进亮灯通报机制，定期通报进度，压实工作责任。研究制定驻京、驻沪重点城市联络点人才工作绩效考评办法，进一步推进驻外联络服务点工作提质增效。三是完善服务机制，牵头制订区领导联系服务重点人才方案，优化完善相关重点人才及企业信息库，切实建立企业人才纾困解难的服务机制，累计联系服务人才企业 95 家次，高层次人才 78 人，帮助解决疑难问题 25 个。四是理顺衔接机制。围绕功能园区整合和机构改革，梳理整合社会领域人才政策，研究落实宁波保税区人才房具体承接，进一步衔接理顺宁波保税区、大榭开发区人才工作事项。

（二）坚持高质量引领，集聚国际一流人才队伍

一是制定政策聚才。制定印发《关于进一步深化"青年北仑"工作打造"青年理想之城"的实施方案》，研究"青年北仑"新 10 条即《关于深化打造"青年北仑"的若干意见》，持续推进青年人才引育。制定全区人才新政，对区域重点企业主要经营管理人才贡献奖励办法，加快集聚重点企业和重要经营管理人才。二是狠抓项目揽才。2023 年度牵头组织申报市级及以上人才项目 460 个，同比增长 41.1%，其中申报国家级引才计划 103 个，同比增长 58.5%；申报省级引才计划 78 个；申报"甬江人才工程"260 个，同比增长 40.5%。2022 年市级以上入选人才已到岗并申领经费的占比超 60%，位全市前列。三是举办活动引才。举办谷雨人才日"智荟港城　无与仑比"国际英才产智对接活动、第三届"硬核杯"国际英才创业创新大赛，支持第六届百度智能云（宁波）云智基地创新创业大赛，吸引集聚海内外高层次人才超百名。组织开展英国化工协会专家团回国交流对接会、北仑区重点产业人才对接会等活动，进一步推进产智精准对接。四是推动平台汇才。推进数字经济一号工程升级版，加快建设"芯港小镇"，完成两批次集成电路产业专项人才评价遴选，新认定产业人才 18 名。成立宁波英国约克郡海外创新孵化中心和宁波新加坡海智创新孵化中心，加快推进海外科技人才项目前期培育和孵化引进。

（三）坚持高品质服务，营造近悦远来人才生态

一是加强安居保障。牵头做好本科以上人才住房需求摸排、人才集聚区人才房供需情况调研等工作，摸排青年创业创新大厦等租赁用房人才需求，联系摸排区内企业1988家，收集需求285条。统筹全区人才房房源，做好全市人才住房信息管理系统前期对接，进一步夯实区域民生基础配套，强化人才吸引力。二是升级金融服务。谋划设立人才创投基金，运营青年发展基金，完善"财政＋金融"高层次人才项目支持体系，累计投资青年项目4个共计2800万元。常态化摸排人才初创企业融资需求，推动企业与银行和融资机构交流对接，发布包括海伦钢琴、联方电子等企业共计2.8亿元融资需求清单。三是完善贴心服务。打造"仑才荟聚"高层次人才联谊活动品牌，2023年度举办"踏青嘉溪""情系端午""情满中秋""筑梦港城—白峰专场"等主题活动4场，参与高层次人才超200人次，受到广大高层次人才的好评。四是提升专业服务。举办2023年北仑区人才工作者专业化能力提升培训班，培训全区人才工作者40名。加强人才企业助创帮扶，摸排企业63家，收集法务、财务需求14个，进一步发挥企业助创专员作用，实现精准帮扶。

鄞州区

一、基本情况

2023年，鄞州区全面打响"智鄞未来"人才品牌。人才资源总量、国家级人才入选数、市级人才项目入选均居全市前列，新引进硕士以上大学生数全市第一，人才微共体荣获"全国基层人才工作优秀创新案例奖"。

二、主要做法

（一）优化人才发展格局

成立"双招双引"工作领导小组，统筹推进全区招商引资、招才引智工作。衔接市级人才工作体系调整，出台区级高层次人才项目遴选办法，明确产业主管部门共同做好相关领域人才引育工作，形成人才办牵头抓总，职能

部门各司其职，镇（街道）园区全力配合的工作局面。加快授权松绑评价，深化企业引才薪酬补贴，开通企业人才评定"直通车"，激发用人主体活力。

（二）激发平台载体动能

以"找增量＋扩存量"的思路，完善平台雁阵格局。积极融入甬江科创区，深挖宁波东方理工大学等驻甬高校院所资源，探索建立鄞州研究院等校地合作平台。支持宁波院士中心、浙江创新中心等特色平台提档升级，院士中心进家院士达109位，连续两年全省绩效评价第一，浙江创新中心承接省级高层次人才一体化互认试点，辐射范围持续扩大。加快完善创新平台，人才企业微萌种业实验室荣获全省首个"国字招牌"，汇聚·创业里新晋国家级科技企业孵化器。

（三）涵养人才发展生态

聚焦人才生活，深化"五优五遇"品牌，推出鄞州人才安居地图，面向人才出售117套人才房，全面加强人才安居保障。推进人才服务一件事改革，建立"智鄞未来"人才服务港，打造"智鄞未来"云平台，实现服务高度集成、一站即享。聚焦人才发展，持续推进"百企大调研"，走访企业200余家，助力营商环境优化提升，8家人才企业新入选市"专精特新"中小企业。聚焦人才生态，高质量举办第二届"智鄞未来"大会、宁波人才日鄞州专场等特色活动40余场，吸引以院士为代表的5000余名各级人才，营造浓厚爱才重才氛围。

奉化区

一、基本情况

2023年，奉化区入选国家级人才19人，增长375%，入选专精特新"小巨人"企业数量居全市第一；成功举办"双创"青年博士发展大会、生命健康产业与高端人才对接洽谈会、博联换届大会、青年大学生云聘会暨毕业生开游节等大型人才活动，人才品牌不断打响。

二、主要做法

（一）塑造人才品牌，擦亮"最好青创"城市名片

一是打造"奉化有才"活动品牌。构建1场主体比赛4个重点板块10大重点活动矩阵，以2023中国宁波（奉化）第一届全球高层次青年人才创业大赛为核心，开展北京、上海等4个城市巡赛和奉化决赛，打响青创大赛影响力；聚焦高端研讨、产智结合、精准揽才、开放互动四大板块，高规格举办重点活动10余场，不断擦亮"最美桃花源、最好青创地"城市品牌。二是打造"智慧风华"安居品牌。建成投用"风华聚"国际青年人才社区，一经推出市场火爆，其中硕博以上人才占比近40%，入住人才覆盖法国、新加坡等全球10个国家。为打造高品质智慧社区，研发推出"风华聚人才管家"小程序，实现线上选房、网上缴费、家政清洁一键即达，促进人才安居从"一张床"向"一套房"再到"一个智慧社区"提档升级。三是建立"人才＋资本"金融品牌。依托甬山控股成立人才基金，采用"子基金＋直投"双模式运作，储备优质人才项目30个。开展人才银行提质扩面行动，合作银行增至5家，与宁波银行合作打造"奉才联名卡"，为人才企业提供"波波知了"会员服务，迭代升级"英才贷2.0"版，创新推出"融e借""人才企业贷"等金融产品，人才银行助力人才企业获贷款超2亿元，加大人才企业上市辅导力度，5家人才企业入选上市后备企业库。

（二）布局全域网络，打造"多维引育"雁阵格局

一是"领雁"引航，全力攻坚高端人才。成立海外引才攻坚专班，抽调经信、人社、科技条线、驻外联络站业务骨干，通过专人化管理、专班化运营，实现资源互通、人才企业精准匹配，2023年自主培养入选国家级人才19人，数量超历年总和。坚持项目人才联动招引，布局京津冀、长三角、粤港澳、华中4个核心片区，提升驻外人才工作站片区协同作战能力，2023年以来新招引落地领军型人才和创业团队36个，累计262个。二是"强雁"护航，大力引育实用人才。出台"凤麓名师"及"凤麓名医"教育卫生领域专项人才政策，聚焦引进、培养、激励等关键环节吸引教育医疗领域高层次人才，全年引进急需和紧缺医学类人才155人、培育教育领军拔尖人才18

名。深化新时代"奉化工匠"培育工程，举办"凤麓杯"系列技能竞赛，活动覆盖面 15 个专业领域，参与人数超 3000 人，通过以赛代评、以赛促训形式评选技师人才 24 名，奉化大工匠、奉化杰出工匠、奉化工匠 22 名。深化产教融合，开展"企校双制、工学一体"的培养模式，与职教中心和工贸旅游学校合作开设永东电器校企合作基地、飞达利恩订单班等校企合作紧密型基地。全年开展各类创业创新培训 3 万人次。三是"雏雁"续航，着力集聚青年人才。出台实施"凤麓菁英"计划，计划 3 年招聘 300 名"名校优生"，"引、育、储"一批高素质高学历和紧缺急需人才。打造"全国选才　才汇奉化"系列招聘品牌，举办青年人才专场招聘、全国高校巡回招聘等活动 20 场，打响青年大学生云聘会暨毕业生开游节活动影响力，吸引 1000 余名毕业生来奉招聘，2023 年以来新引进大学生 1.5 万人。

（三）打通链接支点，开辟"产才融合"发展赛道

一是聚焦产业发力点。锚定"一大一高两新"主导产业，出台"加强人才集聚推动重点产业高质量发展十条举措"，推进创新链、产业链、资金链、人才链深度融合。"凤麓英才"项目针对重点领域"靶向选才"，实行产业专项评审，加大重点领域项目入选比例，2023 年第一批入选生命健康、新能源、新材料等领域项目比例达 72%。二是搭建平台承接点。构建全生命周期科创生态，建成浙江创新中心凤麓中心，围绕重点产业领域引进硬核项目 50 余项、聚集高层次人才 100 余人。引进孵化高质量创新平台，依托复旦大学、浙江大学等优质高校资源，积极争取谈家桢实验室、生物医药创新中心、高端制剂和先进药物创新实验室等一批重大项目落地。三是打通要素关键点。激活企业创新主体活力，加大"大优强""单项冠军"专精特新"小巨人"企业培育力度，2023 年以来入选"小巨人"企业 10 家，全市排名第一。引导企业开展人才联合培养、技术联合攻关，加大博士后科研工作站设站力度，试点上线博士后数字化绩效管理系统，全年新增国家级博士后工作站 1 家、省级博士后工作站 4 家。加大人才创业创新服务综合体与产业平台服务和资源贯通，以"工链圈"为纽带，举办线上线下相关活动 92 次，带动合作订单总额 1.5 亿元，推动人才与产业无缝衔接。

余姚市

一、基本情况

2023 年，余姚市新引育国家级人才 6 人、省级人才 10 人，新入选省领军型创业创新团队 2 个、宁波市甬江人才工程 28 个，1 位自主培养专家获评宁波民营领域和区县市层级"双唯一"省特级专家，1 家人才企业新列入国家专精特新"小巨人"名单，助力余姚市列入科技部创新型县（市）建设名单。

二、主要做法

（一）聚焦党管人才工作格局优化完善，人才协同发展水平持续提升

一是加强人才工作运行多跨协同。强化党对人才工作的全面领导，结合服务联盟运行办法调整，制定职能单位党管人才共性责任清单和个性责任清单，组织召开市委人才工作领导小组会议、全市党委（党组）书记抓基层党建和人才工作述职评议会，加强人才工作系统谋划、统筹协调。二是改进人才工作争先进位机制。制定出台年度领导小组工作要点和"争先进位"重点任务清单，优化人才工作清单式任务要求和目标体系，定期梳理人才工作绩效考评重点指标数据，开展重点任务指标推进情况专项研判及督促，提升人才工作整体效能。三是建强人才工作队伍体系。发挥市委组织部牵头抓总作用，联合各职能部门组建重点人才工程专班，制定专班工作机制，开展工作交流、业务探讨、理论学习等专班会议。加强与市人力资源经理人协会对接合作，积极吸纳企业人力资源经理进入人才工作队伍，组织开展人才工作者专题培训，强化人才工作力量协同整合。

（二）聚焦高精尖缺重点人才队伍建设，人才引育整体质效持续提升

一是深化产才融合工作导向。围绕余姚市产业结构和人才发展特点，制

定出台《余姚市重点企业高层次人才全覆盖三年行动计划》，针对先进制造业、现代农业和现代服务业等145家企业分层分类分阶段设立人才引聚行动目标，多次召开动员工作会议，调研了解企业用才诉求及岗位百余个，常态化开展人才企业匹配对接工作，持续激发重点企业引才用才主体活力。二是加强科技领军人才引育。发布年度"姚江英才项目"公告，加强与浙江省人才发展集团、高层次人才产业加速中心等第三方机构合作对接，与德国、日本等华人协会达成引才战略合作协议，深入企业开展重点人才工程政策交流，全面做好上级重点人才工程项目申报梯队储备，落实重点人才项目"点对点"申报辅导。三是加强产业专技人才引育。市高端会计人才为期3年培养班开班，2023年新时代余姚工匠遴选工作启动实施，在甬高校"双师型"教师能力提升培训班成功举办，余姚机器人与智能装备产业综合体三个协同育人项目入围2021—2022年度浙江省产教融合"五个一批"评定名单，8人获评宁波工匠，6人获评浙江工匠。

（三）聚焦战略平台矩阵建设提能造峰，人才承载支撑能力持续提升

一是建强核心功能平台。加快"一园两区"平台体系建设，中意宁波生态园创新推行"大脑+本体"模式，积极引入"两脑一初"企业，入驻率达90%以上；余姚经济开发区电子产业园开发持续加速，总投资超10亿元"年产5.2万个超大规模集成电路用超高纯金属溅射靶材产业化项目"开工建设，机器人智谷小镇研发中心新建工程项目有序推进。二是加速科创平台建设提质。做好已落地科创平台跟踪服务，举办科技成果对接会议，鼓励各类横向合作、产业转化，浙江大学机器人研究院与企业共建第十个联合研发中心，阳明工研院孵化企业江丰同芯半导体完成国内首条第三代半导体功率器件模组核心材料制造生产线搭建。三是激活企业平台主体作用。鼓励引导企业提升自主创新能力，智昌集团发布智昌蜂脑工业互联网平台，开启了"自下而上建网、逐层闭环赋能"的新型服务模式；舜宇智能光学"眼—脑—手—脚"全栈式全场景机器人视觉方案成功亮相第八届中国机器人峰会暨智能经济人才峰会。

（四）聚焦体制机制综合改革活力激发，人才竞争制度优势持续提升

一是深化人才发展体制综合改革试点。以构筑人才发展体制机制新优势为目标，推动中意宁波生态园融入宁波前湾智造创新带建设，指导舜宇集团完成省光学光电行业高级工程师职称改革工作实施方案等文件编制，成功举行高评委专家库入选专家颁证仪式，稳妥有序推进省级人才发展体制机制综合改革试点项目承接落地。二是推动重点人才工程组织体系优化。推动"姚江英才项目"纳入宁波甬江人才工程储备项目，优化项目管理服务模式，细化资金申请、日常管理细则程序，组织召开姚江英才入选项目资金管理使用培训会议，引入第三方专业机构服务托管。三是加大人才工作市场化探索实践。结合企业走访、工作会议等加大引才伯乐专项、猎头引才资助、薪酬补贴制度等市场化引才政策宣传推介力度，梳理符合相关政策条件人才，启动"点对点"对接工作。探索人力资源服务产业园市镇两级园区共建，人力资源服务业数字产业平台落户泗门镇。

（五）聚焦赋能解忧服务体系迭代重塑，人才获得感满意度持续提升

一是提升人才服务合力。整合政府与市场资源，组建人才企业上规上市服务联盟，深化实施人才企业重大事项变更联系反馈机制，强化人才服务高效协同、落地解决，市市场监管局积极与宁波知识产权保护中心对接，帮助容百科技缩短专利授权周期。二是强化精准服务效力。持续做好"人才码"申领与审核工作，及时精准对接各类高层次人才困难诉求，新聘8位法务、财务专员，为50名人才办理子女入学手续，协助2位海外高层次人才办理在华永久居留，调研摸排全市本科及以上人才住房需求，系统梳理可售、可租房源保障情况，落实和园专家公寓历史遗留问题处置。三是打响"才聚最名邑"人才品牌。聚焦"阳明故里　智汇余姚"城市品牌建设，组织开展"姚聘"行动走进省内高校月活动，成功举办机器人峰会暨智能经济人才峰会"才聚最名邑"青年人才论坛、第七届全球智能制造创业创新大赛、"河姆智谷"国际科技人才洽谈会、"青春正当时　相约我的城"千名学子回乡系列活动等。

慈溪市

一、基本情况

2023 年，慈溪市深入实施人才引领创新驱动战略，以建设"智造人才友好城"为牵引，以一体推进教育科技人才工作为突破，建强聚才平台雁阵，壮大战略人才力量，打造"最懂人才心思"服务生态，为新质生产力发展注入澎湃人才动能。

二、主要做法

（一）重塑争先进位的政策机制体系

出台 2023 年慈溪人才新政，迭代升级上级重大人才专项配套支持等政策举措，全面实施人才强企政策，政策的撬动牵引作用不断增强。革新优化人才工作绩效考评体系，创新推出重点人才指标报表，健全完善人才工作重点任务交办制度，专班运作探路破题慈溪市海外引才、高端引才等工作短板弱项，推动各地各部门抓好人才工作重大政策落实、重要工作推进、重点人才服务，全市人才资源总量达到 45.26 万，居宁波各区县市首位。

（二）构建导向鲜明的产业聚智格局

开展"大优强"、单项冠军、专精特新"小巨人"等重点企业大走访大调研，启动国家级、省级引才工程专家三年倍增行动，全面重启赴海外引才工作，建立健全双招双引调度机制，建立企业院所人才供需匹配库，国家级引才工程入选数大幅增长 200%，增速位居宁波第二，施珍当选宁波杰出人才，系宁波非遗文化领域首位杰出人才，国家级、省级引才工程专家实现应到尽到，到岗率位居区县市前列，全年累计引进集聚领军人才（团队）项目 44 个。支持青年人才当主角挑大梁，新建博士后工作站 3 家、新招收进站博士后 27 人，创历年新高，创新开展"助学乐业"工程、校企"直通车"、人才夜市等招引行动，全年新增大学生 18531 人。深入实施"上林工匠"计划，推广技能等级自主认定、专技互通等方式，新增高技能人才 7727 人。

（三）创优开放包容的人才服务生态

围绕人才创新创业全流程、全要素需求，创新开展"组团服务＋属地服务＋认领服务"三位一体模式，累计培育规模以上人才企业 17 家、估值超亿元人才企业 15 家。聚焦住房安居、子女入学、医疗保健等人才"高频需求""关键小事"，加强优质服务的有效供给，解决人才子女入学 120 人，持续擦亮"最懂人才心思"金名片。迭代升级上林英才"链式"平台体系，放大慈溪医工所等现有平台的人才集聚作用，强化对宁大科院、温医大宁波研究生院、浙工商职院慈溪学院等本地高校的支持力度，更好地发挥人才引育的"蓄水池"作用。以"在慈·智造 WE 来"为主题创新举办 2023 宁波人才日慈溪专场、上林峰会等活动，吸引 20 余名中外院士、超百名外籍科学家等知名专家学者来慈开展高端研讨、产智合作，推动人才与城市的"双向奔赴""双向成就"。

宁海县

一、基本情况

2023 年，宁海县以融入宁波"一城三地"战略布局为牵引，以引领支撑创新深化、改革攻坚、开放提升为主线，一体化推进教育科技人才工作格局，抓紧抓实高层次人才集聚、高技能人才引育、高素质人口导入三大行动，以人才引领驱动经济社会高质量发展，取得了较好成效。

二、主要做法

（一）深化产才融合，推动引育提速

一是靶向招引高端人才。聚焦光伏储能、新材料等领域，推行"产业＋人才＋项目"模式，充分整合市场化、社会化资源力量，助推上级人才工程取得突破，国家级入选 8 人，再创新高；省级推荐申报 52 人，获得院士举荐 3 人，成功入选 3 人。二是精准培育产业人才。做强产业人才学院品牌，作为"四方联动·产教融合"模式发源地，在全省交流会上分享首创经验，获省委常委、市委书记彭佳学，副省长张雁云等领导肯定，"产教人"融合开启工匠"职通车"获评全市组织工作"创新实践好案例"。全年新增高技能人才7970人，增幅位居全市第一。三是大力集聚青年人才。紧扣青年发展型县域建设，成立宁海中学校友总会，强化异地商会功能，在上海、广州、杭州等6个重点城市设立驻外人才工作联络站，打好高校巡回招聘、重点产业引才专场等组合拳，全年新引进青年大学生1.29万人，其中硕博士263人，实现三年连续增长。

（二）坚持特色竞争，推动平台提能

一是中乌合作平台聚焦打造先进人才和技术"蓄水池"，新引进特定国别专家及家属8人，获评国家引才引智示范基地，系全市第二家，入选国家级2人、省级1人、中国政府友谊奖1人，入围海智国际研发社区终审，大力推进"中乌纳微功能材料创新中心"建设，高频感应等离子等"卡脖子"技术落地，中组部现场调研肯定。二是海洋生物种业研究院开园运行，启动建设水产良种创制示范区，获批省级研究生联合培养基地、省级工程研究中心、市级重点实验室，首批6名博士和17名硕士入驻培养，在国际上首次发现地中海弧菌为贝类幼体弧菌病病原体，成功承办水产育种技术创新与区域种业高质量发展研讨会，中国科学院院士桂建芳、中国工程院院士刘少军等大咖专家出席。三是浙江大学宁海碳中和联合研究中心启用竹木建筑宁海飞凤山示范基地，落地双水未来社区低碳展览馆。中加低碳新技术研究院与中林集团共建绿碳竹木工程技术研发中心，联合开展产品研发、市场推广，产品荣获2023中国木结构优质工程奖。四是生物产业园引进苏定冯院士领衔的宁波临床前新药评价中心项目，签约落地宁波大学生物医药创新研究院，设立中国生物工程学会宁波（宁海）服务站，协助甲贝医药首个新药临床试验（IND）申请获美国食品药品监督管理局（FDA）批准、紫园药业外用药DZ2002乳膏药物获临床试验批准。

（三）做优服务保障，推动生态提质

一是强载体。全市率先谋划打造眠牛山国际人才社区，推出精品人才公寓160套，加速人才、服务、业态导入，撬动创业、创新、创意"北时尚"。二是优政策。迭代优化人才安居保障政策，创新制定产业人才学院支持办法，以更大力度、更大诚意吸引集聚人才。三是浓氛围。以宁波人才日、人才科技周为节点和契机，高规格举办光伏储能产业发展高峰论坛、徐霞客文化旅游发展宁海峰会、文体产业创新论坛、中秋人才之夜等活动20 余场，进一步打响"潮起甬南"人才活动品牌。

象山县

一、基本情况

2023 年，象山县新入选国家级引才计划 6 人，同比增长 200%，新引进大学生 1.74 万人。

二、主要做法

（一）健全机制形成合力，筑牢党管人才"硬支撑"

一是健全人才工作机制。坚持党管人才原则，切实履行人才工作牵头抓总职责，制定实施《中共象山县委人才工作领导小组工作规则》《关于完善县级职能部门党管人才职责落实机制的意见》，制定县级职能部门党管人才共性责任清单和个性责任清单，强化各行业、各领域主管部门及主要负责人抓人才工作主职主责意识，形成统一领导、分级负责、齐抓共管的人才工作格局。印发《重点人才工作推进例会制度》，进一步加强人才工作统筹协调和快速反应处置，全年召开县重点人才工作例会 4 次，县委人才办主任会议 7 次，协调解决问题诉求 11 个。成立县高层次人才服务中心，核定事业编制 7 人，人才工作力量得到进一步充实。二是完善人才政策体系。紧扣我县海洋经济和美丽经济的重点产业和关键领域，制定《象山县人才分类目录（2023）》，构建科学规范务实的人才分级分类体系；持续完善"半岛"系列政策体系，起草制定《象山县"半岛名家"引进和培育实施办法》；制定实施《象山县"化鱼为龙"人才培养工程实施意见》，加大要素、资金、平台投入，构建高层次人才培养梯队。三是构建"135"人才工作体系。坚持需求导向，聚焦海洋经济、高层次人才、青年大学生，深入开展"半岛英才"系列引育工程和青年人才集聚行动，做好人才引育文章，全力提高人才供给水平。同时，围绕人才关心的票子、房子、孩子、圈子、面子等关键问题，构建更具"知音感"的"五子"人才生态，让更多来象人才安心、安身、安家、安业。

（二）攻坚项目招才引智，打造人才集聚"强磁场"

一是狠抓项目攻坚行动。组建申报工作小组持续攻坚上级人才计划申报工作，主动走访头部企业、"330"企业，全面掌握企业人才底数、需求及现实问题，梳理形成问题清单和需求清单，申报2023年国家级引才计划38个，同比新增46%，增幅高于全市平均水平，入选6人，同比新增200%，增幅排名全市第二；入选省级引才计划2人；申报甬江人才工程57个，入选5个。二是迭代升级"半岛菁英"计划。为进一步加强人才项目实施的可操作性和规范性，制定《"半岛菁英"项目实施细则》，明确遴选程序、项目服务等内容，重点开展人才计划项目扶持政策评估，高效精准服务高层次人才项目。聚焦"才能兼备、余生有幸"八大海洋经济产业链，组织2023年"半岛菁英"项目集中遴选2次，合计遴选支持项目16个。分赛道赴大连、厦门、西安等地举办2023中国·宁波（象山）全球海洋经济高层次青年人才创业大赛，共吸引400余名海内外高层次青年人才参赛，征集创业项目105个，参赛项目总量同比新增64%，最终评选出一等奖1名，二等奖4名，三等奖7名。全年落地项目14个。三是持续做好青年人才引进工作。我们把人才工作前置，成功举办"世界再大　象山是家　走向未来　心有牵挂"2023届高中毕业季专属活动，1200余名象山籍高三毕业生参与其中，希望通过这样一场礼遇学子的专属活动，留下一段毕业季时的美好记忆，表达一种"根对绿叶"的深厚情谊，播下一粒"家燕归巢"的希望种子。持续做强"我选宁波　心'象'事成"招引品牌。大学生引进工作继续保持快速增长，1—10月，新引进大学生9764人，同比增长47.6%，完成率排名全市第一。四是加强平台载体建设。研究实施企业引才育才用才激励机制，制定出台《"一起·象未来"象山县新生代企业家培育三年行动计划（2023—2025）》，组织新创会30多名青年企业家赴延安开展红色研学活动。中国机械科学研究总院南方中心项目已完成搬迁入驻，新入选国家级引才计划3个，集聚形成190人左右的研发团队，重点平台载体对高层次人才的虹吸作用凸显。

（三）高标办会打响品牌，点燃引领发展"新动能"

2023年年初，县委、县政府将"青年与海"列为象山抓未来的十件大事之一，我们坚持小县城办大会的理念，在2022年大会基础上提档升级，花大力气把产业、人才、资本导入"青年与海"品牌，以向海图强谋求高质量发展的坚强决心，精准把握青年人才"味蕾"，全面创新活动形式、丰富活动内容，创新举办首届高三毕业季专属活动，高标准、高规格举办第十七届中国（象山）海洋论坛暨2023"青年与海"创新创业大会，市委常委、组织部部长郑敏强对我们"青年与海"大会给予了高度评价。一是首次评选"海洋强国青年科学家"。联合中青报社在全国范围内首次寻访将海洋研究与应用紧密结合的海洋强国青年科学家，促成"青年科学家"和"青年与海"的双向奔赴。二是首次提出中国未来"独角鲸"与"独角鲸捕手"概念。基于"独角兽"IP，探索"独角鲸"创意概念，联合中国太平洋学会、国家海洋信息中心、微链共同发起，挖掘海洋经济领域中的"独角兽"企业，首次发布《2023中国未来独角鲸榜单》《2023中国未来独角鲸捕手榜单》，并成立中国未来独角鲸俱乐部。三是首次推行分会议"主理人"执行落地模式。遵循社会化办会要求，尝试对8场平行分会议的召集人进行社会招募和会前聘任，并通过赋予主理人自主权益，努力激发主动性，各分会议共吸引340余名业内人士参会，打造了聚集智库、学术、产业资源的海洋领域交流盛会。四是首次搭建元宇宙空间创建数字化虚拟大会。为展现"青年与海"大会"跨界、新奇、好玩"的特征和气质，打通线上、线下同步传播空间，提升青年人关注度、参与度，结合时下热门元宇宙概念开创大会元宇宙空间，让每一个参与者都能感受到沉浸式的交互体验，将大会影响力辐射至元宇宙空间，给大会增添了科技感和未来感。截至目前，大会已被《人民日报》、央广网、《经济日报》、《中国组织人事报》、《中国青年报》、学习强国、《浙江日报》等50余家媒体关注点赞、刊发报道累计超110篇，"青年与海"人才工作品牌持续打响，强化了象山在青年人才当中"优待青年、创新求变、向海图强"的城市形象和独特魅力。

（四）完善政策强化保障，做优人才发展"生态圈"

围绕人才关心的"五子"关键小事，完善构建差异化、超预期、全链条的人才服务政策体系，让来象人才安心安身安家安业。一是加快构建"货币化补贴＋人才公租房"新格局。制定《象山县人才公寓（博浪海港城）租赁管理办法》，切实解决新引进高层次人才过渡性需求；制定实施《象山县人才安居实施办法》，加大高层次人才安居政策支持力度，确保"安得住"。二是加强金融扶持力度。制定《象山县金融支持人才创业创新九条（试行）》，创新推进"人才保、人才贷、人才险、人才担"等举措，为人才企业提供全周期金融支持。三是解决高层次人才家庭事业后顾之忧。深入实施《关于进一步做好人才子女入学工作的实施办法（试行）》，将薪资达到一定标准的企业人才纳入人才分类目录，分级分层统筹安排人才适龄子女就学，加强人才子女教育就学保障。四是礼遇优待提升象山温度。制定实施《象山县人才服务管理办法》《象山县高层次人才医疗保障服务实施细则》等配套政策，正式发布并推行象山县人才码，打造人才服务一站式平台。制定《象山县人才奖评选管理办法（试行）》，开展象山县首届人才奖评选活动，让在象人才获得最高礼遇、最优待遇，打造更具尊荣感的人才激励奖励体系。设立"人才专栏"，加大人才成就事迹宣传力度，已完成刘永跃、奚赛强等8人的视频拍摄工作，并在象山电视台、N30青年与海公众号等新闻媒体开始轮播宣传。

宁波前湾新区

一、基本情况

2023年，宁波前湾新区新引进大学生1.4万人，其中硕博士1337人，新引进大学生中硕博士占比9.5%，居宁波市首位；新增高级以上人才174人，累计806人，总量位居全市第二。

二、主要做法

（一）突出高精度政策引领

一是迭代升级人才新政。推出3.0版人才新政，对"五个湾区"人才政策迭代升级，更加精准聚焦高端创业人才、大学生人才和高技能人才的引进、培养，以更强力度推出20条62项"政策干货"，保持人才政策竞争优势。二是加快领航计划升级。实施"前湾领航"计划，每年遴选 3~5 个优质人才项目，给予最高 1000 万元的支持。2023 年新增区级人才项目 3 个，目前新区拥有人才企业 44 家（其中规模以上 5 家），人才企业上规 7 家。三是拓宽渠道引进高端人才。大力推进"双招双引"，促进以平台引项目、以项目引人才良性循环，引导高端智力和创新要素向新区聚集，2023 年自主申报入选国家级引才工程 2 人，甬江人才工程 11 个。

（二）突出高素质人才引育

一是织密招才引智网络。成立新区人力资源协会，以协会为抓手，打造多层次、多元化的人力资源服务行业新格局，提高人力资源服务水平。举办新区首届硕博校企合作交流大会以及第二届校企合作交流大会，37 家院校与 49 家企业达成初步合作意向，康龙化成与同济大学等 11 所高校签约成立就业实习基地，成为引才"金名片"。紧跟直播招聘新潮流，线上观看 4 万余人，开展赴外以及区内线下招聘 188 场，服务企业 2700 余家次，求职人数 3 万余人次，初步达成就业意向 1.5 万余人。二是持续培养优秀专技人才。作为面向全省、人数最多、宁波唯一企业主导的高评委，继续办好浙江省汽车行业高级工程师评审委员会，重点在评审扩面、提质、放权方面下功夫，2023 年评审通过 175 人，近三年累计培养出汽车行业高级工程师 509 人，为新区汽车产业提供强有力智力支持。做好工业工程、建筑工程两个中评委的评审工作，2023 年评审通过 147 人和 46 人。常规做好中级、初级职称首定工作，2023 年首定 209 人。三是整体开发培育技能人才。深入开展职业技能竞赛活动，建立人社统筹、工会、团委参与、学校或企业承办的联动机制，连续举办两届"匠心前湾"技能大赛，2023 年设立竞赛项目 6 个，参赛 403 人，获奖 18 人，推荐 24 人参加宁波市技能竞赛。围绕新区企业发展需求，突出高技能人才培训以及产业紧缺人才培训，大力开展企业技能等级认定，新增技能等级认定企业 8 家（累计达到 32 家）。2023 年以来，开展职业技能培训 3579 人，新增技能人才 3985 人、高技能人才 1970 人。

（三）突出高能级平台构筑

一是深化沪甬人才合作。全面对接上海人才创新资源，在上海虹桥建设科研飞地，充分发挥复旦大学宁波研究院产学研优势，总投资 4.6 亿元的宽径带半导体材料与器件研究所启动设计、建设工作，推动吉利汽车研究院、康龙化成、奥拉半导体等单位在上海建设科创飞地，与上海科委、中科院药物所等开展人才交流 100 多次，引进沪上人才 400 余人，形成沪甬两地协同创业创新的发展新模式。二是加快平台建设。中国科学院宁波材料所前湾工程化验证与示范园区二期项目顺利奠基，未来将集聚高层次人才超 2000 人。支持宁波杭州湾新材料研究院加快科技成果转化，原创成果在《科学》发表 1 篇，新建院士工作站，授权发明专利 20 件、新申请 60 件。推动省绿色智能汽车及零部件技术创新中心发展，集聚高层次研发人才 200 余人，获省技术创新中心年度考核优秀评价等次。三是强化博士后工作站建设。以汽车制造、生命健康、新材料行业龙头企业为核心，布局一批博士后科研工作站、专家工作站，充分发挥平台载体对高层次人才的虹吸作用，帮助企业找政策、招人才、解难题，全面促进产学研结合和资源优势共享。2023 年新增博士后工作站 3 家（指标 3 家，累计达到 17 家），培养博士后 18 人（指标 16 人，累计培养达 51 人），科研成果转化为企业累计增加销售额超 15 亿元。

（四）突出高品质生态营造

一是建设人才之家。宁波人才之家（前湾新区）聘请专业团队运营，开展人才创业创新一件事专项服务，2023 年走访服务企业 108 家，切实帮助人才企业、人才项目、创新平台解决难题 216 项；推出"湾友 PA""ALA 学院"等活动品牌，开展人才活动 14 次，参与 7 万余人次。二是建立高层次人才服务联盟。推出高层次人才健康体检、新春慰问、子女入学、交通补贴、医疗保险补助等 11 项关爱暖心服务举措，惠及人才超 3000 人次，其中 87 位人才子女顺利入学，较上年增长 85.1%，大幅提升人才安居乐业的"幸福指数"。同时，建立重点高层次人才交流群，第一时间掌握人才诉求，解决人才"急难愁盼"问题。三是做好就业、档案等基础服务。积极做好稳岗优工促生产补贴兑付工作，发放补贴 2661.44 万元，惠及人才 5.7 万人次，金额数量位居全市第六。贯彻落实失业保险基金支出的创业者社保补贴等 10 个补助政策，发放补贴 2100 余万元，惠及人才 1.5 万人次。落实专人负责档案管理，开通人事代理服务专线，帮助群众远程查询人事信息、职称评定材料等，借助浙里办，全程线上办理流动人员档案转移、接收，争取实现群众办事"跑零次"。

宁波国家高新区

一、基本情况

2023 年，高新区全年新增国家级人才 18 人，创历史新高，同比增长 260%。截至当前，区内集聚拔尖以上人才超过 300 人，累计自主入选的省级及以上人才（项目）92 人（个）、市级人才（项目）达到 180 人（个）。

二、主要做法

（一）加强高端人才引育

2023 年，国家级、省级、市级三级人才项目申报均作了重大调整，高新区顺势而为、积极对标上级项目调整，充分挖掘区内重点企业、科创平台人才引育需求，前四类人才引育较上年实现大幅度增长。甬江人才工程项目入选 40 个，同比增长 100%，列全市第三。以企业需求和产业特点为导向，引领企业加强与高校、高端人力资源机构对接合作，强化博士人才多渠道输送，提高人才与企业的匹配度和融合度。新建博士后工作站 4 家，新进站博士后 43 名，2 名博士后获全国博士后创新创业大赛优秀奖，2 名归国博士入选优秀留学生创业启动项目。

（二）聚力技能人才培养

深化职称改革，持续推进专技人才管理信息化，实现职称业务"一网通办"。坚持专技人才分类评价与社会化评价相结合，以新职业、新专业企业为重点，持续拓展专技人才自主评价范围，新增 1 家中级职称自主评审企业（中一检测），指导区教育中评委、自主评审企业修订完善中级职称评审实施办法，强化职称评审科学性、规范化。积极开展专技人才"三服务"活动，邀请专家走进企业、走进专业园，开展政策宣讲、评审指导和破解问题。2023年核准高级职称申报299人，中级职称申报281人，确定初级职称677人。开展专业技术专项活动4场。

（三）加快平台企业建设

加强重点平台综合服务保障，以高水平人才建设高水平院所。西北工业大学宁波研究院已累计引进科研人才145人，培育产业化项目28个，引进和孵化企业40余家，2023年新牵头获批千万元级科研项目6个、省级以上平台3个。诺丁汉灯塔研究院已入驻30个团队、投用40个创新实验室，成功招募海外人才29名，获评省级国际联合实验室。加快高端人才科技成果转化，以高层次人才促进高质量发展。聚嘉新材料等4家人才企业的5项先进技术入围浙江省先进（未来）技术创新成果名单，恒普激光入围国家专精特新"小巨人"企业，永新光学成功入围中国质量奖提名，激智科技、卢米蓝入围宁波市人才创业10强企业。2023年新增规模以上人才企业6家，营收过5亿元人才企业2家，营收过亿元人才企业达到11家，人才企业营收总额突破70亿元。加快新科创载体建设，以高标准园区引育高端人才项目。凌智产业园、大东江软件谷、鲲鹏生态产业园等6个新建专业园区已全面开工、抓紧建设。

（四）打造优质人才生态

2023年区党工委领导研究人才相关工作4次；落实区党工委领导结对高层次人才机制，区党工委领导累计走访人才企业29次；持续开展助创专员工作，截至2023年底累计选派142名科级干部与人才企业结对联系。全年组织高层次人才各类活动24次，解决人才安居394人次、子女就学24人次，实现人才企业员工"天一甬宁保"全覆盖。组织技能培训81场，开展技能培训2182人。进一步扩大引才渠道，累计组织1452家次企业参加各类引才活动。强化企业用工动态监测和人才需求调查，举办"线上＋线下""社招＋校招"相结合的分类、分层次招工引才活动26场，引进高校毕业生人才10000余人，助力企业优才促发展。

宁波市政府研究室廖绍云根据各区（县、市）、
重点开发区提供的相关材料整理

宁波市科技领军人才创新驱动基地（中心）建设情况

根据科技部科技人才交流开发服务中心（以下简称"科技部人才中心"）印发的《科技领军人才创新驱动中心暂行管理办法》（国科人才字〔2019〕2号）文件精神，宁波市在鄞州区、镇海区、海曙区、北仑区相继成立了"科技领军人才创新驱动基地（中心）"，形成了"一基地三中心"的"四轮驱动"模式。

宁波四个驱动中心立足于本区域产业创新需求，服务全大市，引导和支持高层次科技人才在科技创新、产业发展、人才培养、社会进步等方面充分发挥作用，为宁波经济高质量发展和社会进步提供了有效的支撑和服务。

科技领军人才驱动中心（北仑区）

一、机构概况

2020年4月，在科技部人才中心、宁波市科学技术局、北仑区政府的指导和支持下，科技领军人才创新驱动中心（宁波）正式揭牌成立，宁波灵才科技有限公司作为运营单位负责驱动中心运营工作。共有运营人员7名，其中全职人员3名。截至2023年年底累计财政投入414万元。

二、建设现状

（一）政策支持

积极落实北仑区人才引进培养"12条政策""强港强区引才工程""集成

电路产业人才引进培养"等政策。

（二）体系构建

一是拓宽引才多源渠道。依托科技部人才中心智力资源，与30余家国内双一流高校、科研院所及国家制造强国咨询委、中科院科技战略咨询研究院、浙江省科技交流与人才服务中心等专业机构建立合作。二是深化引才合作机制。围绕高端装备、生物医药、人工智能等重点发展领域，加强与北京航空航天大学宁波创新研究院、宁波（北仑）中科海西产业技术创新中心等区内高能级科研平台及宁波高端装备海外工程师协同创新中心、乌克兰工程院宁波创新中心等高端智力创新载体的深度对接，协助各类平台引进人才共54人。三是搭建智能引才网络。依托大数据技术的高效资源整合方式，利用"五库一网"完成资源共享、技术对接。截至2023年，已入库工程师1068人，企业1394家，技术729项，投资机构115家。畅通企才直联通道，为人才供给侧与需求侧架起空中双选桥梁，推动与北仑重点企业组建线上引才联盟。

（三）活动开展

用好用活人才项目、引智平台、成果转化等方面的资金支持，依托海工创新中心下设的"一站式"人才公共服务中心，积极做好区内科技领军人才在政策咨询、技术对接、项目申报等方面的服务工作。常态化举办科技项目路演、模具软件培训、科技成果供需对接等人才活动，组织行业专家开展技术交流与项目对接，协同攻克行业瓶颈问题。举办科技领军青年英才产智对接等活动，组织海内外科技领军人才展示优质项目和技术特长，推动科技领军人才与企业"面对面""屏对屏"交流个性难题，提供技术方案，为北仑区产业创新发展"把脉问诊"。积极助推"项目资本洽谈会"，触发企业、商协组织、专业机构云端同频共振。对接赛迪科创、融象数科、智银科创、智通人力、云推客来、银汉投资等一批专业化、精耕型的人才科技服务机构，加快推进人才载体建设。聘用各个领域专家作为驱动中心工程师导师，为企业创新发展过程中的焦点、难点问题提供智力支持。截至2023年年底，累计开展咨询对接及辅导培训活动112场，共走访服务企业392家次，摸排企业技术需求315项，人才需求254项，累计组织75家企业与投资机构深度对接，共推荐申报国家、省、市各级人才计划34名。

科技领军人才驱动中心（海曙区）

一、机构情况

科技领军人才创新驱动中心（海曙区）委托宁波科创助手科技服务有限公司运营，该公司配备专职人员 12 人，为海曙区技术需求、人才需求开展对接和服务，每年财政资金投入 160 万元运营。

二、建设现状

（一）政策支持

海曙区先后出台了《海曙区优化"百创汇海"人才集聚工程加快引进集聚高端工程师人才和团队的实施意见》《海曙区大力引进支持全球顶尖人才及团队"一事一议"操作办法》和《关于高层次人才子女享受入学政策的有关规定》等有关支持政策。

（二）体系构建

充分发挥引才机构活力，与玥洋科技、北京道易通、科创助手、诺唯资本等多家引才机构开展合作，引进海内外高层次人才和高科技项目，扩大以才引才效应，发挥已落地高层次人才口碑传播效应，广泛宣传宁波海曙的产业环境、政治环境和发展前景，产生以才引才、以才聚才的虹吸作用。率先发力"卓越工程师"培养新赛道，提出建设"工程师友好区"，成立全省首个工程师人才服务中心，发布高水平工程师队伍建设 15 条，创新"三体系三平台"工程师培养模式。

（三）活动开展

发挥好科技领军人才创新驱动中心、中芬平台、宁波阿里创新中心等桥梁纽带作用，开展"科技领军人才交叉创新荟""科技领军人才海曙行""宁波—芬兰科技合作交流大会""赛道明星班"等各类活动 35 场次，邀请国家科技领军人才、海内外高科技公司来海曙对接洽谈 85 次，活动期间开展技术难题对接超 20 项，推荐申报各类人才项目超 90 项；累计引进海内外高层次人才和团队入选区级及以上人才项目近180项，其中入选国家级引才工程、省级引才工程人才、国家级人才培养工程、省级人才培养工程达到39人，入选市"甬江人才工程"人才和团队总数超过108个，连续三年入选数排名全市前列，省领军型双创团队入选2个实现零的突破。2021年度市科学技术奖入选数全市第二，到访两院院士50人次，数量居全市第一。

科技领军人才驱动中心（镇海区）

一、机构情况

2019年，由科技部人才中心、镇海区科技局、浙江省磁性材料应用技术创新中心三家共同申请筹建首个以产业为背景的科技领军人才创新驱动中心，2023年财政资金投入约190万元，现有专职人员20人。

二、建设现状

（一）政策支持

宁波市相继出台《宁波市聚焦关键核心技术打造制造业单项冠军之城行动方案（2020—2025年）》《宁波市稀土磁性材料产业链培育方案》等文件，强力推进宁波市磁性材料产业集群的高质量发展，为打好产业基础高级化和产业链现代化创造了先决条件。

（二）体系构建

中心主要围绕宁波市已有的磁性材料及应用创新链，努力打造全方位一体化科技创新及服务人才汇聚体系。服务对象主要包括：2004年成立的中科院宁波材料所；2008年成立的以基础研究和应用研究为主的浙江省磁性材料与应用技术重点实验室，中科院磁性材料与器件重点实验室；2018年成立的以产业技术孵化为目标的浙江省磁性材料与应用技术创新中心；2021年成立的宁波市磁性材料产业集群发展促进中心；2023年成立的国家级磁性材料知识产权运营中心。全面促进磁性材料产业高质量发展，培育世界级先进制造业集群。

（三）活动开展

连续举办五届"中国磁产业发展论坛"、12场"磁海甬动"成果发布系列活动，150位国内专家分享呈现了研究报告、60位技术或产业专家分享了成果、10余万人次通过线上或线下的方式聆听了报告。同时推出了"5G+磁性材料及先进应用技术继续教育培训"和"稀土磁性材料产业链关键技术及应用高级研修班"为行业培育了500余名高级技术人才；通过和上海交通大学、北京大学相关学院的合作为"专精特新"企业、拟上市企业提供高级管理课程，助力高科技企业成长。借助科技部人才中心的优势，有9个以项目形式落地镇海，其中有5个获得宁波市镇海区"雄镇英才"高层次人才引领计划补助、2个入选宁波市重大科技任务攻关项目。依托单位帮助企业获得政策的同时，为项目提供孵化空间、技术攻关支持及其他创新服务，有力地保障了人才安居与项目的创业成长。

科技领军人才驱动基地（鄞州区）

一、机构情况

鄞州区国家科技领军人才创新创业基地于2018年4月挂牌，已安排建设工作经费50万元。基地以宁波市科技局和鄞州区科技局为牵头单位，由科技部人才中心指导，重点依托鄞州科技大市场，为建设国家科技领军人才创新创业基地（宁波）提供资金支持与政策支持。鄞州科技大市场作为基地承接平台，负责落实基地的日常运营管理事务，制订并实施国家科技领军人才创新创业基地（宁波）具体工作计划；上海云孵科技有限公司具体负责策划组织基地日常活动、项目对接、组织地方产业调研及人才技术交流等其他科技创新服务。

二、建设现状

（一）政策支持

出台了《鄞州科技大市场入驻服务机构考核办法》《鄞州区科技大市

场入驻机构管理办法》《鄞州区科技成果转化和外专工作奖励资金使用管理办法》《鄞州区科技创新券推广应用实施及资金使用管理办法》《鄞州区科技双创专项资金使用管理办法》《鄞州区企业研发机构专项资金使用管理办法》等。

（二）体系构建

依托鄞州科技大市场，落实基地的日常运营管理事务，制订并实施具体工作计划；策划组织驱动中心日常活动、人才评审、项目对接、组织地方产业调研及人才技术交流等其他科技创新服务。梳理挖掘科技企业的科研技术、成果转化、企业经营等方面的发展需求。定期组织安排科技人才及企业发展需求的指导及培训工作。增强人才与当地产业的互动。

（三）活动开展

举办系列"鄞企进高校院所"活动。累计举办了"鄞企进浙大""鄞企进宁大""鄞企进南航""鄞企进清华""鄞企进诺丁汉""鄞企进宁波理工""鄞企进万里"等活动。举办"中国创新挑战赛·鄞州专场赛"和第六届、第七届鄞州专场挑战赛等专题对接会，帮助需求企业对接全国范围高校院所专家。每年举办"甬创·鄞造"鄞州区创客大赛。累计吸引资本投资近 7 亿元，有近 300 余家优质企业落户鄞州。与浙江大学、浙江工业大学、西安交通大学、宁波大学、南京航空航天大学等 30 多家高校院所建立合作，其中浙江大学、南京航空航天大学已在鄞州中心设立产学研合作点。与 17 家专业服务机构建立合作，和上海云孵信息科技有限公司建立全面技术转移服务合作，和鄞州区高新技术与知识产权协会建立知识产权服务合作，和宁波加值科技评估有限公司建立成果价值评估服务合作等。组织创新论坛、人才对接等活动 127 次，合计组织邀请专家 400 人次。服务企业 516 家、解决技术难题 96 个、形成合作 78 项。

市政府研究室廖绍云根据市科技局相关材料整理

海曙区建设翠柏里创新街区的做法经验

一、基本情况

自 2021 年宁波市入选全国首批城市更新试点城市以来，海曙结合国家、省、市试点要求，综合区域现状、群众意愿等因素，谋划建设翠柏里创新街区，加快推动城市结构优化、功能完善、品质提升和效能提高。

翠柏里创新街区位于海曙老城中心，规划面积约 5.1 平方千米，主要含西门和南门两个街道，常住人口约 12 万人。街区围绕"一脉两片"联动开发，贯通"苍松—翠柏"创新绿脉，串联南部、北部两大重心，南部以宁波工业互联网研究院、上海交通大学宁波人工智能研究院、阿里云创新中心等为支撑，北部以宁波智能技术研究院、宁波工程学院信创产业园为支撑，全力打造"热带雨林式"科技创新生态。

目前，街区启动甬水桥科创中心，激活楼宇 20 幢近 30 万平方米，配套翠柏里扶持政策 12 条，举办"赛道明星班""科创训练营"，统筹空间、人才和生态，全方位支持入驻企业。2023 年，街区新引进青年人才 3000 余名、高水平领军人才 10 名，新孵化和培育科创企业 81 家。启动建设不到 3 年，街区已洽谈头部企业和各类创新机构 250 余家，吸引浙江蓝卓、中控全世等数字经济企业"组团"入驻。

二、特色做法

一是聚焦空间提升，推动老城迭代焕新。翠柏里创新街区内存量更新空间资源丰富，包括宁波工程学院、玻璃厂、众多老旧住宅及存量办公楼宇，同时位于创新街区南部的宁波高铁站，具有重要发展带动作用。因此，街区总体更新策略围绕突出枢纽带动、改善居住环境、挖掘学院空间、置换厂房功能、盘活存量办公、提升滨水绿化展开，围绕重点片区将多元更新策略进行整合。

二是聚焦政策驱动，营造街区创新生态，为推动项目和人才落地，2022年以来，海曙区先后发布人才新政18条、《翠柏里创新街区扶持政策》等政策，对于符合条件的项目给予项目资助、资本引才、成建制引才、信用贷款、成长激励等"5个1000万"支持，设立"翠柏贷"，对高成长型企业提供专属贷款，对街区新设符合条件的高成长型企业给予实际利息50%的贴息补助，通过一系列政策给予入驻企业空间载体、人才培育、资金支持、氛围营造等全方位支持。

三是聚焦平台打造，释放街区创新活力，2022年甬水桥创新中心在街区拔地而起，街区内陆续引进了宁波工业互联网研究院和上海交通大学宁波人工智能研究院、宁波智能技术研究院等多个创新平台。2023年2月，浙江人形机器人创新中心有限公司落户甬水桥科创中心，以智能制造为牵引深入研究人形机器人技术和AI技术的深度融合。目前已有超百家科创企业先后在街区落户，翠柏里创新街区高能级科创平台雁阵逐步成型。

四是聚焦人才引育，优化街区人才结构，海曙持续强化高层次人才的引进培育，通过连续举办"智能C端科创训练营""科创中国"赛道明星、科技领军人才海曙行等活动，为人才提供平台、资本、技术等支持，对接市场实现产业化引才。此外，持续迭代升级"百创汇海"计划，简化人才认定程序，加快人才认定进程，实现人才集聚，同时支持街区内企业全职引进、培养符合市级及以上人才工程的创新类高层次人才，每年给予相应奖励。

三、实际效果

一是创新街区助力城区复兴，翠柏里创新街区启动以来，城区街道创新活力有效提升，引进科创企业超百家，截至目前，实现营收3亿元以上，研发投入2000万元以上，带动区域创新发展。二是创新街区助力人口焕新，据不完全统计，翠柏里创新街区启动以来，以海曙区西门街道和南门街道为代表的老城区人口焕新率（新涌入的"80后"、"90后"和"00后"人群占常住人口比例）达3.5%，2023年街区引进的青年人才3000余名。三是创新街区助力城市焕新，宁波工程学院翠柏校区三个学院将迁回办学，为街区北片区注入新的活力；2023年年初，面积达1.5万平方米的翠柏里体育生态中心正式开业，有效地焕活海曙区的"金角银边"；同时街区内宁波盆景园项目正在加速推进。

中共海曙区委组织部

镇海区聚力打造集成电路产业人才集聚区

镇海区聚焦宁波市集成电路产业"一链四区"战略布局，通过创新"平台载体＋产业人才＋高端项目"发展模式，强发展支撑力、强政策吸引力、强服务保障力，做实做细集成电路产业人才"引育留用"全链条工作，推动人才优势转化为创新优势、产业优势和发展优势，集成电路产业园一期工程在不到一年时间内实现从开工到开园，集中签约爱芯元智人工智能视觉处理及边缘计算芯片项目等6个重大项目，投资总额达92.36亿元。

一、主要做法

（一）高位谋划强产业支撑力

一是全面统筹上下联动。将推动集成电路产业发展写进政府工作报告，列入镇海区"重点项目攻坚年"专项行动清单，将其作为发展数字经济的重要抓手，加速形成全区上下齐抓落实的强大合力。二是集中资源全链布局。规划约7平方千米的集成电路产业园，按照"分区集聚"原则打造集"研发—制造—封装测试—终端应用—配套休闲"于一体的集成电路智造极，落地全省首个IC光掩模板项目，中车时代投资近50亿元项目即将落地。三是突出特色做优品牌。加快推进浙江创新中心甬江芯谷建设，1.5万平方米核心启动区已集聚省市顶尖人才5名，全区累计落地集成电路相关企业20家。科创人员加速汇集，仅万有引力一家企业2023年就引进研发人员近20名。

（二）谋新谋实强人才吸引力

一是分类认定更灵活。超常规发布23条集成电路产业人才专项政策，树立不唯学历重经历、不唯帽子重能力认定导向，根据工作年限、企业年薪等进行分类认定，集成电路产业人才可以享受区级高层次人才同城待遇，让实用型人才跨过"高"门槛。二是专项评审更聚焦。开展区"雄镇英才"高端项目集成电路产业专项评审，设立"奇思甬动"大赛芯谷专项，对入选项目给予简易评审、直接认定、五位一体、成长示范、动态升级等多方式、全链条支持，共吸引海内外近 50 个项目申报参评。三是引育支持更多样。聚力降低企业引才育才成本，提供薪酬补助、猎头补助、技能培训补助等全方位支持。谋划集成电路企业梯队培育认定办法，赋予重点企业人才举荐权，进一步激发企业引才育才主体作用。

（三）聚焦需求强服务保障力

一是科创基金赋能。充分发挥资金链带动作用，由国资国企发起设立甬江科创基金，2023 年新注册（红土基金、宙石基金、和实基金、知兵基金、镇芯一期半导体基金）5 只基金约合 17.028 亿元，8 只基金累计 26.028 亿元，已为 5 个集成线路领域人才项目提供超 3 亿元资金支持，带动社会资本超 10 亿元。二是服务平台保障。充分发挥国资国企市场化、社会化优势，联动政府单位、科研院所、用人单位及专业机构等各方资源，联合成立人才服务综合供应平台，为人才、项目提供高品质、全覆盖、多层次服务。三是关键小事优待。经区级认定的集成电路产业人才可享受家补助、购房补贴安居专用房免租，人才子女还可优先就读区内优质民办学校或指定公办学校，真正让人才心无旁骛干事业。

二、实际效果

（一）高端项目加速集聚

充分发挥园区统筹资源优势，集成电路产业园落地全省首个 IC 光掩模板项目，中车时代投资近 50 亿元项目即将落地。甬江芯谷 1.5 万平方米核心启动区集聚省市顶尖人才 5 名，全区累计落地集成电路相关企业 20 家，科创人员加速汇集。

（二）金融支持赋能发展

充分发挥资金链带动作用，由国资国企发起设立甬江科创基金，2023 年新注册 5 只基金约 17.028 亿元，8 只基金累计 26.028 亿元，已为 5 个集成线路领域人才项目提供超 3 亿元资金支持，带动社会资本超 10 亿元。

（三）产业聚势跃迁升级

抢抓宁波东方理工大学（暂名）、集成电路产业园建设机遇，超常规出台产业人才专项政策，迭代升级项目评审体系，推进教育、人才、科技"三位一体"协同发展，加速形成新质生产力，有力推进区域经济高质量韧性发展。

三、特色亮点

（一）构建产才融合共振格局

紧紧围绕中心工作、重点任务，以推动集成电路产业发展为着力点，根据产业链上下游发展需求，加大集成电路领域高端人才、项目招引力度，变"撒网式"招引为"打靶式"招引，加速产业升级、人才吸附。

（二）释放人才政策虹吸效应

结合产业发展实际，以"科学覆盖、精准扶持、培育突出"为导向，迭代升级人才项目评审体系，出台一批含金量高、可操作性强的产业人才政策，通过流程再造、系统优化，打造吸引人才的"强磁场"。

（三）创新项目服务管理模式

坚持以需求为导向，持续优化集成电路项目在土地、资金、人才等方面的要素配给保障机制，协调解决子女就学、医疗保健、人才安居等特色需求，优化服务载体、简化办事流程，推动企业快速发展。

中共镇海区委组织部

北仑区创新制定专项政策汇聚集成电路产业人才

集成电路产业人才是国家重要战略引才方向，集成电路产业被喻为现代工业的"粮食"，是支撑数字经济发展的基石。为进一步集聚高端集成电路产业人才，推动数字经济产业突围发展，北仑区全力推进"芯港小镇"建设，创新制定集成电路产业人才专项政策和人才分类目录。政策实施3年来，北仑累计引进集成电路产业项目34个，总投资超380亿元。新引进集成电路拔尖及以上人才50人，其中顶尖人才2人、特优人才13人。人才创业项目发展总体趋优，市场认可度高，3家特优以上人才创业项目融资额超亿元。

一、政策制定背景

2020年7月，宁波市人民政府召开专题会议，专题研究北仑区芯港小镇建设及中芯宁波项目有关事宜，强调北仑区要敢于先行先试，试点出台北仑区集成电路产业人才专项政策。经过企业走访、人才座谈、部门对接等大量调研和先进经验学习，2021年2月，北仑区出台《关于加快集成电路产业人才引进培养的暂行办法》（仑政〔2021〕15号），是全市首个出台集成电路领域人才政策的县（市、区）。同时，北仑区制定《北仑区集成电路产业人才分类目录》，将集成电路产业优秀人才分为五个层次，按不同类别给予企业、团队及人才政策扶持。

二、主要做法和成效

北仑区集成电路产业人才专项政策以高落地性、高实操性和高创新性为导向，实施近3年来，发挥了较好的政策引领效果，有效推动区域人才链、创新链、产业链深度融合，主要创新做法如下。

（一）推行"薪酬制"鉴才，突出市场导向

专项人才目录打破唯学历、唯职称、唯帽子等传统人才评价体系，采用市场认可的年薪与工作经历相结合的方法评定人才层次，按贡献度从高到低分A～E五类，并把实用技能人才纳入目录。例如，在相关领域工作满5年，拥有硕士学位或"985""211"本科学历的技术人才可认定为E类人才，若同时满足年薪45万元以上可认定为D类人才。政策实施以来，已认定专项人才79人，其中薪酬制认定人才近50%。带动集聚顶尖人才2名、特优人才13名、领军人才18名、拔尖人才6名，引育各类博士近40人。

（二）创新"举荐制"荐才，突出同行评价导向

加大人才举荐支持，创新采用"以才荐才"模式，拓宽人才引进和选拔渠道，建立集成电路专家委员会，倡导同行发现人才、认可人才、引进人才，实现"专业人才专业说了算"。赋予认定的集成电路行业领军企业负责人和B类以上产业人才每人每年1名人才举荐权，同一企业每年最多3名人才举荐权，对年薪45万元及以上人才可破格认定为B～D类人才。目前已赋予12名人才和5家企业人才举荐权，举荐C类以上人才4人。

（三）实施"晋升制"激励，突出高端引领导向

为突出集成电路产业这个关键核心技术领域智力密集、技术密集的特点，政策突出加大高端人才团队扶持，对于人才层次越高、贡献度越大的，给予的扶持力度越大，提升高端人才对产业发展的引领作用。给予A类、B类人才特殊支持，加大扶持力度。实施人才团队项目支持升级制度，满足融资或产值到一定规模、人才引育突出等相应条件的，项目扶持最高可提升至2000万元，目前已累计升级2个项目至最高扶持。

（四）推动"全链制"发展，突出链式带动导向

给予企业引才年薪补助，有效降低企业用才成本，让企业敢用、肯用、多用高端人才，强化企业平台人才链。鼓励企业与高校、科研院所合作共建实验室等研发平台，大力推动创新链成果转化。给予集成电路人才项目种子基金支持、银行贷款贴息支持，为初创企业提供资金保障。新成立以微科光

电省级电梯光幕企业研究院为代表的省级以上研发机构 5 家。新增集成电路产业国家级专精特新"小巨人"企业 1 家、浙江省专精特新中小企业 1 家、高新技术企业 5 家、省级博士后工作站 1 家。

表 1　　　　北仑区集成电路产业人才专项政策近 3 年实施情况

序号	政策内容	兑现情况
1	人才认定	经集成电路业内专家委员会评审，已认定产业专项人才 79 人。
2	企业引才补助	已补助 300 万元。
3	校企联合培养	新建见习基地 8 家。
4	科研平台建设扶持	合作新建研究院 1 家。
5	人才举荐支持	已举荐 B 类人才 1 名、C 类人才 3 名。
6	创业创新团队扶持	扶持人才项目 6 个，扶持金额 3000 万元。
7	创业金融支持	贴息补助超 50 万元。
8	人才工作津贴	已支持 39 人，合计 248 万元。
9	安家补助和购房补贴	安家补助已兑付 198 万元；购房补贴已兑付 37 万元。
10	人才租房补助	已兑付 50 万元。
11	人才子女就学保障	已保障 12 位人才子女入学。

三、经验启示

（一）要突出政策引才荐才，进一步优化人才链

政策突出集成电路人才专项工作津贴、高标准场地租金补贴、安家补助等支持，给予集成电路人才"高看一眼"相关待遇。推行"以才引才""以才荐才"，赋予顶尖人才、示范企业人才举荐权，被举荐人才可直接入选 B 类及一下人才层次，推动形成人才互荐的"链式效应"，如华为北美研究院贺博士，落地后 3 年内已为北仑引育 1 名顶尖人才、4 名国家级重点人才、2 名省级重点人才。

（二）要突出平台聚才育才，进一步建强创新链

政策注重校企联合培养、创新平台引育等政策支持，建强专家联盟集成资源，形成集成电路产业人才"平台型""朋友圈"式育才聚才，区域科创

平台、企业创新平台进一步集聚，平台能级进一步提质。中科院上海有机所宁波新材料创制中心、中科院微电子所北仑微电子应用研究院、集成电路材料联盟等一批"中字头"区域创新平台加快集聚建设，年均吸引集聚博士以上人才近百人。提升集成电路科协、区博联会集成电路新材料专业委员会、集成电路工程技术中心等成员覆盖面，年均举办各类论坛、路演活动约30场，营造良好创新氛围。

（三）要突出生态用才强才，进一步延长产业链

政策紧密结合产业实际需求，联动招商引资和招才引智，引领建强集成电路产业优质生态，形成"人才引领产业、产业成就人才"良好局面。规划面积6.81平方千米的"芯港小镇"集成电路产业平台，目前已竣工投产集成电路项目13个，包括中芯国际、全球独角兽企业荣芯半导体、全球第三大石英元件供应商的晶创科技等重大产业项目，初步形成"电子信息材料—晶圆加工制造—特种工艺集成电路设计—特种芯片制造—封装测试—行业应用"全产业链布局。北仑区"芯港小镇"产业平台获评2021年度浙江省开发区产业链"链长制"优秀示范单位。2023年"芯港小镇"产业平台完成工业总产值69.2亿元，较2020年增长73%。

中共北仑区委组织部

慈溪市加快推动人才引育与企业转型双向奔赴

近年来，慈溪牢固树立"四链融合、人才强链"理念，围绕产业高质量发展需求，深入实施国家级、省级引才工程攻坚突破行动，在靶向引进储备强链补链型人才项目的同时，大力构建组团服务＋认领服务＋属地服务"三位一体"闭环服务机制，持续优化领军人才项目后道扶持体系，加速形成人才科创雁阵，为产业跨越转型提供强有力支撑。

一、背景情况

习近平总书记在浙江考察时提出"提高科技创新能力，人才是关键，要推动创新链、产业链、资金链、人才链深度融合"。改革开放以来，慈溪坚定不移推进"工业立市、创新强市"战略，始终坚持把人才作为第一资源，走出了一条传统优势产业提升和高素质人才集聚互为支撑的跨越发展之路，综合实力稳居全国百强县前列，但在新质生产力培育、人才引领驱动等方面还存在不少短板和不足。当前，我国经济社会发展进入新阶段，创新驱动对于区域发展的引领支撑作用日益突出，以高素质人才引领高水平创新，是慈溪产业转型升级的必要路径。

二、主要做法和成效

（一）坚持"资本＋智本"双轮驱动，持续优化近悦远来的营商发展环境

充分发挥慈溪民营经济发达、民间资本充沛等优势，建立完善意向投资

未来产业新赛道企业目录以及人才项目池，鼓励引导民间资本投向人才项目发展壮大全周期，推动形成民间资本与人才创新创造深度融合、互相促进的发展格局。截至目前，全市引进落地"甬江人才工程"资本引才项目 25 个，项目入选数连续三年位居宁波首位，累计撬动民间资本超 3.7 亿元，联华、德曼、锦辉等一大批慈溪本地企业通过"资本引才"方式搭上创新快车，齐安科技等人才项目更是有效填补了慈溪在相关行业领域的空白。

（二）坚持"产业＋人才"同频共振，不断激发企业内生动力和创新活力

深入实施国家级、省级引才工程攻坚突破行动，全覆盖、多维度开展重点企业走访调研，迭代升级高层次人才信息库和企业人才需求库，实行"一人一企一方案"服务推进机制，助力企业加快引进高端人才、海外人才，不断提升企业人才密度、创新浓度。截至目前，全市累计引进国家级、省级引才工程专家 46 人，特别是 2023 年海外引才工作实现探路破题，新入选国家级引才工程 9 人，同比增长 200%，重点引才指标任务完成数、项目入选同比增幅以及海外人才到岗率均位居宁波前列。

（三）坚持"服务＋发展"深度融合，充分释放人才引领驱动的最大效能

聚焦创业服务、金融支持、住房安居、子女入学等人才"高频需求""关键小事"，持续优化高品质人才服务保障体系，不断深化组团服务＋认领服务＋属地服务"三位一体"闭环服务机制，全天候、全流程帮助企业解决"燃眉之急"。2023 年新遴选 15 名助创专员结对联系 15 个领军人才项目，入库企业实现产值超 5 亿元、整体项目估值超 30 亿元，累计培育规模以上人才企业 17 家，估值超亿元人才企业 15 家，入选国家级专精特新"小巨人"企业 2 家，科技独角兽培育企业 6 家，特别是在医疗器械、新材料等新赛道，已初步形成集群优势，成为高质量发展新引擎。

三、经验启示

创新之道，唯在得人。得人之要，必广其途以储之。在新时代新征程中，慈溪始终坚持产业聚智与人才强链并举，紧扣产业链布局人才链、做强

创新链、贯通资金链，并不断强化企业科技创新主体地位，持续优化人才发展环境，着力破解困扰人才、制约创新的瓶颈与症结，充分激发人才活力，更好地推动人才引育与企业转型互相成就、双向奔赴。

中共慈溪市委组织部

宁海县首创"中国毕设之城"乡村振兴新模式

率先建设共同富裕示范区，是中央赋予浙江的重大使命。宁海以县域标杆姿态扛起使命担当，总结"艺术振兴乡村"起源地实践经验，聚焦设计人才缺乏难点痛点，深耕校地合作和艺术赋能，携手东华大学向全国高校发出"论文写在大地·设计做在城乡"的号召，以青年力量走向基层赋能乡村振兴，聚力打造"中国毕设之城"，形成了具有宁海辨识度、全省示范性、全国知晓率的乡村振兴模式。该做法被教育部批示推广。

一、地方出题、高校答题，用"毕业设计"凝聚青年人才赋能乡村振兴

乡村振兴，人才是关键。宁海县聚焦人才总量偏少、层次结构不优等难题，采用"地方出题—高校答题"模式开展全国联合毕业设计，吸引青年人才投身地方建设。一是建全需求库。结合"联镇街入村社、走企业访群众"活动，组建领导干部、联村组、第一书记等调研小组，锚定"感恩奋进、革新争先"六大提升行动，通过实地走访、座谈研讨、分享交流等方式下沉一线掌握实情。针对乡村、企业和社区三大领域实际需求，挖掘制造业生产、乡村文旅产业等方面难点堵点58条，滚动更新需求池，为高校毕业生选题答题提供精准题库。二是建强人才库。聚焦县域高层次人才集聚难，面向全国"985""211"及长三角地区高校发起毕业设计校地联合邀请，以"需求发布—高校接单—学生设计"方式，吸引17个省份67所高校，覆盖中国人民大学、东华大学、中国美院等高层次人才400余名。三是建好平台库。成

立长三角设计类高校乡村振兴青年设计师人才实践基地、高校毕业设计联合行动实践基地，打通"高校与地方设计需求""青年人才与乡村实践平台"双向对接。创新毕设工作坊，联合打造"地方+高校"双向融合创新平台等，将人才培养和服务基层相结合，推动大学生在乡村振兴大地上开展毕业论文和毕业设计"真题真做"。

二、青年答卷、群众阅卷，用"设计转化"激发青年才智破解乡建短板

当前乡村普遍存在产业支撑不强、发展活力不足、基础设施薄弱、文化内涵缺失等现象，宁海县以毕设为抓手，以落地转化为导向，强化设计与一、二、三产业的黏合度、融合度。一是多跨协同明方向。遵循学科交叉、科教融会、产教融合思路，组织跨院校、跨院系、跨专业协同合作确定毕业设计方向，锚定地方需求提供解题思路，目前已形成艺术乡建、产业创新、地域IP、城镇更新、党建引领等五大类的80个选题方向。二是导师联动助落地。建立"高校导师+村民导师+产业导师"联动模式，高校导师为教学实践的主要承担者，村民导师从地方文化、设计需求等角度进行指导，聘请企业骨干作为产业导师，多管齐下全方位教学，现已收获毕业论文141篇，制订联合毕业设计方案210项。三是聚焦需求促转化。强化毕业设计"从人民中来，到人民中去"的需求落地闭环，紧扣宁海一、二、三产业提供设计土壤，开展"毕业设计助企破难"行动，吸收胶卷灯、太阳能庭院灯等创意设计26个，甜甜圈折叠凳、超声波眼镜消杀机等10个设计产品进入打样及生产试验阶段。

三、部门联动、机制联合，用"贴心服务"留住青年人才注入源头活水

青年人才是全面推进乡村振兴的生力军。宁海县通过规划引导、政策支持、组织保障等方式，多措并举为青年人才融入乡村建设提供坚实保障。一是建立部门联动机制。建立"毕设"工作专班，由县委宣传部牵头抓总，相关部门和乡镇（街道）密切配合，城投集团、旅投集团等国企平台加持，从

对接联络、组织协同、人才转化、方案落地等角度明确部门职责。划分产业创新、文旅开发、艺术乡建等赛道，由国有平台和属地作为承办单位，部门联动推进，确保政策到位、资金到位、服务到位。二是完善人才激励机制。建立毕设奖金与人才福利政策捆绑激励模式，采取"网上初评—线下复评—现场路演终评"方式，按照分数高低产生毕设各类奖项，用百万元奖金池，激励高校师生"做深入调研、出优秀成果、拿高额奖金"。加大《关于实施"人才政策 28 条"的意见》宣传力度，2023 年已发放硕博士生活补助、青年人才租房及购房补贴等 4888 万元，高校毕业生留甬率由 60% 提高至 90%。三是建立就业促进机制。聚焦高校毕业生就业供需信息匹配不畅、企业招引高层次人才难，精心组织"访企拓岗促就业"行动，精准对接毕设合作高校毕业生走进宁海企业，共吸引 200 多名毕业生达成就业意向，扶持乡村创客 13 名。

中共宁海县委组织部

研究探索篇

人才引领教育科技人才一体推进的实践路径研究

习近平总书记在党的二十大报告中指出，教育、科技、人才是全面建设社会主义现代化国家的基础性、战略性支撑。这一重要论述深刻阐明了教育、科技、人才对全面建设社会主义现代化国家的全局性和深远性影响。本课题立足人才引领教育科技人才一体化推进，从国家战略所需、未来发展所向、区域实践所得等角度，研究人才引领教育科技人才一体推进布局的理论依据、内在逻辑、实践创新和推进路径。

一、坚持教育科技人才一体推进是贯彻落实习近平总书记在浙江工作期间对宁波人才工作重要指示和党的十八大以来历次党代会报告要求的重要举措

（一）习近平总书记在浙江工作期间高度重视教育科技人才统筹推进

习近平总书记在浙江工作期间强调坚持系统思维，注重统筹推进教育科技人才工作，经常将三者进行同时强调、同步部署，并对三者的作用地位进行了系统论述和精准定位。一是系统部署工作指引。2002 年 12 月，在浙江省委十一届二次全体（扩大）会议上，时任浙江省委书记习近平强调"加强科技教育人才工作，为提前基本实现现代化提供智力支持和人才保障。加快经济社会发展，核心在科技，基础在教育，关键在人才"。这是习近平总书记首次在省域层面提出教育科技人才一体部署推进，具有重大的现实意义，为浙江今后教育科技人才工作指明了方向。二是"八八战略"指引。在 2003

年 7 月，在浙江省委十一届四次全体（扩大）会议上，时任浙江省委书记习近平系统提出"八八战略"，其中强调要"进一步发挥浙江的人文优势，积极推进科教兴省、人才强省，加快建设文化大省"。将科教兴省、人才强省并列，充分体现了对教育、科技、人才事业发展的系统考量，组成"八八战略"的重要内容，有力支撑浙江经济社会发展。三是因地制宜精准指引。2006 年 9 月，在宁波县（市、区）党政负责人座谈会上，时任浙江省委书记习近平明确指示"大力推进科教兴市、人才强市和文化大市建设，努力建设创新型、学习型城市"。这一指示既与贯彻落实"八八战略"发挥"浙江的人文优势"要求一脉相承，也是对宁波人才工作的殷切期望，充分彰显了对宁波立足实际、发挥比较优势的科学指引。

（二）党的十八大以来，历次党代会报告注重强调教育科技人才统筹推进

2012 年，党的十八大报告在强调实施科教兴国战略、人才强国战略和可持续发展战略的同时，提出推动实施创新驱动发展战略。2017 年，党的十九大报告将"科教兴国战略、人才强国战略、创新驱动发展战略"放在全面建成小康社会七大国家战略的前三位置并列突出，明确了创新驱动发展战略作为国家经济发展总体战略的基本地位。2022 年，党的二十大报告在并列部署三大战略的基础上，进一步打破常规，将以往分属社会建设、经济建设和党的建设三方面内容的教育、科技、人才工作集中论述、统一部署，体现出站在战略全局高度的系统思维和发展考量，也反映出党对三大战略系统集成共同塑造发展新动能、新优势的新理念、新构想和新设计。

（三）教育科技人才一体推进是实现我国经济社会高质量发展的关键所在

党的二十大报告指出，深入实施科教兴国战略、人才强国战略、创新驱动发展战略，开辟发展新领域新赛道，不断塑造发展新动能新优势。这是契合当前全球竞争形势、未来发展趋势和破解问题症结的科学判断，是我国推动高质量发展的关键所在。从竞争形势看，世界主要国家都在寻找塑造竞争优势的突破口，力争抢占未来发展的先机。当今世界综合国力竞争不是单项竞争，教育、科技、人才都是衡量一个国家综合国力的重要指标，大力推动

教育发展、科技创新、人才培养是增强综合国力和提升国际竞争力的"关键密码"和"制胜法宝"。从未来趋势看，教育、科技、人才同经济社会发展加速渗透融合，越来越成为推动经济社会发展的主要力量。教育、科技、人才一体推进，是壮大新质生产力，推动经济社会高质量发展的迫切要求，充分体现了我们党对教育培养、科技发展、人才成长自身规律和内在工作规律，以及对经济社会发展规律的深刻认识、准确把握和巧妙运用。从发展态势看，在以往工作中，一定程度上存在教育、科技、人才工作融合不紧、相互脱节等问题，这三者之间尚未构建形成以国家战略目标为导向的强合力。因此，必须从全局性、战略性、前瞻性的高度，充分认识教育、科技、人才一体推进的重大意义，坚持科技是第一生产力、人才是第一资源、创新是第一动力，推动三者融合得更加紧密，着力形成有利于经济社会高质量发展的坚实基础、不竭动力和强力支撑。

二、人才在教育科技人才一体推进中具有牵引作用、属于破题关键，必须坚持人才引领的教育科技人才一体推进路径

党的十八大以来，我国以创新驱动发展的基本路径逐步明晰，科教兴国战略、人才强国战略深入实施，在工作实践中，"教育"是人才的前端，"科技"是人才的后端，人才具有纽带作用，教育、科技、人才三方面工作相互依托、相互嵌入、相互促进，教育、科技、人才日益融合。人才工作无论从内涵特征、工作定位和问题导向上来看，具有牵引作用，属于破题关键，能够有效引领教育科技人才一体推进。

（一）从内涵特征看，人才工作扩展性渗透性更强

人才是根本、教育是基础、科技是关键。教育和科技工作都具有较清晰的职能边界和工作领域，而人才工作的最大特征是工作边界的非约束性和可扩展性，它渗透于各项工作，包括所有中心工作之中，其范围更广、影响力更大，复杂性更强、迭代性更快，渗透性也更高。具体来说，人才发展的基础在教育，高质量的教育是培养造就高素质人才队伍的基础；科技发展的关键在人才，高素质人才是实现高水平科技自立自强的根本保证。因此，人才可以作为引领教育科技人才一体推进的牵引力量、核心要素。

（二）从工作定位看，新时代人才工作首位度更加凸显

党的二十大报告首次将"强化现代化建设人才支撑"作为战略主题，通过设置一级标题的专门章节来统筹谋划、系统融合教育、科技、人才工作，从而构建一个服从最高战略目标的有机战略系统。其中，人才工作在国家发展全局中的首位度，与经济工作的紧密度被进一步加强和提升。"人才工作"是基础资源、战略资源、第一资源，既体现经济属性，也体现发展属性，更体现政治属性的一项纵贯式、战略性安排。人才工作定位由以往的保障性要素提升到生产力要素的位置和框架中去前瞻考虑、联动部署，强化了人才工作的政治属性和经济属性，使之更加紧密融入党和国家的经济社会发展中心工作，从而具有引领教育科技人才一体发展的中心首位度。

（三）从问题导向看，人才工作是破解三者脱节问题的关键所在

教育领域有人才问题，如人才自主培养质量不强、工程人才培养"科学化"、人才培养与使用相脱节、"钱学森"之问未完全解决等问题；科技领域也有人才方面的短板，如基础研究人才较弱、世界一流人才和战略科学家匮乏、解决"0-1"和"卡脖子"科技问题的人才支撑度不足等，以上问题也是人才工作领域需要突破和解决的核心点位和关键任务。因此，统筹谋划、整体推进教育、科技、人才工作，是对标"全方位培养引进用好人才"重大要求的路径选择，三者结合能够更好地推动创新链、产业链、资金链、人才链的深度融合。

三、人才引领教育科技人才一体推进的宁波实践

近年来，宁波深入推进世界重要人才中心和创新高地战略支点城市建设，在人才引领教育科技人才一体推进方面，形成了一批具有宁波特色的实践做法和新鲜经验。

（一）始终坚持党委统一领导下的教育科技人才一体推进

坚持党管人才原则，注重加强市委对教育科技人才一体推进工作的领导。一是完善组织领导体系。分别成立市委教育工作委员会、市委科技强市领导小组、市委人才工作领导小组，以加强对教育科技人才各领域的工作领导，教育、科技、人才等部门互为成员单位。二是优化工作运行机制。制定

市委人才工作领导小组工作规则，形成新时期人才工作整体架构、市级职能部门党管人才责任清单，在具体工作推进中互相支持、互促共进，联动开展调查研究、工作推进，加强统筹协调、联动部署。三是凝聚各方工作合力。创新举办宁波人才日、宁波人才科技周等活动，融合教育、科技、人才等各类主体活动，形成合力推进的良好氛围。组建人才战略咨询委员会，聘请涵盖教育、科技、产业等领域的两院院士、领军专家、知名企业家等40名行业权威人才担任委员，着力凝聚引领教育科技人才一体推进强大合力。

（二）依托重大人才（创新）工程推进教育科技人才一体发展

近年来，宁波大力实施人才和创新"栽树工程"，一体推进教育科技人才发展，为加快建设世界重要人才中心和创新高地战略支点城市打下了坚实基础。一是打造教育科技人才融合的高能级平台。中国科学院宁波材料所、宁波东方理工大学（暂名）、甬江实验室、宁波大学等科研院所成为融合教育培养、科技创新和人才集聚等功能的发展高地，重点培育的30家产业技术研究院，集聚各类高层次人才超1万人。二是加快集聚支持科技创新的各类人才。全市人才总量突破240万人，甬江人才工程近三年申报团队数量年均增长15%以上，累计支持项目2427个，入选省顶尖人才项目16个、市顶尖人才科技项目支持22人。全市专业技术人才达到87.3万人，其中高级职称比例达到7.9%，高技能人才超过75.3万人，占技能劳动者比例达到34.5%。三是人才科技创新成果加快涌现。重点人才工程入选人才创办企业585家，实现A股上市人才企业7家，在半导体材料、深海耐压防腐材料、工业操作系统等领域攻克了一批关键核心技术，研制出一批支撑"国之重器"的自主创新产品，有效发明专利拥有量达到4.7万件，中国科学院宁波材料所2项新材料制备技术，在顶级期刊《科学》上发表。

（三）推动重点人才平台开展教育科技人才一体先行试点

支持甬江科创区打造人才新高地，探索教育科技人才一体发展机制试点，加大重点人才计划、重大科技项目对关键核心技术攻关、高校重点学科的支持力度，牵引打造教育科技人才一体发展先行地。一是以人才引领高水平大学建设。对在甬高校新认定的国家"一流学科"等学科带头人，直接对应市人才分类目录，可就高认定为拔尖以上层次人才。宁波大学力学高端人才达 25 名，其中海外院士 2 名、国家级人才 10 名；宁波东方理工大学（暂名）已引进 7 名海内外院士、52 名核心教研人才。二是更大力度支持新型研发机构建设。对落地在甬江科创区的重大高能级科创平台，按"一平台一政策"给予支持，在人才引育评价、项目推荐等方面给予支持，累计集聚新型研发机构 16 家。三是促进高校院所与企业融合发展。加强甬江科创区内高校、科研机构与科技领军企业的人才交流、科技合作、项目对接，每年选聘 100 名左右"产业教授""产业导师"，宁波工程学院杭州湾汽车学院入选首批国家级现代产业学院。

（四）推动重要人才改革牵引教育科技人才一体推进

强化改革在教育科技人才一体发展中牵引抓手作用，优化完善一体推进的体制机制。一是以授权松绑改革激活。将人才引进、培养、评价等权限向高校、科研院所等用人主体下放，激活用人主体的积极性，实现人才效能的最大限度发挥。赋予甬江实验室等 4 家单位人才引进、评价领域"两个直接""三个自主"等突破性支持举措，打造教育科技人才一体推进重要标杆。二是以人才评价改革牵引。坚持"人才谁使用谁评价"，在高校、科研院所等开展人才评价先行改革，宁波大学等 4 家单位获全省首批省级人才工程自主评定、高级职称自主评聘、技能人才自主认定等 5 项人才发展体制机制综合改革试点。出台"大优强"企业人才市场化认定办法、人才赋能"单项冠军""专精特新"企业发展若干措施，赋予行业龙头企业、科技领军企业市场化人才评价自主权。三是以薪酬分配改革切入。将高等学校、科研院所薪酬分配制度改革作为统筹推进教育、科技、人才事业发展的重要抓手。坚持薪酬分配同绩效紧密挂钩，向扎根教学科研一线，承担"急难险重"任务、作出突出贡献的人员倾斜。建立激发创新活力、知识价值导向、管理规范有效、保障激励兼顾的薪酬制度，进一步激发高校、科研院所创新创造活力。

四、人才引领教育科技人才一体推进总体要求和运行体系

（一）总体要求

以习近平新时代中国特色社会主义思想为指导，深入贯彻党的二十大精神和习近平总书记考察浙江重要讲话精神，坚持党对教育科技人才工作的全

面领导，以打造中国式现代化市域样板为引领，以构建共同支撑高质量发展的教育科技人才一体发展格局为目标，以深化体制机制改革为抓手，一体推进教育强市、科技强市、人才强市建设，推动教育科技人才耦合协同、集聚裂变，着力提升教育原动力、创新策源力、人才引领力，为宁波争一流、创样板、谱新篇提供更加有力的人才支撑。

到 2027 年，教育科技人才一体发展机制高效运行，形成一批具有宁波辨识度的首创性、标志性成果。主要包括：高等教育综合实力显著提升，建成两所高水平研究型大学，在甬高校 20 个学科进入全球 ESI 排名前 1%，新增一级博士学位点 3 个以上、硕士授权单位 2 个以上，在校研究生达到 2.5 万人以上，教育作为人才培育摇篮、科技发展先导的作用更加突出；高水平科技自立自强有力推进，国家创新型城市排名进入全国前十，甬江科创区科创策源中心作用明显增强，初步建成国家区域科技创新中心，全社会研发投入占 GDP 比重达 4%，高新技术企业达到 1.3 万家，争取攻克重大标志性成果 100 项，以科技创新为核心的全面创新能力显著提升，科技促进教育高质量发展、激发人才动能活力的作用更加突出；高素质人才加速集聚，新增全球顶尖人才 25 名，具有国内一流水平的科技领军人才、青年科技人才各300 名，每万名就业人员中研发人员达到 200 人／年，培育卓越工程师 1000人以上，人才引领高质量教育体系建设、高水平科技自立自强的作用更加突出；高科技企业创新主体地位显著增强，组建企业牵头创新联合体 100 个以上，国家级企业技术中心突破 50 家，市级以上企业研发机构达到 5000 家以上，基本实现规模以上工业企业研发机构和研发活动全覆盖，企业作为产教融合、科技创新、人才集聚的主阵地作用更加突出。

（二）建立一体统筹、分工明确的领导体制

1. 优化组织领导架构

坚持创新在现代化建设全局中的核心地位，对标中央科技委，组建市委决策议事协调机构，统筹市委人才办、市科技局、市教育局相关力量，负责教育科技人才一体发展的顶层设计、统筹协调、整体推进、督促落实。

2. 建立联席会议制度

由市委决策议事协调机构牵头建立教育科技人才一体发展联席会议制

度，联席会议成员单位由市委组织部（市委人才办）、市教育局、市科技局、市经信局、市财政局、市人力社保局等部门组成，根据具体议程可邀请相关职能部门参加。联席会议实行一季一会商、要事随时商，主要研究推进教育科技人才一体发展的重大规划、重要政策、重点任务等，协调解决跨区域、跨层级、跨部门重点难点事项。

3. 强化职责任务分工

教育科技人才一体发展工作在市委决策议事协调机构领导下，市委组织部（市委人才办）负责实施人才强市战略，加快建设战略人才力量；市教育局负责实施高教强市战略，推动学科专业提升，加快建设高水平大学；市科技局负责建设新时代高水平创新型城市，加快推进高水平科技自立自强。各有关部门按照任务分工，强化责任落实和协同配合，做好教育科技人才一体发展的实施推进工作，调动各方积极性，形成工作合力。

（三）构建一体融合、协同高效的运行机制

1. 建立创新资源一体配置机制

强化党委作为教育科技人才工作领导者、组织者定位，充分发挥市场在资源配置中的决定性作用，推动项目、平台、人才、资金一体化配置。聚焦"315"科技创新体系、"361"万千亿级产业集群等重点领域，围绕重大战略推进、重点平台建设、重要项目引进，统筹调配教育、科技、人才资源，形成教育科技人才资源要素高效集聚、集中攻关、重点突破的配置体系。

2. 建立创新主体一体联动机制

坚持产业导向、需求导向，围绕产业链布局创新链、人才链、教育链，统筹联动各类创新主体力量。按照"产业需求—学科建设—人才引育—技术攻关—创新成果—产业应用"链条，突出企业在科技创新中的主体地位和自主权，推动高校、科研机构、重点实验室和企业开展紧密合作，组建创新联合体，联合开展学科共育、平台共建、人才共引、成果共享，加快形成以产业为主战场、目标为导向、产学研用深度融合的创新体系，形成推动高质量发展的倍增效应。

3. 建立创新政策一体协同机制

坚持相互衔接、各有侧重，以一体化理念加大教育科技人才政策创新和供给力度。人才政策突出战略人才力量建设、人才发展体制机制改革等，科技政策突出创新平台建设、科技体制改革、基础研究等，教育政策突出学科专业提升、产教融合、科教融会、高校人才"蓄水池"建设等。在政策制定过程中，教育、科技、人才等主管部门全程参与、共同研究、充分论证，推动教育政策、科技政策、人才政策相互支撑、互为补充、整体协同，加快构建覆盖全面、指向精准、竞争有力的教育科技人才政策体系。

五、人才引领教育科技人才一体推进的重点举措

（一）以教育科技人才一体化牵引高能级平台建设

以甬江科创区为核心，重构全域创新空间功能布局，大力推动高水平大学、一流科研机构、重点实验室等创新平台提能造峰，努力成为国家战略科技力量的重要组成部分。

1.合力打造世界一流甬江科创区

以融入国家人才战略布局为统领，组织实施杭甬人才平台建设方案，发挥甬江科创区高校院所集中、高端人才密集等优势，率先开展教育科技人才一体化改革试点，制定实施支持甬江科创区"1+7"政策意见，在人才、科技、教育等领域先行先试一批创新性、突破性政策举措，推动高水平创新平台建设、高层次人才汇聚、世界一流学科培育、重大创新成果产出等方面取得突破性进展，加快打造教育科技人才一体发展先行地。聚焦数字产业、绿色石化、高端装备、新材料等重点领域，探索建设十大科教产共同体，以高等院校、科研机构、重点实验室为依托，坚持领军人才领衔，开展关键技术、共性技术联合攻关和科研人才、产业人才联合培养，构建学科建设、基础研究、技术开发、应用转化、人才引育的一体集成机制。

2.合力建设高水平大学

对标省高水平大学建设"双一流196工程"，支持宁波大学、宁波东方理工大学（暂名）在人才队伍建设、办学自主权、学科建设等方面争取"一事一议"支持。鼓励支持各类高校立足自身实际做特做强，发挥各自学科、专业、人才、平台优势，在不同领域争创一流。以学科突破带动高校提升，实施高校重点学科专业"双提升"行动，打造"基础学科＋应用""应用学

科+产业""交叉学科+前沿"等各有侧重、各具特色的一流学科体系，支持在甬高校面向全球遴选人才领衔学科专业群建设，推动在甬高校学科带头人迭代提升，不断提升高校原始创新能力和人才培养质量。支持在甬重点高校以重大科研任务、重点人才引进、重点平台建设等为牵引，跨院系、跨单位、跨地区、跨行业、跨体制调配资源。以超常规举措支持在甬高校集聚高层次人才，赋予宁波大学"双一流"力学学科、宁波东方理工大学（暂名）国际化人才自主评价认定权。加大市级科研平台、科研项目对高校的支持力度，支持高校建设国际科技合作平台，参与或牵头组织国际科技合作项目，提升高校自主创新水平。推动围绕高校周边建设孵化器、公共技术平台、高新技术产业园区，合理配置产业、商业、公共服务等业态，促进校区、园区、社区融合，形成"大学+"创新共生系统。

3.合力建设高能级科创平台

聚焦新材料、工业互联网、先进制造等重点领域，发挥重点实验室、科研机构、产业研究院等龙头作用，布局建设跨主体、多要素流动的高能级创新平台，集聚培育战略科学家和高层次复合型人才。着眼构建高水平实验室体系，稳定支持甬江实验室发展，支持海洋材料等领域争创全国重点实验室、国防科技重点实验室，加快省级重点实验室发展，推动市级重点实验室整合提升，建成百家 A 类重点实验室。全面深化与中国科学院战略合作，支持宁波材料所实施全国重点实验室、大科学装置"双突破"和科研经费投入、高层次人才数量"双倍增"计划，加快打造世界一流新材料研究机构。加快西北工业大学宁波研究院等产业技术研究院建设，强化与本部科教资源链接，提高复合型科研人才培养水平和科技成果转移转化效率。按照"一中心一方案"模式，构建市级技术创新中心体系，支持石墨烯国家制造业创新中心建设，推进省级技术创新中心建设，争创国家技术创新中心。

（二）以教育科技人才一体化牵引战略人才力量建设

坚持把建设战略人才力量作为重中之重来抓，以重点人才工程为牵引，放大教育科技人才政策集成组合效应，加快打造顶尖人才、创新领军人才、青年科技人才、卓越工程师等战略人才方阵。

1.联合支持顶尖人才和创新领军人才

实施顶尖人才集聚行动，加快集聚全球顶尖人才，支持领衔建设重点实验室、创新平台、专业学科，赋予顶尖人才更大的技术路线决定权、经费支配权、资源调度权。深化实施甬江人才工程，持续优化创新领军人才发现和项目遴选机制，赋予高水平大学、重点实验室、一流科研机构、科技领军企业更大的人才举荐权、认定权。支持在甬高校院所、产业技术研究院等新型研发机构，面向全球遴选学术校长、学术院长、首席专家。进一步发挥宁波人才院作用，畅通高校、科研院所与企业人才流动通道，支持高端人才探索创新前沿、投身产业一线。

2.联合引育青年科技人才

支持青年科技人才挑大梁、当主角，实施青年科学家培育行动，稳步提升青年科技人才担任市级重点人才计划、重大科技任务的比例。实施青年科技创新领军人才、青年博士创新研究、外籍青年科技人才等项目，在市级科技计划、人才计划、科技奖励等指南编制、项目评审、绩效评估专家组中，明确45岁以下青年科技人才占比原则上不低于1/3。支持宁波大学、宁波东方理工大学（暂名）、中科院宁波材料所、甬江实验室等高校院所扩大基础学科和优势学科博士后招收规模，提高省部属高校院所博士后在站生活补贴力度。支持具备条件的高校实行"预聘—长聘"制度，建立更具竞争力的薪酬体系。把青年科技人才引育成效作为对重点科技创新平台考核重要评价指标。

3.联合培养卓越工程师

调动院校与企业两方面积极性，全力培养面向宁波"361"万千亿级产业集群的卓越工程师队伍。支持有条件的高校院所扩大工程硕博士培养规模，支持校企联合建立现场工程师学院、现代产业学院和卓越工程师学院。探索"院校学习＋企业实践""项目制＋双导师制"人才培养模式，建设大型工程创新与训练中心，强化学生对产业行业认知，培养复杂工程系统观念，提升解决复杂工程问题的能力。依托"校企互聘"人才共享计划，支持卓越工程师到高校担任兼职教授，鼓励高校聘请行业企业专门人才担任兼职教师，探索建立高校大学生到卓越工程师的人才培养体系，加快建设一支具有突出技术创新能力、善于解决复杂工程问题、能够引领产业变革的卓越工程师队伍。优化卓越工程师成长发展的良好环境，将工程师队伍建设情况作为企业享受"亩均论英雄"有关政策的重要依据。

（三）以教育科技人才一体化牵引创新策源能力提升

坚持问题导向，聚焦创新能力不强、创新效能不高等短板，集中教育科技人才优势资源和力量，加强前沿探索，加快科技攻关，大力提升科技创新内生动力、创新活力，强化高质量发展创新供给能力。

1. 协同开展"从0到1"基础研究

体系化推进探索性和应用性基础研究，完善基础研究项目凝练、决策机制。支持高校自主统筹学科建设经费用于基础研究，支持有条件的高校院所布局建设一批基础学科拔尖人才培养基地、基础学科研究中心，重点支持青年科技人才开展基础研究。围绕新材料、工业互联网、先进制造等领域，加快组建国家自然科学基金区域创新发展联合基金，探索设立自然科学基金人才科技项目，加大基础研究支持力度。在人才类、基础研究类科研项目中推行经费包干制，在重大科技项目中探索经费包干制，实行负面清单管理。

2. 协同提升企业科技创新主体地位

加快打造企业为主导的产学研深度融合的创新体系，加强科技型企业对高校学科专业建设、科研机构成果绩效评价的参与度。构建"链主"型企业和"大优强、绿新高"企业牵头，产业链上下游企业、高校、科研院所等创新主体协同攻关的创新联合体（共同体）。实施市级以上企业研发机构"倍增计划"，鼓励企业加大研发投入，加快建设创新中心、企业技术中心、企业研究院等研发机构，引导支持规模以上工业企业研发活动、研发机构实现基本覆盖。深化教育科技人才体制机制改革，赋予企业更大的创新自主权，持续优化激励企业敢闯敢干的政策和制度环境。

3. 协同开展关键核心技术攻关

积极探索社会主义市场经济条件下关键核心技术攻关新型举国体制宁波路径，主动参与国家重大战略产品研发和重大科技攻关任务，聚焦"361"万千亿级产业集群建设，动态编制标志性产业链关键核心技术攻关清单，建立健全关键核心技术攻关任务的决策指挥体系和统筹协调机制，高效有力调配科技力量和创新资源，强化跨领域跨学科协同攻关，产出一批重大标志性成果。升级实施"科创甬江 2035"重点研发计划，深化"揭榜挂帅"全球引才，完善"企业出题、政府立题、联合破题"攻关机制，组织高校、科研机构、龙头企业联合实施技术攻关项目，遴选一批战略科学家、创新领军人才、青年科技人才等领衔攻关"卡脖子"技术难题。支持有条件的创新主体建设概念验证中心、小试平台、中试平台，实施科技成果"先用后转"试点，深化职务科技成果赋权改革，推动科技成果更好更快转化为生产力，切实保障科研人员享受科研成果收益。

中共宁波市委组织部课题组

宁波市属国有企业人才队伍建设的实践与探索

党的二十大报告指出，人才是全面建设社会主义现代化国家的基础性和战略性支撑，必须坚持人才是第一资源、深入实施人才强国战略、不断塑造发展新动能新优势。在当前国际国内新形势下，国有企业面临新的重大发展机遇与严峻挑战。探索如何创新建设国有企业人才队伍培养模式与机制，精心打造一支素质过硬的人才队伍，促进国有企业实现可持续发展对中国经济与社会发展意义重大。

宁波市属企业涵盖金融、基建、环境、文旅、水务、传媒等领域，是宁波经济发展的"压舱石"和"生力军"。新发展阶段，在保障国资国企实现做强做优做大、稳住经济大盘的新战略目标要求下，人才队伍建设是必不可缺的基础性重要战略支撑。一方面，要按照国务院国资委提出的要求，深入实施人才战略，推动"管理人才、科技人才、技能人才、社科人才"等人才建设，以"人才强企"落实"人才强国"。另一方面，要紧紧围绕全市"奋力打造四海英才向往的科创高地，为谱写新篇章提供有力的人才支撑"这一人才工作的战略指向和实践要求，率先推进人才建设的整体规划、政策机制、工作体系，全面提升人才队伍支撑力、人才平台牵引力、人才制度竞争力、人才生态吸引力，不断开创人才工作新局面，为宁波迭代完善世界重要人才中心和创新高地战略支点城市建设提供国有企业先锋力量。

一、宁波市属企业人才队伍建设现状

近年来，宁波各市属企业积极加强人才队伍建设，企业人力资源结构持续完善。截至 2023 年 8 月底，宁波市属企业（不含人才集团、金控公司、甬兴证券有限公司和宁波建工股份有限公司）共有员工约 2.8 万人，高学历、高技能人才不断集聚，企业员工政治素养和业务素质稳步提升，各企业近三年员工流失率基本维持在 5% 以下。

从年龄结构看，35 周岁及以下员工占比超过五成。其中轨交集团由于站务员岗位吸收了大量年轻员工，共拥有 35 周岁以下员工 8500 余人，占比超90%。剔除轨交集团员工数，宁波市属企业 35 周岁以下员工占比为 40.6%，35 ~ 45 周岁（含）占比 30.6%，45 ~ 55 周岁（含）占比 24.0%，55 周岁以上占比 4.8%，员工年龄梯队基本呈现 4∶3∶2.5∶0.5 的结构，与第七次人口普查浙江省城市劳动力就业年龄结构基本一致，总体处于较均衡的水平。从各企业平均年龄看，基本在 36 ~ 38 岁，平均年龄最大的为广电集团 43 岁，最小的为轨交集团 28 岁，各企业中层及以上员工平均年龄多在 45 岁以上（见图 1 ）。

市属国企员工年龄结构　　　　　扣除轨交集团后市属国企员工年龄结构

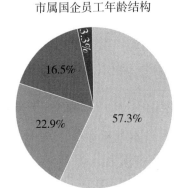
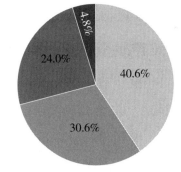

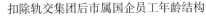
■ 35 周岁及以下员工占比　　　■ 35 ~ 45 周岁（含）员工占比
■ 45 ~ 55 周岁（含）员工占比　　■ 55 周岁以上员工占比

图 1　宁波市属企业员工年龄结构

从学历结构看，本科及以上学历员工占比接近一半。具体来看，本科学历以下员工占比为 50.2%，本科学历员工占比 44.6%，研究生占比 5.2%。其中，通商集团、宁兴集团研究生占比均在 10% 以上，水务集团、广电集团本科以上学历员工占比超过 2/3。

从职称结构看，拥有高级及以上职称员工超 1500 人，占比达到 5.5%。其中，交投集团、广电集团高级及以上职称员工占比均超过了 10%。市属企业中拥有中级及以上职称员工（不包括城投集团）占比为 17.7%，中高级职称比例接近 2：1。

从人才数量看，获得宁波市高层次人才认定超 260 人，高水平人才队伍不断扩大。其中，特优人才 1 人，领军人才 16 人，拔尖人才 44 人，高级人才 200 人。同时，青年科研人才引进力度持续提升，各企业共引进博士 48 人，建立博士后工作站 12 家。

从平台载体看，各市属企业及其参控股公司共获得市级以上认定的各类研发平台和专家工作室 60 余个，企业创新驱动能力显著提高。其中，拥有博士后工作站 10 座，国家级重点实验室和企业技术中心共 8 家，省级创新平台近 30 家。除了上级认定的平台外，各企业自主创建各类人才工作室约 38 个，进一步发挥领军人才、高层次人才、劳模、工匠等优秀个人的先锋模范和带动示范作用。同时，产学研合作走深走实，共建各类实践实训基地近 40 家。

二、宁波市属企业人才队伍建设主要举措

近年来，宁波市属企业积极落实国家和省市各项人才政策，根据企业自身发展需求完善人才"引、育、留、用"各环节体制机制，不断优化人力资源管理体系，积极构建符合行业板块特征的人力资源梯次结构。

（一）多元拓展人才引进渠道

积极开展社会化招聘，用好市国资委和各市属企业网站，探索加深与前程无忧、智联招聘、BOSS 直聘、宁波市人才网等第三方平台合作，持续扩大社会引才半径。稳步开展校园招聘，充分用好高层次人才招聘会、高校毕业生洽谈会等线上线下人才招引平台和校园招聘活动，加大应届毕业生和高校毕业生招聘力度。持续深化校企合作，与清华大学、复旦大学、宁波大学、宁波诺丁汉大学等高校合作建立实践教学和科研创新基地，开展订单班学员授课及实操培养，打通"产、学、研、用"一体化合作创新链条。通商集团通过与高校的产学研合作，成功培养近 30 名专业创新人才，斩获 20 余

项专利和 40 余项国际大奖。精准构建高端人才招引渠道，打造博士后工作站、技术创新中心等高层次创新人才引育平台，探索与参控股企业合作构筑引才聚才合作新途径，形成高端人才"蓄水池"。

（二）分层构建人才培养体系

完善管培生选聘培养制度，形成轮岗制＋导师制"双轮驱动"培养机制。探索青年员工跨板块、跨层级双向交流，打造多层次、分阶段、递进式的年轻干部培育体系。城投集团推出面向青年干部的"菁英计划"，通过一名导师结对带教、一次挂职轮岗交流、一次系统专业培训、一次调研交流研讨、一次对标企业走访学习的"五个一"培养体系，全面提升青年干部素质能力。完善中层干部竞聘机制，加大党委管理干部横向交流力度。建立健全企业人才库，根据发展需要对在库人员实施滚动调整。开投集团从 2020 年开始就谋划建立金融财会、技术技能、经营管理等不同类型的企业人才库，入库人员将被优先推荐至企业储备干部，并有机会推荐或选派到具有开拓性、挑战性的岗位任职或挂职交流。在完善企业自身培养体系的同时，各市属企业也积极利用宁波市委党校、宁波人才培训中心、宁波经理学院等线上线下优质资源，常态化开展培训轮训，积极组织参与上级部门开展的各类培训进修，切实提升干部职工政治素养与综合能力。

（三）积极优化人才激励机制

持续完善市属企业工资总额调控管理机制，合理确定工资总额与营业收入、归母净利润等经济效益指标联动增减幅度，将工资总额增量向经营业绩好的企业部门倾斜，提高内部分配市场化程度。强调绩效考核刚性要求，优化员工正向激励，依法依规稳妥实施低绩效员工转岗分流。积极探索团队风险押金、员工持股、项目跟投等收益分享机制，进一步激发人才主动性、创造性。通商集团下属工投瑞丰公司通过项目跟投，2023 年兑现团队奖励及风险押金收益共计 160.45 万元。畅通晋升激励渠道，完善干部职工专业技术职务聘任管理工作，探索建立"双通道"或"三通道"体系，解决专业技术人才留人难题探索中层干部竞聘退出、考核退出等退出方式，打通管理人员能上能下通道，开投集团印发《中层管理人员退出管理办法》，明确了竞聘退出、考核退出等四种退出方式。加强荣誉激励力度，规范优秀典型选树和特别荣誉奖励机制，积极开展内宣外宣，从精神激励和物质激励两个层面突出优秀人才引领示范作用。

（四）着力提升人才保障服务

探索建立人才住房保障制度，城投集团从资产管理公司管理的住房中划出一定数量房源建设人才过渡房，为新引进优秀毕业生和高层次紧缺人才提供专项生活配套，解决短期租赁和过渡性周转用房需求；轨交集团为外省市新入职员工提供1年免费住宿。加强与人社局等部门沟通联系，协调解决高层次紧缺人才家属就业、子女入学、医疗保障等各类问题。协助畅通各类人才政策落实，及时传达上级有关部门关于人才政策和人才服务的实施要求，加强政策宣讲力度和人选推荐推选，适时提醒符合条件的人才及时开展就业补贴、购房补贴、生活安居补贴等优惠政策申报。提供贴心暖心服务，对符合核心关键岗位要求的高层次人才、紧缺急需人才报销其参加面试的来回路费和住宿费用，水务集团为偏远地区职工提供集体住宿、上下班车等保障。

三、市属企业人才队伍建设存在的问题

根据对市属企业人才工作的调研，当前市属企业人才队伍建设工作主要存在以下四个方面问题，需要引起高度重视。

（一）人才引进有待进一步加强

招才引才缺乏前瞻性部署、系统性考量。部分单位处在转型发展阶段，新业务板块人才"现用现找"问题比较突出。且在招聘过程中，选拔标准更多倾向于学历背景、职称水平、荣誉奖励等"硬条件"方面，对人才身心素质和心理素质等"软条件"方面欠缺综合考量。相比之下，金融企业、外资企业在开展招聘时，已经广泛引入职业性格测试等科学评价工具。在方式上，市属企业主要通过国资委网站、企业网站、微信公众号、校园网站等媒介发布招聘信息，辐射影响范围较小；而使用BOSS直聘、智联招聘等大型市场招聘平台，有效简历占比低，选聘效果同样不理想。

（二）人才晋升和流动通道受限

企业内部来看，"双轨制"晋升通道外，技术型人才晋升通道仍然较为单一，管理和非管理职务并行的双通道体系未形成。此外，已开展职业技能

等级认定试点工作的企业在实施过程中只拥有高级工及以下等级认定权限，技师、高级技师等认定仍需向市级及以上部门申报。从企业外部来看，市属企业间流动尚未形成机制，人才横向交流、资源共享、闭环管理的人力资源流通体系有待完善。

（三）企业培训质量效果待优化

各单位开展的培训授课形式单一，主要以课堂理论教学为主，实用技能型培训相对匮乏，技能培训载体不够丰富。前几年受疫情等原因影响，开展形式更是以网络培训为主。总体而言，缺乏针对性、多样性、菜单式的课程供给，与各单位梯队化、专业性、多元化的人才培养要求存在较大差距。

（四）人才激励机制有差距

近年来，"80后""90后"员工逐渐成为国有企业员工队伍主体，他们大多接受过良好教育，思想活跃、诉求多元，关注个人发展，在工作与生活的平衡、付出与回报、个人价值实现等方面有不同需求。然而，市属企业在员工激励方面，仍然使用"老套路"，以绩效工资、年终奖以及评优为主，没有与员工的培训、职务晋升、末位淘汰等人力资源开发和决策工作结合起来，物质激励手段单一，精神激励方法欠缺，跟不上新时代员工需求变化。

四、国有企业人才队伍建设的实践路径

近年来，国内许多城市纷纷加大国企人才队伍建设力度，通过打破低效管理模式，用市场化手段激发组织活力，建立系统全面科学的选人、用人、育人、留人体制与机制，推行在经理层任期制和契约化管理，加快职业经理人制度建设。建立强激励、硬约束的业绩考核与薪酬分配协同联动的分配体系，实行差异化薪酬分配制度，推动"劳动、人事、分配"改革落实落地。

上海国资推出了"国资骐骥"人才培养计划，对三个层次人才推进阶梯式储备培养。其中，"高潜人才储备计划"主要面向校园招聘、集中遴选等渠道招揽青年人才，使其成为专业技术骨干或基层企业班子成员，"拔尖人才成长计划"和"精英人才领军计划"则为优秀人才发展提供更高提升平台。深圳国资率先出台国企领导能上能下能进能出的规定，进一步深化市属企业选人用人机制改革。同时，深圳国资系统按照"横向分类，纵向分层"教育

培训模式，开展深化市属企业改革专题研修班，市属企业优秀年轻人才"英才计划"轮训班等，推动实现国企领导人员履职能力、经营管理水平和综合素质等全面提升。长沙国资明确提出市属企业对首席专家、产业顾问、职业经理人等可依程序实施国有控股上市公司股权激励、科技型企业股权和分红激励、超额利润分享、员工持股、跟投激励等中长期激励。合肥国资开展市属企业人才招引"揭榜挂帅"，由合肥市属国有企业人才招引领导小组办公室统一公告，统一标准，统一程序，市委组织部、市国资委、市属企业分别确定岗位职责，分别组织考评，分别考察聘用。

从国内先进城市壮大市属企业人才队伍的做法经验看，对宁波主要有以下几个方面的启示。

一是应当树立国有企业人才队伍建设目标。要以"战略导向、价值驱动"为基本原则，构建员工能进能出的人力资源市场流动机制；以"效益导向、市场驱动"为基本原则，构建收入能增能减的人力资源激励约束机制；以"业务导向、竞争驱动"为基本原则，构建管理干部能上能下的人力资源内部竞争机制，全面推行"公开选聘＋竞争上岗"市场化选人用人机制。

二是打造一流的人才发展环境和人才成长生态。逐步建立健全适应现代企业制度要求的人才市场化选聘、差异化薪酬、契约化管理的选人用人机制，开阔视野引进各类高层次人才，打造市属国有企业的人才高地。做到对内有凝聚力、向心力，对外有吸引力、竞争力；让人才引得来、留得住、用得好，充分调动和发挥各类人才的积极性和创造性，打造出真正的"聚才谷"。

三是分层分类完善人才全周期服务。针对青年人才、技能人才、高层次紧缺人才、中高层管理人才等不同群体，在人才发展全生命周期，不断优化完善引进、培育、激励和保障举措。对青年人才，注重阶梯式储备培养，提升发展预期；对技能人才，注重"双通道""三通道"建设，打通晋升壁垒；对高层次紧缺人才，注重灵活运用各类引进激励机制，打破工资总额制约；对中高层管理人才，在加强党的领导基础上探索市场化机制，推动国企发展守正创新。

五、加强宁波市属企业人才队伍建设的研究思考

立足宁波现有人才政策体系，针对宁波市属企业人才队伍建设面临的痛点难点问题和体制机制瓶颈，积极探索人才政策优化升级，推动企业加快构建员工能进能出的人才流动机制、收入能增能减的人才激励约束机制和管理干部能上能下的人才内部竞争机制，推进人才强企，持续提升人力资源价值增值，构建符合主业特征的人力资源梯次结构。

（一）加强人才对接广度深度，打通人才引进"大通道"

一是拓展人才引进渠道。整合优势资源，充分发挥人才发展集团引进人才、评价人才、服务人才、投资人才先导作用。发挥人力资源服务机构引才作用，可对年度引才成效较好的人力资源服务机构给予一定的奖励补助。推进名校优生招聘"直通车"，可优先选拔实习和录用，纳入市属企业管培生项目重点培养。鼓励市属企业与市内外知名院校深化合作，加大"冠名班""订单班""委培班"等校企结对、产教融合项目投入。二是建好用好人才创新平台。鼓励建设院士工作站、博士后工作站、创新中心、工程研究中心、企业技术中心等高能级创新平台。支持市属企业间各类创新平台共建共享共用。支持市属企业在海内外收购、投资研发机构和创新团队，建立人才孵化器和科创基地。三是构建柔性引才用才机制。支持市属企业通过第三方人力资源机构托管方式，柔性引进各类急需人才。支持市属企业与高等院校、科研院所、参股企业、民营企业等探索开展"长租短借"、人才柔性流转试点，用人单位可给予一定报酬，并支付交通、食宿费用及提供相应工作条件。

（二）建立健全人才培养体制机制，畅通人才成长"快车道"

一是切实增强培训培养实效。根据不同类型、不同层次人才实际，市属企业可建立与岗位需求、职业发展相适应的培养体系，制订年度人才培育计划。引入企业内训师机制，充分利用市属企业内部人才资源，根据管理类、技术类、技能类等方向，动态建立高素质内训师人才库。建好用好市国资委党校和经理学院，加强企业经营管理人才教育培养。用足用好职工教育培训经费。二是加强青年人才培育。大胆培养使用德才兼备的优秀年轻人员，可

依托知名企业、高等院校和高端培训机构等，开展学习培训、考察交流、挂职锻炼和项目合作，着力提升经营管理、改革发展、市场应变、依法治企等能力。实施优秀企业家人才培养工程，推进管培生成长计划和青年干部启航历练行动。鼓励选派青年业务骨干到境内外实战实训，加快培养造就一批具有全球视野的国际化人才。三是打造人才职业发展"多通道"成长体系。探索构建 H 型、M 型、Y 型等"多通道"职务晋升序列，畅通专业技术人才、技能人才和经营管理人才等各类人才纵向发展、横向转换的职业发展通道，积极建立相匹配的岗位薪酬分配制度，实现职级与职务挂钩、职级与收入挂钩，大力培育"大国工匠""浙江工匠""宁波工匠"等专业技能人才和优秀企业家等经营管理人才。

（三）抓实抓细"三项制度"改革，充分调动和发挥各类人才的积极性和创造性

一是探索实施多元化人才激励方式。进一步深化市属企业干部人事、劳动用工、收入分配"三项制度"改革，提高内部分配市场化程度。支持企业加大对紧缺高端人才等实施超额利润分享、项目跟投、岗位分红等中长期激励机制，实现"利益共享、风险共担"。鼓励市属国有科技型企业采取股权奖励、股票期权、项目收益分红等方式激励科研人员。二是强化高层次人才薪酬激励。对高层次人才薪酬试行清单式管理，纳入本企业工资总额管理，经批准可不列入工资总额基数，不与经济效益指标挂钩。支持"科改企业""双百企业"探索对国际高端科技人才、市场紧缺科技人才和高端技能人才实行协议工资、项目工资等市场化薪酬制度。三是增强高层次人才荣誉感、获得感。根据德才兼备、人岗相适原则，推荐高层次人才尤其是专业技术人才、高技能人才担任各级党代表、人大代表、政协委员，根据事业需要推荐到工会、共青团、妇联等群团组织中挂职或兼职。在社会影响力较大、公认度较高的荣誉评选中，注重向高层次人才倾斜。

（四）用足用好人才服务政策规定，打造一流的人才发展环境和人才成长生态

一是强化人才工作推进机制。完善市属企业人才工作述职评议考核制度，建立市属企业人才工作动态评价考核体系，考核不达标的实行"一票否

优"。加强人才工作内部力量配备，鼓励有条件的市属企业设立首席人力资源官岗位，列入集团管理。加快人才工作数字化转型，完善市属企业人才信息库，为人力资源开发提供决策支撑。二是优化人才服务保障。建立人才联系服务机制，通过谈心谈话、走访慰问等多种方式，及时掌握重大人才政策落实情况，切实解决人才在工作、生活等方面的困难和问题。支持市属企业持有的人才公寓等资源向其他市属企业进行共享。鼓励支持市属企业为高层次人才办好就医、配偶安置、子女入学、体检、疗休养等关键"小事"。三是强化人才创新宽容机制。以创新价值、能力贡献为导向，完善以信任为基础的人才使用机制，允许失败、宽容失败，鼓励高层次科技人才"揭榜挂帅"。健全有利于人才创新发展的激励约束、容错纠错机制，对支持人才创新创业和科技成果转化过程中，符合规定条件、标准和程序，但未达到预期效果的，相关领导人员在勤勉尽职、没有牟取非法利益的前提下，可以免除其决策责任。

　　　　　　　　　宁波市国资委、宁波市人才发展集团有限公司

宁波乡村人才振兴的困境与破解路径

习近平总书记指出：乡村振兴，人才是关键。当前，全市上下坚持以习近平新时代中国特色社会主义思想为指导，坚持农业农村优先发展，坚持创新深化、改革攻坚、开放提升协同发力，加快建设农业强市，力争高水平实现农业稳产增产、农民稳步增收、农村稳定安宁，为宁波市"打造市域样板、争创一流城市、跻身第一方阵"提供"三农"坚实支撑。为全面实现上述目标，加快构筑农业人才高地，推动乡村人才振兴，事关长远、事关全局，值得深入研究和思考。

一、宁波市推进乡村人才振兴的主要做法与成效

近年来，宁波市在推进乡村人才队伍建设方面进行了大量探索，取得了一定成效。到 2023 年 6 月，全市拥有农村实用人才 21.6 万人次，总量居全省第一，农业科研人才 700 人、农技推广人才 1059 人，各类乡村人才总量稳步增加、质量持续提升、结构更加优化。

（一）乡村人才振兴工作机制进一步健全

坚持上下联动，市县两级农业农村部门把人才振兴作为乡村振兴的重要内容和举措，主要领导亲自抓、分管领导具体抓，落实责任部门，明确职责分工，将人才振兴纳入乡村振兴目标考核，推动乡村人才振兴各项举措落地落实。坚持横向协同，把党管人才与党管农村有机地结合起来，紧紧围绕市委"一城三地"建设总体部署，主动将乡村人才队伍纳入全市人才工作全局，做到一体谋划、一体推进、一体落实，乡村人才成为全市人才队伍的重要组

成力量。

（二）乡村人才振兴政策体系进一步完善

宁波市制定出台了《宁波市乡村振兴人才发展规划（2019—2022）年》《关于高水平推进乡村人才振兴的实施意见的通知》、关于大力推进"两进两回"行动的工作意见》等一系列政策文件，同步推进现代农业领军人才、高素质农民、农村实用人才、农创客等人才培育，乡村人才队伍体系进一步完善。到2022年年底，全市已累计培育现代农业领军人才506人、高素质农民2.3万人、农创客4600人。奉化区、余姚市试点开展乡镇农技人员定向培养，每年招生十余人，为当地农技队伍提供稳定人才力量。镇海区实施"镇享来"乡村人才振兴行动，城市科技人才下乡通道进一步畅通。

（三）乡村人才队伍结构进一步优化

深入开展农业农村领域"甬江引才"工程，累计引进高层次人才（团队）27个，一批瞄准理论技术前沿、能够带动农户致富的项目在农业农村落地启动。宁海县与万里学院强化联动，建设海洋生物种业研究院，累计博士学位以上科研人员20人。微萌种业持续加大科研投入，引进以国家启明计划人才为核心的种业创新人才团队。据初步统计，目前，全市农业农村领域已有全职院士1人、海外归来博士近10人、其他博士人才近300人，人才队伍结构明显优化。

（四）乡村人才招引平台载体进一步完善

全市现有部级以上农业重点实验室4个，其中宁波大学2个（宁波大学省部共建农产品安全危害因子与风险防控国家重点实验室、宁波大学部省共建绿色海水养殖重点实验室）、企业实验室2个（宁波微萌种业有限公司西甜瓜白菜数字种业重点实验室、宁波三生生物科技股份有限公司南方生猪繁育技术创新重点实验室）。围绕重点实验室建设，已经引进和配套科研团队近200人，其中博士以上学位80余人。2022年，成立宁波市农业科技人才联盟，组建由首席专家、科技专家、推广专家及经营主体共同参与的市级农业产业技术团队10个，构建产业链与创新链相互贯通的农业科技研发与推广体系，为宁波市农业发展转型升级提供了有力的人才保障和智力支持。

二、宁波市乡村人才振兴存在的主要问题

当前，宁波市仍处于城镇化深化推进过程中，农村大学生毕业后更倾向于留在城市发展，乡村青壮年、优质人才仍在持续外流，农业"兼业化"、农村"空心化"、农业生产者"老龄化"现象依然较为严重，乡村人才引进和培育依然存在不少困难和问题。

（一）高层次人才（团队）引进难度较大

一是产业规模相对偏小。与二、三产业相比，宁波农业总体规模偏小、布局分散、"大优强"型农业企业数量不多，对高层次人才（团队）吸引力不足。二是引才规则对农业人才较为不利。在"甬江引才"工程中，人才（团队）引进要求带项目落户宁波。在实际工作中，由于农业类项目投资普遍偏小，土地等要素落实较为困难，影响项目落地，进而影响人才引进。三是引才力度有待增强。近年来，受宁波人才政策吸引，不少外地涉农院所科技人员有意向到宁波来投资创业。但是宁波市引才政策要求来甬人才放弃原单位工作，落户到宁波，才能享受相关补助，这导致不少农业人才项目流产。三是农业人才精准识别存在一定困难。现行《宁波市人才分类认定实施细则》中没有农业农村类人才认定标准，导致农业农村类需要挂靠其他行业的标准才能开展认定，造成用人单位无法精准判断拟引进农业类人才的水平和能力，可能造成引进人才与产业需求错位现象。

（二）人才自主培育存在不少困难

一是农业劳动力总体年龄偏大。据统计，宁波农村实用人才中51岁以上占53.8%，接受新技术、新观念的意愿和能力偏弱。二是农民接受培训的意愿不强。与二、三产业的产业工人不同，农业生产者中不存在劳动力市场，农民接受培训后，仍然返回农村从事农业，培训对就业竞争力的提升没有作用或作用不明显，导致农民接受培训的意愿不强。三是培训班的开设可能影响部分农户正常生产。由于宁波市农产品类型多样、品种丰富，一些培训班与农业生产在时间上有重叠，导致部分学员难以按期上课，影响实际到课率。四是现行培训制度一些规定过于严格。如人均费用标准偏低且不能收费，导致培训班总体呈现普惠、低质现象，高端培训班难以实施，对农业企

业家的吸引力不足。又如对学员参训次数的控制，在打击虚假参训的同时，也打击了一批参训意愿强烈的学员，且导致学员组织困难。

（三）乡村人才培育主体建设滞后

一是高校农科教育发展相对滞后。尽管宁波高校发展水平在全省走在前列，但是农科教育存在明显短板。目前，在甬高校均没有农学院，宁波大学和浙江万里学院建设有相关专业，主要侧重于海洋生物类专业，城市职业技术学院开设有林学类专业，种植、畜牧、农机、饲料、兽药等相关专业及生物育种、设施装备、数字控制等前沿专业建设较为薄弱甚至空白。二是能独立承担重大技术攻关的农业类实验室欠缺。尽管在政府、科研院所和企业的共同努力下，2022 年以来宁波市部级农业类重点实验室发展较快，增加了 3 家，总数达到 4 家，但这些实验室总体上还是以应用研究为主，开展农业重大技术攻关的能力还有所欠缺，推动宁波农业转型升级的引领作用发挥还不够充分。三是科技型农业企业发展质量有待进一步提高。近几年，宁波市科技型农业企业发展较为迅速，涌现了宁波种业、微萌种业、三生生物、大龙农业等一批种业、生物激素、农业设施等领域的领军企业，但总的来看，规模仍然偏小、技术依然落后，与隆平高科、大北农等国内一线企业相比差距明显，更无法与德国拜尔、美国科迪华等国际巨头相比。

三、宁波市乡村人才振兴的路径与对策

认真贯彻落实党的二十大精神，按照市委市政府乡村振兴和人才强市建设统一部署，建立健全"教育链、人才链、创新链和产业链"协同工作体系，系统重构乡村人才"引、育、用、留"流程，进一步推动全市乡村人才队伍结构优化、质量提升。

（一）建立"四链"协同工作体系

一是进一步完善乡村人才振兴工作机制。把乡村人才振兴作为实施乡村振兴战略的重要任务，健全党委统一领导、组织部门统筹指导、农村工作部门具体协调、相关部门分工负责的乡村人才振兴工作联席会议制度。二是进一步完善乡村人才振兴工作体系。落实五级书记抓乡村振兴责任清单，把人才工作纳入乡村振兴实绩考核，构建市县镇联动的乡村人才振兴工作体系，

推动乡村人才振兴各项工作落地见效。三是发挥宁波市农业科技人才联盟作用。完善"首席专家＋科技专家＋推广专家＋经营主体"的全过程、闭环式研发模式，推进"教育链、人才链、创新链和产业链"协同工作体系建设，培养造就一批青年科学家、学术带头人以及更多的具有农业科技素养的现代农民。

（二）建立分层分类动态引育体系

一是加快高层次人才（团队）引进。依托甬江人才工程，积极转变引才思路，围绕重点研发方向，系统引进多种类型科技人才，形成以高层次人才为核心、多学科人才相互配合的多跨科研技术团队。二是推进农业科研人才自主培养。围绕农业主导产业发展，加大农业科技研发推广人才培养力度，鼓励农技人员积极承担农业科技项目，选拔和培育一批具有发展潜力的农业专业技术人才。创新基层农技人员培养机制，实施"入学有编、毕业有岗"改革试点，扩大乡镇农技人员定向培养范围。三是培育农业农村生产经营人才。统筹开展乡村振兴领军人才、高素质农民、农村实用人才和乡村运营管理人才培育，培育一支懂生产、会管理、善经营的农业生产经营管理队伍。四是推进农业农村转移就业人才培育。着眼农村劳动力转移就业，实施万名农创客培育行动，对农业农村转移就业劳动力开展职业技能培训和创业培训，拓宽农民稳定就业空间，增强农民创业创新能力。

（三）完善人才发展激励机制

一是加强对乡村人才的政治引领和政治吸纳。在乡村振兴优秀人才中发展党员，推荐担任"两代表一委员"，参评"宁波市荣誉市民"等各类荣誉，推动常态化开展"弘扬爱国奋斗精神、建功立业新时代"活动，选树一批"懂农业，爱农村，爱农民"的先进典型。二是推动农民参与职业技能评选。结合"神农英才"、乡村工匠等乡村人才评定，分级分层开展乡村人才评定，挖掘和选拔一批能够带动乡村特色产业发展、促进农民创业就业的新时代乡村精英，引导更多优秀人才服务乡村振兴。探索开展农民职称评定的可行路径，让一批有理论、有技术、有能力的优秀农民享受各级职称待遇。三是分类推进乡村人才评价。研究提出乡村人才分类认定标准，补充完善《宁波市人才分类认定实施细则》，构建顶尖人才、特优人才、领军人才、拔尖人才、高级人才及其他人才梯度推进的乡村人才评价和培育体系。四是加大乡村人才联系支持力度。建立市、区（县、市）、镇（乡、街道）领导分层联系乡村人才制度，帮助解决工作、生活中的困难，增强其职业认同感和自豪感。

（四）打造乡村引才聚才平台

一是推进农业科技人才联盟建设。聚焦粮油等农业主导产业和特色优势产业，鼓励各产业技术团队积极参与农业科研项目"揭榜挂帅"，打造覆盖农业科研、生产、加工和流通全领域的人才队伍体系。二是建设高能级农业科研平台。借鉴湘湖实验室、甬江实验室等高能级实验室建设经验，组建市级农业重点实验室，组织开展农业关键核心技术攻关，提高农业科技创新源头供给能力。三是发展壮大一批农业科技企业。实施科技企业"双倍增"暨企业技术创新能力提升工程行动计划，鼓励支持农业企业联合高等学校、科研机构，开展科企创新联合体建设，推动农业科技创新与成果产业化良性互动，孵化和改造提升一批农业科技型中小企业。四是推进涉农院校新农科建设。鼓励在甬涉农高校锚定宁波农业发展方向，结合学科基础条件，优化涉农学科专业结构，加快新农科建设，培养造就一批适应性强、综合素质高的应用型农林牧渔人才。

宁波市农业农村局

宁波单项冠军企业人才队伍建设研究

单项冠军企业是宁波市制造业高质量发展的生力军，更是引领中国制造业高质量发展的风向标。目前，宁波市国家级制造业单项冠军企业数量，连续五年居全国城市首位，成功打造了制造业单项冠军之城这张"金名片"。人才作为支撑发展的第一资源，在单项冠军企业发展中起到关键作用。为摸清宁波市单项冠军企业人才队伍建设情况，紧密围绕党的二十大关于人才强国、科技强国战略要求，以开展大调研活动为抓手，深度开展制造业单项冠军企业人才队伍建设情况调研，在把握方向、厘清基础、梳理经验、分析问题的基础上，提出对策建议，以期为下一步科学、有效地推进制造业人才工作奠定扎实基础，为推进制造业高质量发展提供有力支撑。

一、深刻领会人才强国战略丰富内涵，充分认识单项冠军企业人才队伍建设的重大意义

习近平总书记在党的二十大报告中指出，"培养造就大批德才兼备的高素质人才，是国家和民族长远发展大计"。人才是第一资源，创新是第一动力。党的二十大在更高起点、更高层次、更高目标上对人才强国建设作出顶层设计，为加快建设人才强国锚定了新坐标、描绘了新愿景、明确了新方向，对推动以中国式现代化全面推进中华民族伟大复兴具有重要而深远的意义。宁波是我国重要的先进制造业基地，也是我国制造业单项冠军之城。我们必须深刻领会习近平总书记关于人才强国战略重要论述的深刻内涵，充分认识深入实施人才强国战略对于宁波城市发展、产业优化升级、企业核心竞

争力提升的重大意义。

一要充分认识到人才是经济实现可持续发展的基石。习近平总书记强调："综合国力竞争归根到底是人才的竞争。必须把人才资源开发放在最优先位置，大力建设战略人才力量，着力夯实创新发展人才基础。"人才是城市发展的核心资源，是推动经济可持续高质量发展的重要基石。人才的高度决定了发展的高度。实施人才战略，并将之作为城市发展的重要内容纳入整体发展战略，构建吸引人、培养人、用好人的全过程闭环，营造尊重人才、关爱人才、激励人才的良好氛围，才能真正让人才增强归属感、使命感和凝聚力，才能推动人才与企业、城市同呼吸、共奋斗，不断增强人才团队的稳定性，才能为经济行稳致远、高质量发展提供不竭的智力支撑。

二要充分认识到人才是产业抢占未来制高点的抓手。习近平总书记强调："必须坚持面向世界科技前沿、面向经济主战场，支持和鼓励科技工作者紧跟世界科技发展大势，对标一流水平，多出战略性、关键性重大科技成果，不断攻克'卡脖子'关键核心技术，不断向科学技术广度和深度进军。"当前，新一轮科技革命和产业变革快速演进，尤其是基础前沿领域持续突破，新一代数字技术深度渗透融合，这些都深刻影响着世界经济和产业格局的变化。抓住和用好新一轮科技革命和产业变革机遇，最重要的战略资源就是人才，特别是能够紧跟并引领世界科技潮流的顶尖人才。只有以制造业高质量发展为主线，聚焦"361"万千亿级产业集群，更大力度引进培养领军型、高端型人才，构建高能级的科研军团，奋力打造高水平人才首选地、创新策源地、产业萌发地，才能在世界新一轮科技革命和产业变革中占据制高点、掌握主动权。

三要充分认识到人才是企业打造核心竞争力的源泉。习近平总书记强调："加快建设国家战略人才力量，努力培养造就更多大师、战略科学家、一流科技领军人才和创新团队、青年科技人才、卓越工程师、大国工匠、高技能人才。加强人才国际交流，用好用活各类人才。"知识经济时代，企业间竞争的本质是人才的竞争。只有拥有高素质、专业化、创新型的人才团队，才能敏锐地应对不断变化的供给端、需求端形势，构筑形成有利于企业不断发展的运行机制，打造形成企业的核心竞争力，掌握行业和产业的市场话语权，推动企业不断进步和发展。单项冠军企业作为市场竞争主体，只有坚持人才引领驱动，全面优化人才结构、提高人才质量、造就拔尖创新人才，聚天下英才而用之，才能不断塑造发展新动能新优势，才能在未来竞争中抢先一步、胜人一筹。

二、宁波市单项冠军企业人才队伍建设基本情况

（一）单项冠军企业的引领支撑作用

目前，宁波市累计拥有国家级制造业单项冠军企业 83 家（以下简称"单项冠军企业"），数量居国内城市首位；市级制造业单项冠军培育企业 590 家（以下简称"市级单项冠军培育企业"），其中，重点培育企业 264 家，潜力型培育企业 326 家（见图 1）。

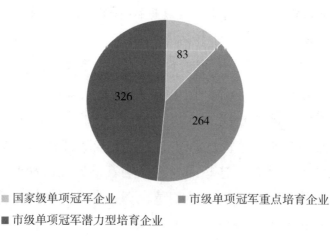

- 国家级单项冠军企业
- 市级单项冠军重点培育企业
- 市级单项冠军潜力型培育企业

图 1　单项冠军企业梯队结构

单项冠军企业成为推动宁波市制造业高质量发展的主力引擎。凭借国内外细分行业领域引领者的竞争优势，单项冠军企业成为全市制造业质效发展最优的企业群体，截至 2023 年 12 月，宁波市有规模以上工业企业 10099 家，单项冠军企业数量仅占规模以上工业企业的 0.8%，但累计实现工业总产值 2164.2 亿元，占总产值的 8.9%；实现营业收入合计 3262.4 亿元，占规模以上工业企业总量的 7.6%；实现利润总额合计 241.6 亿元，占规模以上工业企业总量的 5.9%。对比来看，83 家单项冠军企业以占规模以上工业企业总数的 0.8%，创造出全市规模以上工业企业 7.6% 的营业收入、5.9% 的利润总额，平均利润是整个规模以上企业的 20.8 倍，是宁波制造业中经济效益最优的核

心群体（见图 2）。

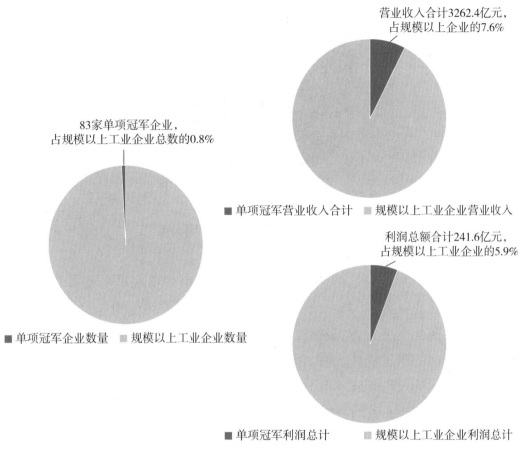

图 2　国家级单项冠军企业数量、营业收入、利润在规模以上企业中的占比

　　单项冠军企业是宁波市打造"361"产业集群的关键支撑。单项冠军企业是行业的领跑者，更是产业链的深耕者，宁波单项冠军企业涉及众多产业领域，宁波市单项冠军企业，根据"361"产业集群分类，涉及数字经济领域 21 家，高端装备领域 32 家，绿色石化领域 4 家，新材料领域 10 家，关键基础件 10 家等，其中，属于三大万亿产业集群的有 57 家，占比 63.3%。市级单项冠军培育企业，涉及数字经济领域 125 家，高端装备领域 289 家，绿色石化领域 27 家，关键基础件领域 73 家等，属于三大万亿产业集群的企业占比 65.6%（见图 3）。

　　单项冠军企业是宁波市产业创新发展的核心引领。单项冠军企业普遍重视创新，将掌握核心技术作为企业长期发展的护城河，久久为功，开展关键

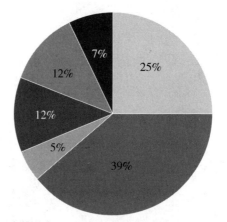

图3　国家级单项冠军企业产业领域分布

核心技术攻关，形成自己的"独门绝技"。宁波市单项冠军企业研发投入占营业收入的比重达到4.74%，市级单项冠军重点培育企业为6.72%，市级单项冠军潜力型培育企业为6.81%，而规模以上企业为2.42%。可见单项冠军企业群体突出的研发创新水平，同时，高研发技术创新投入也带来较高的人均效益水平，从人均产值来看，国家级单项冠军企业人均产值达到1389.3万元，是规模以上企业人均产值的9.4倍。

（二）单项冠军企业人才队伍建设情况

人才是企业发展动能，是引领产业发展的核心力量，为充分分析宁波市单项冠军企业人才队伍现状，了解企业人才引育留用各环节具体情况和实际需求，找出单项冠军企业人才队伍建设的痛点难点，2023年5月通过问卷调查、实地走访、会议座谈、电话访谈等多种形式对单项冠军培育库内企业开展了深入调研。总体来看，宁波市国家级单项冠军企业人才队伍结构规模合理、集聚效应显著，共集聚人员达到15.5万人，企业平均规模1800人，其中，硕士研究生以上学历人才超过3100人，占比达2%；研发人员2.6万人，占比17.1%；高技术人才达到3650人，占比达2.4%。

现根据问卷调查结果，从以下方面展开分析。

1. 单项冠军企业人才结构情况

单项冠军企业作为细分领域生产技术和工艺的全球引领者，其人才构成主要有科技研发人才、复合管理人才、生产技术人才三类。其中，科技研发人才是企业保持技术水平领先的动力源泉，生产技术人才是企业规模能级提升的强大支撑，复合管理人才是企业规范高效发展的有力保障。调研发现，宁波市单项冠军企业人才结构主要有以下特点。

（1）研发创新人才集聚。全市单项冠军企业共集聚研发人员超过2.6万人，平均每家企业拥有研发人员超过320人，平均每家企业研发人员占比17.1%，有6家企业的研发人员占比超30%。而市级单项冠军培育企业平均研发人员80人，平均每家企业研发人员占比15.6%。相较于市级单项冠军培育企业，宁波市单项冠军企业研发人员比例相对较高（见图4）。

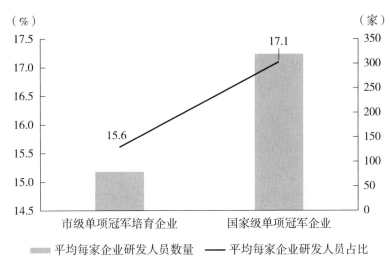

图4　单项冠军企业研发人员分布情况

（2）高学历层次人才占比高。从学历层次来看，宁波市单项冠军企业中大专以上学历人数占总人数的38.5%，研究生以上学历人数占总人数的2%。有7家企业研究生以上人才占比超5%。市级单项冠军培育企业中大专以上学历人数占总人数的31.4%，研究生以上学历人数占总人数的1%。从高层次人才认定情况来看，截至2023年5月，67%的国家级单项冠军企业拥有市级高层次人才，共262人，平均每家企业拥有高层次人才3.3人；有28%的市级单项冠军培育企业拥有市级高层次人才，共418人，平均每家企业拥有高层次人才1人。可见，高学历、高层次人才集聚也是单项冠军企业的重要特征，是企业发展的有效支撑（见图 5）。

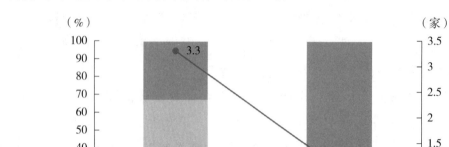

图 5　单项冠军企业高层次人才分布比例

2. 单项冠军企业人才需求情况

单项冠军企业代表制造业领域行业领军水平，在信息化数字化全球化趋势下，宁波市单项冠军企业对人才的需求呈现以下特征。

（1）研发创新人才最为紧缺。按岗位类型分，研发创新类人才最为紧缺，75 家企业表示急需该岗位人才，占比 95%。同时，技能操作类人才和市场营销类人才也有较大缺口，分别有 55.7% 和 50.6% 的企业表示缺乏此类人才。而行政后勤类人才缺口较少，较为饱和（见图 6）。

（2）信息技术专业人才更受青睐。单项冠军企业行业领域对口专业以外，信息技术类专业是需求量较大的专业领域，有 58.2% 的企业表示需要信息技术类专业人才，其次是贸易物流和行政管理领域，分别有 15.2%、10.1% 的企业表示需要该专业人才。可见，数字化时代，信息技术类专业人才成为制造业企业的普遍需求（见图 7）。

（3）本科以上学历人才需求最大。单项冠军企业是制造领域的佼佼者，在企业创新发展道路上，具有较高学历的人才是企业最缺乏也最需要的人才。从学历层次看，单项冠军企业最需要的是本科和硕士学历人才，55.7% 的企业表示缺乏本科人才，58.2% 的企业表示缺乏硕士人才，50.6% 的企业表示缺乏博士人才（见图 8）。

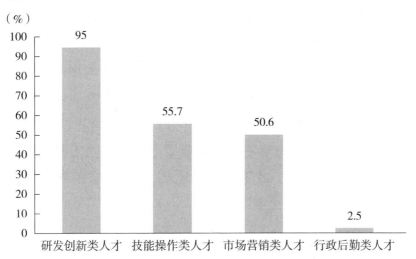

图 6　单项冠军企业对不同岗位类别的需求情况

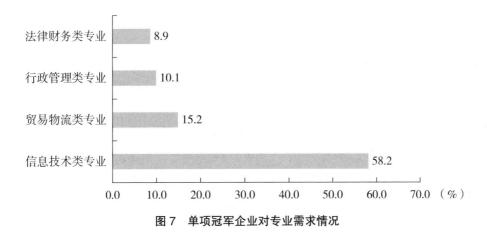

图 7　单项冠军企业对专业需求情况

图 8　单项冠军企业对学历需求情况

3. 单项冠军企业人才引进情况

（1）高端引才计划加快实施。单项冠军企业是国家、省、市引才计划申报的主力军，宁波市单项冠军企业积极引进和推荐高层次人才申报各级引才计划。2022年度，国家海外引才计划全市经信系统共申报420人（比上年增长88%），入选数63人，居全省第三，其中单项冠军企业申报211人，占比50%。省级引才工程申报数191人，入围25人，居全省前列，其中单项冠军企业占比6%。已有42家单项冠军企业申报甬江人才工程，占比53%；18家单项冠军企业申报省级引才工程，占比22.8%；8家单项冠军企业申报国家引才工程，占比10.7%（见图9）。

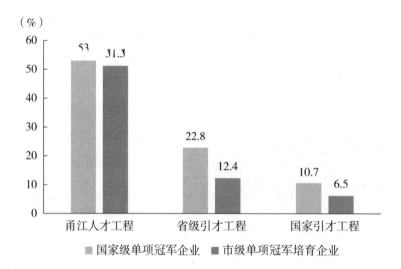

图9　申报各类人才工程的企业占比情况

（2）企业招聘渠道多样化发展。宁波市单项冠军企业主要通过高校专场招聘会、线下市场招聘会、网上招聘、中介招聘等方式招引人才。企业最青睐的招聘渠道是高校专场招聘会，选择企业超过83.5%，其次是网络招聘和线下市场招聘会，选择企业分别有57%和48.1%，人才中介、猎头招聘也各有38%的企业表示希望采用（见图10）。

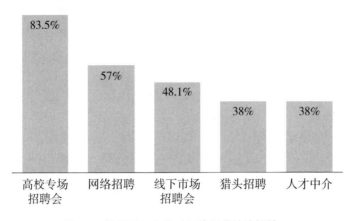

图 10   单项冠军企业对招聘渠道的选择情况

（3）本科院校是校园招聘目标院校。普通本科院校是单项冠军企业的首选招聘目标，超过 74.7% 的企业选择普通本科院校作为主要对象，主要在于单项冠军企业在普通本科院校招聘中更占据主动权。双一流重点高校同样是重要目标院校，63.3% 的企业选择双一流重点高校开展校园招聘。一线生产技术人才是单项冠军企业制造实力的代表，在多数企业中占比达到一半以上，面向技师、技工学院的校园招聘是企业招聘一线人才的重点方向，超过46.8% 的企业将技师、技工学院作为目标院校。此外，高职院校也是企业校园招聘选择的目标（见图 11）。从招聘规模来看，每年校园招聘人数在 20 人以内的企业有 23 家，占 29.1%；招聘 100 人以上的企业有 18 家，占 22.8%（见图 12）。

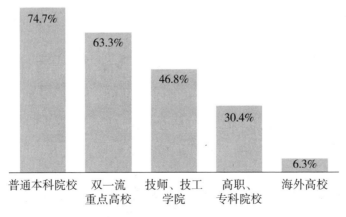

图 11   单项冠军企业校园招聘目标院校的选择情况

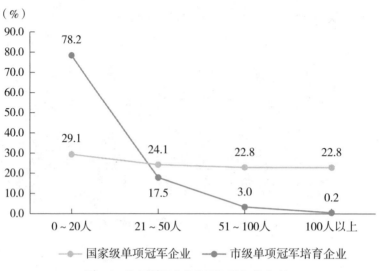

图 12　单项冠军企业校园招聘规模分布

4. 单项冠军企业人才培育情况

（1）多途径促进人才能力提升。宁波市单项冠军企业非常重视内部人才培养，通过自主培养、标杆学习、在线培训、国外考察等多种途径提升人才能力水平。有 74.7% 的企业认为，标杆企业参访交流是有效的人才能力提升途径；46.5% 的企业认为系统理论学习是人才能力提升的有效途径，44.9% 的企业认为在线培训教学是人才能力提升的有效途径。此外，赴外地短期脱产学习、赴国外学习考察也是部分企业采取的有效途径。

（2）多措施推进人才队伍建设。为加强人才队伍建设，宁波市单项冠军企业从薪资补助、时间保障、学费补助、住房保障等方面提供激励措施。60% 以上的企业对通过专业技能等次认定或专业技术职称评审的给予相应薪资津贴，49.8% 的企业对员工参加专业技能培训活动予以时间保障，33.2% 的企业对员工参加在职学历教育的予以学费补助。此外还有 27.5% 的企业对高层次人才给予优先住房保障，17.4% 的企业建立了企业培训学校，开展常态化能力素质培训，18.2% 的企业开展校企合作定向培养。

三、宁波市单项冠军企业人才队伍建设的主要经验做法

宁波市单项冠军企业，尤其是国家级单项冠军企业历经数十年深耕把产

品市场占有率做到全球前三，其中的关键要素就是人才，可以说人才成就企业，企业造就人才，这些单项冠军企业在人才队伍建设方面也形成了独特的经验。

一是传统途径与创新渠道相结合，人才招引方式不断拓展。人才是企业的第一资源，对单项冠军企业来说更是如此，经调研，宁波市单项冠军企业非常注重人才招引，均设立专门的人力资源岗位，由专人负责人才招聘相关工作。当前，宁波市单项冠军企业的人才招聘渠道不断拓展，普遍采取"线上＋线下"的招聘方式，线下主要是参加校园招聘和各级部门组织的现场招聘会等，线上主要是通过人才招聘网站、手机端平台等，同时积极对接人才中介机构，发展猎头招聘。从人才类别来看，企业对于基础人才的招聘主要通过校园招聘、网络平台等渠道，对于中高级人才招聘主要通过猎头公司等专业平台。从未来趋势看，企业人才招聘方式将以线上网络端、手机端为核心，以招聘会、线下活动等为支撑，同时积极借助直播、小程序等新媒体渠道，不断提高招聘效率。如均胜群英，开展直播带岗、招聘开放日活动、人才内推、荐才奖励等创新措施；宁波德曼压缩机由单一的设摊招才，向网络引才、载体引才、核心人才带动引才等多元高效的方式延伸。

二是外部引进与内部选拔相结合，人才结构层次不断提升。高层次人才是企业发展核心动力，单项冠军企业保持全球领先的地位离不开顶尖人才、高级管理人才、高技能人才等的强大支撑。当前，宁波市对于单项冠军企业高端人才的引培尤为关注和支持，从降低认定门槛、优先认定支持等方面出台专项政策，帮助单项冠军企业减轻负担、帮助人才获得实惠。在需求驱动和政策引导下，作为创新发展主力军的单项冠军企业，积极申报国家、省、市级人才工程项目，当年，超过17%的企业申报了省级以上引才计划，超过33%的企业拥有市级认定高层次人才。根据座谈了解，企业不仅积极从外部引进高层次引领人才，同时还着力支持内部中高端人才发展，通过设立博士后工作站、与科研院校联合培养等方式，为人才发展提供平台资源和提升路径，有效构建企业内部人才积极提升的浓厚氛围。如宁波钢铁，一手抓科技领军人才引进，一手抓青年科技人才培养，对科技领军人才采取一事一议支持措施，对青年科技人才培养并通过实施院士工作站重大科技项目、筹建钢铁新材料研究院等培养历练青年科技人才，同时探索职业经理人聘任制，充分调动青年科技人才创新创业的积极性和主动性。

三是培养体系与创新激励相结合，人才成长通道日益畅通。根据调研走访了解，宁波市国家级单项冠军企业都形成了较为完善的人才梯度培育机制，针对新晋人员的学历背景、岗位类别、发展定位等，制定有针对性的、清晰可见的成长路径规划，设置系列人才培养工程。同时，宁波市单项冠军企业通过自建企业大学、联合培养等形式，使员工职业能力水平得到不断提高。例如，宁波力劲科技有限公司建立了职工商业学院，宁波长阳科技股份有限公司建设长阳大学，得益于企业管理自主权优势，宁波市单项冠军企业不断创新激励机制，设立更有灵活性、多样性的人才激励方式，如通过股权激励、购房借款等方式，提升人才创新活力，吸引优秀人才、留住优秀人才。如公牛集团，对核心管理团队及技术骨干施行限制性股票激励计划、特别人才持股计划等常态化的激励机制；海天塑机建立了以春蕾计划、雏鹰计划、雄鹰计划、飞翔计划、领航计划等为主体的人才梯队培养机制；宁波中大力德智能传动通过创建"高技能人才创新工作室"、制订中青年成员培养计划、实施中青年成员素质提升更新工程等措施，加快中青年成员整体素质提升。

四是机制改革与文化建设相结合，人才发展环境日益优化。宁波市单项冠军企业作为人才评价机制改革的主力军，积极开展职称自主评审工作，当前有30%的单项冠军培育企业开展专业技术职称自主评审，如舜宇集团建立完善的人才建设相关制度，出台《专业岗位任职资格认证与聘任管理办法》《人才评选和激励办法》《绩效管理制度》等，获全省首批高级职称自主评聘单位。此外，宁波市单项冠军企业普遍重视企业形象和企业文化建设，通过加大资金投入、加快智能化改造等手段改善一线工作环境，不断提升厂区基础设施和后勤保障水平。同时，以博世、宝洁等全球知名企业为标杆，学习借鉴先进经验，不断提升自身企业文化、组织制度建设、品牌建设等软文化建设。此外，如宁波路宝科技，充分关注员工工作全周期需求，打造园林式办公环境，设置完善、丰富、高端的休闲、健身、娱乐空间，充分体现以人为本的企业文化氛围。宁波富德能源围绕党建促发展，提升人才凝聚力、向心力，推进"民企党群示范基地"建设，全体职工党员占比达到9%，党组织现已覆盖公司 86% 的部门。浙江乐歌智能驱动强化企业品牌形象建设，以"乐歌星球，引航高歌"为口号在各大高校进行雇主品牌宣传，提出将公司打造成一个年轻人拼搏奋斗的星球，共创美好明天的目标理念，强化高校毕业生对企业的认知和关注。

四、宁波市单项冠军企业人才队伍建设中存在的主要问题

宁波市高度重视制造业人才工作，围绕人才引用留育等方面积极创新探索，不断推进顶层设计、政策支持、工作机制等方面优化完善，制造业人才工作取得积极成效。在政企协同推进下，人才队伍成为单项冠军企业制胜的重要法宝和推动制造业高质量发展的主力军。但是，与制造业高质量发展要求和打造"全球智造创新之都"的目标相比，当前单项冠军企业人才队伍建设还存在一些短板和弱项。

一是高端人才仍然不足，对产业发展的创新引领作用有待增强。对单项冠军企业而言，高端科技人才就是撬动发展的杠杆。当前，宁波市具有国际影响力的顶尖科技创新人才、能够引领产业实现跨越式发展的行业领军人才和团队还较少。2022 年，宁波入选国家、省级引才计划数量落后于绍兴、湖州，分别少 35 人、5 人。高端人才数量上的劣势后期可能转化为产业创新发展的短板。虽然当前宁波市持续优化高层次人才相关政策，但调研发现，高端人才从引进到真正落地还存在不确定性，尤其是国家、省级海外引才计划人才，当年落地率仅 50% 左右。另外，企业是否能够提供高成长性发展平台，以及所在城市是否具有优质的产业资源、高能级科创资源、包容开放的文化氛围等都是决定高端人才能否真正落地生根的重要因素。

二是本地供需不够匹配，产学研合作渠道和模式有待深化。一方面，本地院校和科研机构相对较少，各类人才储备不足。从本地高校数量及在校人数来看，全市共有高校 16 所，2021—2022 学年，全日制普通高校在校生 18.4 万余人，其中全日制研究生 1 万人左右，本科生 10.3 万人左右。相比同类城市，苏州高校 25 所，在校生 27 万人；青岛高校 25 所，在校生 45 万人，泉州高校 22 所，在校生 20 万人（见表 1）。另一方面，当前院校专业设置与企业需求不够匹配，数字经济、新一代信息技术、直播电商等新兴人才本地

培养不足，学生所学专业技能难以在企业直接应用。调研统计，超过43%的企业反映引进人才的素质与企业需求不够匹配。单项冠军企业普遍认为订单班等校企联合培养形式，对于企业招引人才，尤其是一线岗位人才非常有益，但是不少企业囿于缺乏合作渠道、年需求规模较少等情况，尚未通过此渠道获取人才。此外，本地毕业生留甬率不高，也是产教不够匹配以及行业吸引力不强的体现，尤其是数字经济类人才，外流现象比较显著，经了解浙大软件学院软件专业研究生留甬率仅10%左右，宁波大学信息学院毕业生留甬率不足15%，永新光学与浙大光电学院联合培养的研究生也很少能留在企业。

表 1　　宁波与同类城市高校数量和在校生人数对比（2021—2022学年）

城市	宁波	杭州	苏州	青岛	厦门	泉州
高校数量	16所	40所	25所	25所	12所	22所
在校生人数	18.4万人	61.4万人	27万人	45万人	20万人	20万人

三是品牌建设和宣传推广不强，企业和城市的知名度、吸引力均有待提升。调研发现，单项冠军企业普遍认为城市和企业知名度不高是当前吸引优秀人才面临的严峻挑战。低调务实是宁波的城市特质，宁波的单项冠军企业同样如此，虽然在行业内享有较高声誉和地位，但是作为雇主品牌在全国的认知度较低。当前，宁波市大部分单项冠军企业已经认识到雇主品牌建设的重要作用，如均胜群英、乐歌智能科技等企业积极开展雇主品牌建设，对在校生提前植入品牌认知，以期强化学生对企业的了解，提前锁定更优秀的人才。但是，雇主品牌建设仍难广泛推广，不少企业存在经费资金投入不足、专业品牌管理人员配置不足、社会上品牌运营支撑机构不强等现实困难。此外，丰厚的行业薪资、丰富的文化娱乐、丰硕的教育资源等都是城市吸引人才的关键要素，而宁波市与周边城市相比仍有较大的提升空间，根据《中国城市人才吸引力排名：2023》榜单，宁波市位列第14位，虽然相比2021年的第17位有所提升，但与城市经济体量相比仍不匹配。

四是政策体系不够完善，推进人才发展体制机制改革的步伐有待加快。近年来，宁波市相继出台一系列含金量高、成效明显的人才创新举措，人才集聚效应显著提升，但是面对后疫情时期区域人口流动新机遇，以及日益激烈的城市竞争态势，宁波市在产业与人才政策贯通、政策支持力度以及破除体制机制障碍方面的步伐和手段有待提升，尤其是针对单项冠军企业的人才专项政策有待加强、单项冠军企业高级专业技术职称自主评审覆盖面还有待提高等。调研发现，宁波市在集成电路、生物医药等新兴领域的人才政策不够完善，相比上海、南京等地吸引力较为不足。同时，对于基础人才的政策支持优势不够明显，以全日制应届硕士毕业生可获得的政府资金支持为例，符合相关条件的，宁波可给予每人 3 万元生活安居补助，相比之下，杭州给予 3 万元生活补贴及每年 1 万元租房补贴；厦门给予 5 万元生活补助及5000 ~ 8000 元不等的租房补贴；绍兴柯桥给予为期 3 年，每年 3 万元的安家补贴。在支持单项冠军企业职称自主评审方面，当前覆盖面仅有 30%，超过50% 的企业表示想要开展但不具备条件，可见还需要更强的支持和更灵活的机制推进这项工作。

表 2　　　　　宁波与兄弟城市新引进高校毕业生补贴对比

类型	宁波	杭州	绍兴（柯桥）	无锡	厦门
本科	生活安居补助 1 万元 购房补贴不超过 8 万元	生活补贴 1 万元 租房补贴 1 万元 / 年	安家补贴双一流本科 2.5 万元 / 年、普通本科 1 万元 / 年（为期 3 年）房票补贴双一流本科 10 万元、普通本科 5 万元 人才公寓免费或小额租金	生活补贴 1 万元 租房补贴 1 万元 / 年	生活补助 1 万元 租房补贴 5000 ~ 8000 元 / 年
硕士	生活补助普通硕士 3 万元，世界前 100 高校硕士 8 万元 购房补贴不超过 8 万元	生活补贴 3 万元 租房补贴 1 万元 / 年	安家补贴 3 万元 / 年（为期 3 年）房票补贴 20 万元 人才公寓免费或小额租金	生活补贴 2 万元 租房补贴 1.5 万元 / 年	生活补助 5 万元 租房补贴 5000 ~ 8000 元 / 年
博士	生活补助世界前 200 博士 10 万元 购房补贴博士最高 20 万 ~ 60 万元	生活补贴 5 万元 租房补贴 1 万元 / 年	安家补贴 4 万元 / 年（为期 3 年）房票补贴 50 万元 人才公寓免费或小额租金	生活补贴 3 万元 租房补贴 2 万元 / 年	生活补助 8 万元 租房补贴 5000 ~ 8000 元 / 年

资料来源：网络平台，数据仅供参考，具体补贴要求详见各地官方文件内容。

五、推动宁波市单项冠军企业人才队伍建设的对策建议

（一）激活人才引领力，充分发挥政府引才带动作用

一是有力推进高端人才建设。加大国家、省级海外引才工作推进力度，瞄准现阶段制造业高质量发展和"361"产业集群培育的目标任务，聚焦单项冠军企业创新发展需求，充分调动单项冠军企业积极性，引导单项冠军企业立足当下、放眼未来，积极参与申报国家、省级引才工程和甬江人才工程。抓实引才工程人才落地数量和质量，积极对接国家、省级主管部门，指导用人单位开展全职到岗核查、安全风险检视，依法依规签订工作合同和保密协议，确保人才能够真正落地。深化拓展高层次人才举荐制、认定制，进一步推进单项冠军企业高层人才认定，对单项冠军企业推荐的高层次人才、急需紧缺人才，打破学历、职称、头衔等资格条件限制，给予相应人才政策支持，加快推动单项冠军企业市级高层次人才全覆盖。

二是不断完善企业人才布局。支持单项冠军企业加快健全完善以高端人才为引领的人才队伍，不断加强经营管理人才、研发人才、技术技能人才能力建设。提升单项冠军企业经营管理人才能力水平，持续开展百名精英培育工程、"双百双高"企业总裁培训工程等活动，通过主题培训、现场观摩、专场对接等形式，全方位提升企业管理水平和企业经营管理人员素质。深入实施科技领军人才和创新团队倍增行动，聚焦重点产业需求，支持单项冠军企业大力引培青年科技人才，构建企业创新型人才梯队。夯实技术技能人才力量，加快吸引积聚一批优质工程师人才，支持单项冠军企业大力引进培育卓越工程师，加快构建以卓越工程师为引领的专业技术人才队伍。

三是统筹集成多维度政策支持。推动市级人才政策不断完善升级，对标先进地区政策，加快查漏补缺，确保政策的竞争力和实效性，建立相互衔接配套、覆盖人才不同发展阶段的梯次人才政策体系。在现有政策基础上，统筹人才、产业、科技、教育等部门政策，加强对应届本科及以上学历人才的政策支持力度，推动现有政策向单项冠军企业倾斜。聚焦数字经济万亿级产业集群建设，着力补齐数字经济领域人才短板，加快研究制订数字经济人才培养方案，谋划数字经济领域专项人才政策。持续完善"亩均论英雄"评价

体系,将人才要素纳入各项政策、规划编制,把人才指标作为企业评价、项目评估的重要内容,强化企业引才留才积极性。

(二)强化人才集聚力,充分发挥企业聚才主体作用

一是支持企业做大做强。强化企业作为人才引进、培养、使用的主体作用,深入推进企业梯队培育,大力培育领军企业,动态建立"大优强"企业、制造业单项冠军、专精特新"小巨人"企业培育清单,推动企业梯次升级。常态化推进"放水养鱼"行动,加快培育一批引领未来竞争的新生力量和中坚力量。做大数字经济企业群体,培育一批竞争优势突出、科创能力强的高成长型企业,发展一批数字经济科技型中小企业、高新技术企业,作为单项冠军企业培育库后备力量。

二是支持企业开展人才自主评价。全面赋予单项冠军企业中级职称自主评审权,推动指导单项冠军企业中级职称自主评审全覆盖,逐步扩大市级单项冠军培育企业中级职称自主评审覆盖面,加快畅通企业专业技术人才成长通道。拓展企业高级职称自主评审行业领域,大力支持单项冠军企业申报省人才发展体制机制改革试点,在吉利承接汽车行业高级工程师职务任职资格评审工作基础上,推动光电、模具等行业领域企业开展高级职称自主评审工作。

三是鼓励加强企业文化和品牌建设。鼓励单项冠军企业打造爱才塑才的企业文化氛围,建立健全基于文化和价值观导向的人才评估标准、引才机制、培育体系和激励措施,支持企业培育创新发展的文化氛围,推动潜在创新人才成为创新型员工、创新团队带头人,在企业内部形成创新文化建设与创新型人才培养互相促进的良性发展态势。鼓励单项冠军企业加强雇主品牌形象建设,开拓短视频、公众号等新媒体宣传渠道,向大众传播产品技术优势、员工关爱、社会责任、价值主张等雇主品牌信息,通过校园宣讲、企业参访等活动向在校生提前植入雇主品牌形象,强化公众对企业的认知。

(三)提升人才适配力,充分发挥校企育才联动作用

一是提升院校专业与产业需求匹配度。聚焦数字经济创新提质"一号发展工程"任务目标,加快提升数字经济人才支撑能力,针对单项冠军企业信息技术人才紧缺现状,支持在甬高校优化各专业招生人数,推动宁波大学

申请创办软件学院（含本硕招生），扩大宁波市软件类本科、硕士培养规模。聚焦"361"万千亿级产业集群高质量发展要求，深入摸排单项冠军企业人才专业需求，提高本地高校供给率，支持职业（技工）院校建设一批特色专业、新兴专业。

二是深化产教融合协同培养。探索创新产教融合人才培养模式，推进现代产业学院、工程师学院、产教联盟、人才实训基地建设，完善订单式培养和"双元"联合培训体系，推动高校和企业人才培育适配衔接。支持高校与企业探索"旋转门"机制，推进"校内导师＋行业导师"的"双师制"，强化工科教师工程实践能力。继续实施集成电路高层次紧缺人才培养专项，指导浙江万里学院、宁波工程学院、浙大宁波理工学院加快现代产业学院建设，大力培养产业急需紧缺人才。推进软件行业协会、浙大软件学院、宁波大学、万里学院等与宁波市单项冠军企业联合建设软件人才实训基地。

三是加快建设卓越工程师培养体系。加快推动卓越工程师学院建设，推动高校与企业合作共建卓越工程师学院，构建"校企联动、学做结合、学工交替"的人才培养模式，培养和造就大批产业需求的高素质应用创新型人才。大力开展卓越工程师实践基地试点建设，重点支持先进制造业企业、行业领军企业、单项冠军企业创建示范性卓越工程师实践基地。支持高校开展工程硕博士培养改革试点，鼓励宁波大学、宁波工程学院、浙江万里学院等高校引入战略合作企业培养工程硕士，从知识型教育向创新型教育转变。

（四）涵养人才生长力，充分发挥生态留才引力作用

一是完善全链条人才服务体系。以"人才码"平台为依托，梳理单项冠军企业高层次人才及团队清单，构建单项冠军企业人才云图，建立服务需求快速响应机制、重点企业服务包制度，采取"组团式＋专员式"的服务模式，按需给予人才一揽子支持，解决人才服务"最后一公里"难题。大力引进高端人力资源服务机构和科技中介服务机构，打造"人才＋项目＋资本"全链条人力资源服务模式。畅通单项冠军企业人才信息交流渠道，支持各高校院所联合单项冠军企业举办对接合作交流座谈会、专场供需洽谈会等活动，拓展企业人才精准对接和合作交流。

二是举办高能级人才交流活动。持续放大世界数字经济大会、宁波创新

设计周、宁波国际服装节、"和丰奖"制造业创新设计大赛、制造业高质量发展与智能经济专家咨询会等高端创新交流平台的辐射力和影响力，全方位展示宁波人才引育政策和科技创新合作成果，助力打造国际人才集聚平台。举办中国创新创业大赛、浙江省工控网络安全大赛等活动，继续吸引重点产业领域高水平国际会议会展在宁波举办或永久性落地，吸引高层次创新创业人才和团队来甬考察落户，实现以会聚智、以赛荐才。积极融入长三角一体化发展，加强与上海、杭州、苏州等先进城市在人才资源开发、人才平台建设、人才服务优化等方面合作。

三是强化示范效应和宣传推广。强化全社会对制造业人才的认同感，通过各类新闻媒体和网络平台等渠道，大力宣传宁波市人才发展战略、方针政策和单项冠军企业、优秀企业家、高层次人才等。加大在各类人才奖励、表彰活动中对单项冠军企业人才的占比和支持力度，进一步凝聚单项冠军企业人才归属感、认同感和荣誉感，形成"重人才扬技能"的良好示范效应。倡导榜样示范引领，总结推广一批单项冠军企业人才培育先进典型和鲜活经验，推动制造业人才队伍建设改革不断向纵深发展。

宁波市经信局

宁波新型劳动者队伍建设研究
——以高速公路运营服务行业为例

高速公路是国民经济社会发展的"大动脉"。在现代化滨海大都市战略目标指引下，宁波高速公路网络快速拓展，到 2027 年总里程将达到 750 公里。这也对高速公路运营服务提出了新挑战、新要求，因此，加快建设一支能够适应和创造高速公路运营服务新质生产力的新型劳动者队伍，既是时代课题又是发展命题。对此，宁波交投公路营运管理有限公司（以下简称"交投营运公司"）作为宁波高速公路的专业运营服务商，进行了一系列有力探索，成功培育锻造出一支能够适应和创造高速公路运营服务新质生产力的新型劳动者队伍，有力支撑了全市高速公路运营服务提质，也为其他行业新型劳动者队伍建设提供了有益借鉴。

一、高速公路运营服务新型劳动者的概念内涵

新型劳动者是指具备现代科技知识和专业技能，能够适应现代科技和社会发展的需求，并且在发展新质生产力中发挥主导作用的劳动者。具体到高速公路运营服务行业，新型劳动者应具有较强的创新精神和创新能力、较强的工匠精神、较强的跨领域的知识与合作能力以及较强的持续学习和适应能力等四个方面特征。

一是较强的创新精神和创新能力。在新的运营模式下提出创新思路，通过小范围的技术改造，沉淀专利、工法创新，不断优化运营流程，提高工作效能效率。

二是较强的工匠精神。在新型运营模式下，员工树立"工匠精神、用户导向"职业追求，提供优质、高效的服务体验，在立足用户需求、追求用户满意中创造品牌价值。

三是较强的跨领域知识与合作能力。能够从海量的全国联网和云收费数据中挖掘有价值的信息，具备深层次的学习、比较、分析能力，为管理决策提供支持。

四是较强的持续学习和适应能力。能够迅速适应高速公路技术的更新和运营模式的变革，不断吸收新知识、新技术、新技能。如收费设施软硬件的智能化集约化发展，迫切需要从业者具备一定的数字化素质和能力。

二、宁波高速公路运营服务劳动者队伍建设的现状分析

宁波现有高速公路 666 公里，并加速建设"五向十径"高速公路网，运营服务从业人员约 2000 人。其中，交投营运公司负责约 50% 的里程和 50% 的从业人员，是行业龙头，运营服务品质也常年保持全省前列。

（一）建设成效

近五年来，宁波交投营运公司围绕建设高素质劳动者队伍，加强服务规范化、形象标准化、设备智慧化、管理集约化"四化"建设，劳动者队伍建设在素质提升、成本控制、管理优化、技能创新等方面成效显现，为公司的可持续、高质量发展注入了强大动力。

一是队伍素质明显提升。通过开展分层分类培训、技能比武、岗位练兵，实施轮岗交流，设置岗位自学成才奖励金机制，员工专业知识和综合素养显著提高，大专以上学历员工占比提升 3%，非一线拥有专业技术职称占比突破 18%，拥有省青年工匠 2 名，市首席工人 1 人，市五一劳动奖章 1 人，市技术能手、青年岗位能手 7 人，领衔技能大师工作室、青创工作室，推动"五小创新"技术改进与创新成果，为保障高速公路的安全畅通和优质服务提供了有力支持。

二是人工成本有效控制。坚持总数控制、灵活用工，通过优化人员配置、内部挖潜、临时调度、柔性用工等方法，实施劳务用工替代和智慧化机器换人等管理手段，公司当前劳务用工占比达 25%，进一步缓解人工成本上

升压力，平均用工成本低于宁波市其他高速公路企业。

三是集约管理成效凸显。通过科学定岗定编、优化工作流程和引入智能化设施，降低了对大量人工的依赖，5 年来，公司陆续向体系内外输出各类人才超 80 人，管理路段公里人工数下降 6%，站点人工数下降 10%，低于宁波市其他高速公路管理单位。

（二）存在问题

对照一流高速公路运营服务要求和新型劳动者队伍建设现状，全市高速公路运营服务企业"四多四少"问题还普遍存在。

一是初级人员多，高级人才少。以交投营运公司为例，收费员、机电设备管理、巡查监控等一线岗位，占全公司人数比例 80%，但学历普遍不高，大专以下占 31%。技能人才方面也存在明显缺口，一线人员中级工或四星以上职工仅为 8.8%。

二是传统实践多，创新实践少。日常运营服务中，传统按部就班的收费流程和养护方式仍占据主流，缺乏创新思维和能力。对于运用"云收费"系统等新技术和新理念来改进收费模式、采用创新的路况监测与预警方式来提升道路安全与效率、利用数智工具指导高速差异化引流等，思考和实践严重不足。

三是单一技能多，复合人才少。当前大量员工的专业技能集中在单一业务领域，在遇到新问题时往往束手无措。而企业发展急需的是新形势下能够集合高速公路收费管理、信息系统、运营数据分析、技术创新改造、运营团队管理等综合能力于一身的复合型人才，能够向行业市场传播专业品牌形象的高素质、高水平队伍。

四是短期关注多，长期规划少。公司内部人力资源服务保障能力不足，只关注眼前短期的问题需要，缺乏对长远发展的深入考量，包括对未来高速公路交通流量的变化趋势缺乏充分的策略研究，对新型基础设施的应用、维护和升级改造也缺乏前瞻性布局。同时，内部员工队伍的多元化成长路径还不完善，在人员培养和激励机制上，尚未构建更加贴合企业高质量发展需求的新型劳动者队伍保障体系。

三、加快建设宁波高速公路运营服务新型劳动者队伍的对策建议

未来几年，全市高速公路运营服务企业应聚焦高速公路"提升运营效率、保障安全畅通、提供优质服务"三个关键，更加注重高速公路运营服务新型劳动者队伍建设，着力提升劳动者的学历、技术和综合素质，鼓励技能大师团队或工作室培育，有力支撑并促进行业的高质量发展。

（一）构建系统性新型劳动者创富体系

构建新型劳动者创富体系，是整个行业发展理念和文化重塑的必要基础。2024 年 1 月，浙江省人民政府发布《关于开展省域技能型社会建设的指导意见》，强调聚焦高质量发展建设共同富裕示范区，构建"职工增技能—企业增效益—职工增收入"的新型创富体系。

一是增强队伍规划牵引力。针对当前高速公路运营服务队伍中长期规划缺乏的问题，结合本研究提出的构建新型劳动者队伍目标要求，建立未来 3 年高速公路运营服务新型劳动者队伍培养规划，明晰各项指标任务，进一步解放思想、凝聚共识，加快培育锻造一支能够创造高速公路运营服务新质生产力的战略人才和能够熟练掌握相关领域新质生产力生产资料的新型劳动者队伍。

二是增强体制机制内驱力。科学靶向精准"引"，深化与高校战略合作，通过校园招聘、市场化选聘、柔性引才等途径，加大高学历、高职称、高技能等紧缺人才的引进力度，不断优化队伍结构。系统布局重点"育"，建立导师带教机制，发挥"传帮带"作用；开展"五小"创新、知识管理创新等系列活动，不断挖掘内部人才创造潜力；设置管理、技术、技能三种岗位序列，建立纵向畅通、横向贯通的"H"型职业发展通道。激发动能大胆"用"，大力实施各级中层岗位、储备干部选拔，有效解决队伍新老交替储备不足等问题，同时，通过技能大赛、薪酬激励、挂职锻炼、分类培训、参与重要项目课题等机制模式，加快打造一批既懂业务、又懂管理的复合型人才。

三是增强企业文化向心力。广泛树立"创富"价值体系导向，重视员工

的价值和贡献，强调创新实干奋进，积极营造"尊重劳动、尊重人才、尊重创造"的良好氛围。充分发扬劳模工匠精神，发挥技能大师带头作用，举办各类优秀人才表彰活动，给予突出人才充分的肯定和荣誉，激发和引导全体员工向优秀看齐。弘扬高速"家文化"，开展丰富多彩的企业文化活动，持续关注员工的工作与生活平衡，提供必要的关爱基金、健康支持等保障，鼓励员工参与企业"金点子"参谋献策，增强价值认同感和企业归属感。

（二）打造深层次新型劳动者人才矩阵

一是明晰多岗位专业类别。跳出传统思维，建立与新型高速公路市场化运营服务模式相适应的深层次专业人才矩阵。严格控制可机器替代的前端窗口收费员规模人数，逐步实现少人化、无人化。着重加强保障收费运营系统的机电维护人员、分析路况安全实施联勤联动的特情处置人员、堵漏增收稽查核对的后台操作人员、优化流程提高效率的技改创新人员、提升品牌价值的商业运营人员、带队伍强执行抓合规的综合管理人员等6类高速公路运营服务新型劳动者队伍的培养力度，以基本条件、关键能力标准、工作绩效为核心评价维度，健全岗位说明书，建立完善员工岗位职级管理制度。

二是构建职业评定标准体系。建立完善当前各类职业岗位等级评定标准体系，明确不同等级对应具体表现，结合岗位绩效考核要求，通过月度、季度、年度考核评级来实现。对现有职业技能培训及认定体系进行全面梳理，积极申报企业内部职业技能等级认定资质，形成行业权威的若干职业工种技能培训及认定体系，打造若干个职业技能培训基地，大力推动职业技能培训教材、课程编制入库，为新型劳动者队伍技能水平提升提供强有力的基础支撑。

三是发挥组织协同培养优势。坚持跨身份、跨单位、跨部门协同和多岗位历练，避免"知识茧房"和"路径依赖"，加强与国资国企、科研院所、公安交警、交通执法、属地乡镇、产业链上下游的统筹协同，通过驻点锻炼、交流轮岗、联合研发、成果共享等制度机制，强化不同单位、不同部门、不同重大攻关项目之间的联动协作，让员工共享成长资源，历练多方面的专业基础和综合能力。

（三）推进全方位新型劳动者发展服务

一是优化组织保障服务。成立高速公路运营服务新型劳动者队伍建设工作领导小组，由公司主要领导任组长，分管领导任副组长，各部门负责人为小组成员。领导小组办公室设在组织人事部门，主要负责规划及方案制定、推动各项任务落实、实施过程督导协调等工作。其他各部门、基层单位各司其职、具体实施、共同推进。

二是优化薪酬激励服务。完善员工固定薪酬与浮动薪酬比例，设计更为丰富的薪酬激励方案，如增效贡献奖、技改创新奖等技能津贴，坚持多劳多得、优绩优酬的差异化分配导向，更好发挥薪酬激励作用。强化基础性、紧迫性、颠覆性技术研发攻关，探索科技人才成果转化中长期激励，扩大自主性收益分配权。

三是优化职业成长服务。增强人力资源服务发展战略的能力水平，配齐配强公司总部及片区基层的人力资源专业力量，构建员工职业发展全周期支持服务体系，畅通管理、技术、技能"三通道"多元发展路径，鼓励员工跨序列晋升。强化职业规划与指导，提供个性化咨询、培训与辅导，帮助员工提升职业规划能力，实现员工和企业共同发展。

四是优化配套政策服务。积极发挥公司超千人的规模优势和完备的技能人才培养、评价、使用、激励制度体系优势，加强与省市人社、交通、国资等政府部门的对接，积极争取公司成为职业技能等级直接认定工作试点企业，争创省域技能型社会建设最佳案例，为地区、行业的高质量发展提供有效借鉴。

陈林芬　　凌　波

宁波新生代企业家政治事业"双传承"培养研究

党的十八大以来，党和政府高度重视非公有制经济健康发展和非公有制经济人士健康成长。习近平总书记多次强调加强年青一代非公有制经济人士教育培养工作，2013年5月，在同各界优秀青年代表座谈时明确指出，"中华民族伟大复兴终将在广大青年的接力奋斗中变为现实"。2016年3月，在参加全国政协十二届四次会议民建、工商联界委员联组会上特别强调，"要注重对年青一代非公有制经济人士的教育培养，引导他们继承发扬老一代企业家的创业精神和听党话、跟党走的光荣传统"。2023年6月，在同团中央新一届领导班子成员集体谈话时又进一步要求，要"激励广大青年增强历史责任感和使命感，激发强国有我的青春激情，在强国建设、民族复兴伟业中勇当先锋队、突击队"。同时，2020年中办印发《关于加强新时代民营经济统战工作的意见》，要求加大年青一代企业家的培养力度。省委省政府也高度重视新生代企业家培养工作，指出要建设高素质创新型现代化民营经济人士队伍，特别是加强新生代企业家队伍建设，推动新时代民营经济新飞跃。

民营经济是宁波经济的重要组成部分，新生代企业家作为民营企业的新一代"掌舵人"，是宁波推进"两个健康"推动经济实现高质量发展的重要力量，是宁波坚定不移深入实施"八八战略"打造"重要窗口"争创共同富裕和中国式现代化示范引领的市域样板的生力军。调查显示，目前宁波已进入民营企业代际传承的关键时期，全大市民营企业中，企业负责人年龄在60岁及以上的约有6成，2～3成的企业正面临交班或准备交班，10年以后这一比例将达到 7 成以上，其中 90% 以上将选择子女接班。因此，做好新生代企业家政治事业"双传承"培养工作已迫在眉睫。

一、概念界定及研究意义

（一）新生代企业家界定

目前国内学术界对"新生代企业家"尚没有明确的定义，现有文献中学者们主要是基于企业家概念，从年龄、企业决策权的实际拥有与生长环境等方面来界定。在我国主要分为三个群体，继承型的新生代企业家也即民营企业的第二代甚至第三代，自主创业的青年企业家，以及能主导企业发展方向的职业经理人。课题在借鉴前人观点的基础上，结合课题研究目标与宁波实情，主要将这一群体界定为 1978 年（改革开放）及以后出生的民营企业高管，涵盖三类人群，即代际传承产业的"企二代"，自主创业的"创二代"，受雇于企业所有者的职业经理人。

（二）政治事业"双传承"的内涵

2018 年 11 月，习近平总书记在全国民营企业家座谈会上指出，民营企业家要珍惜自身的社会形象，热爱祖国，热爱人民，热爱中国共产党，践行社会主义核心价值观，弘扬企业家精神，做爱国敬业、守法经营、创业创新、回报社会的典范。2020 年 7 月又进一步强调，企业家要在爱国、创新、诚信、社会责任和国际视野等方面不断提升自己。这既是对新生代企业家的殷切期望与要求，也是对新生代企业家政治事业"双传承"培养内涵的科学总结和高度概括。

基于此，课题组认为新生代企业家政治事业"双传承"培养包括三个层面的内涵：一是培养新时代中国特色社会主义思想的忠实践行者，围绕"红色接班人"定位，引导新生代企业家从历史之河中汲取营养，传承好听党话、跟党走的红色基因，始终与以习近平同志为核心的党中央保持高度一致，把"两个确立"转化为坚决做到"两个维护"的自觉行动。二是培养促进经济高质量发展的积极引领者，引导新生代企业家大力传承甬商敢为人先、勇立潮头的首创精神，重诺守信、勤奋务实、吃苦耐劳的创业基因，增强直面荆棘的无畏勇气、善于创新的能力，在积极探索中国式现代化的实践中争先进位。三是培养引领风尚、奉献社会、促进共同富裕的责任担当者，引导新生代企业家传承好重义担当的高尚情怀，兼容并蓄的宽广胸襟，富而有责、富而有义、富而有爱，打造一支政治上有方向、经营上有本事、责任上有担当、文化上有内涵的新生代企业家队伍。

（三）新生代企业家政治事业"双传承"意义

一是推进中华民族伟大复兴的迫切需要。实现中华民族伟大复兴，坚持和发展中国特色社会主义，关键在党，关键在人，归根到底在培养造就一代又一代可靠接班人。这是党和国家事业发展的百年大计。青年一代有理想、有本领、有担当，国家就有前途，民族就有希望。新生代企业家作为青年人才中的重要群体，是我党长期执政、团结带领全国人民实现"两个一百年"奋斗目标和中华民族伟大复兴中国梦的重要力量，是加快建设"制造强国、质量强国、航天强国、交通强国、网络强国、数字中国"的主力军。推进新生代企业家政治事业"双传承"培养，是强化青年企业家"强国有我"、堪当民族复兴重任责任担当的重要举措。

二是推动经济高质量发展的重要支撑。在当前复杂多变的国际形势下，经济高质量发展面临着很多新形势新挑战，大企业需要做大做强做优，小企业需要做精做深做特，而这些都必须依靠创新这个主引擎。新生代企业家恰是最具创新、最具朝气、最具活力的群体，在推动企业转型升级、创新发展，促进产学研深度融合，推动科技成果转化落地等方面具有比较优势和敏锐触觉，是高质量发展的有力推动者。因此，新生代企业家的政治事业"双传承"培养不仅是"家事"，更是经济社会高质量发展的"要事"和"大事"。

三是落实事业传承百年大计的内在要求。企业传承是当务之急，关乎企业发展的百年大计。中国的一代民营企业家，普遍出生于 20 世纪五六十年代，创业于 20 世纪八九十年代，交班于 21 世纪一二十年代，未来十年，将是二代企业家接班的高峰。一个永续经营的企业，必须一代培养一代，一代接一代传承下去。日本拥有数量惊人的"百年企业"，有 3 万多家，其中一个重要的原因就是日本企业接班人的培养始于少年时代，很好地实现了继承接班。中国百年企业很少，对中国占据半壁江山的民营企业而言，培养人才，选好传承接班人，不仅关乎企业自身的命运，更关乎事业传承和可持续发展的百年大计。

四是培育一批新型经济管理人才的有力抓手。当前全球正处于以高科技为主导，数智化、新能源化为特征的新经济时代，迫切需要一大批通晓新经济，掌握新知识的新型经济管理人才，肩负起我国大中型各类企业管理的重任，从容面对国际一流竞争对手的挑战。新生代企业家年富力强、学历层次高，其中不乏 MBA、EMBA、硕士生、博士生，相当一部分具有留学经历。他们富有现代管理理念与灵活思维，视野开阔，创新意识强，是引领企业融入世界经济大环境的主力军。加大新生代企业家政治事业"双传承"培养力度，提高素质，促进成长成才，是培育一批高层次经济管理人才、应对新经济挑战的有力抓手。

二、宁波新生代企业家群体概况

本次调研主要以宁波市规模以上工业企业为基础样本，对新生代企业家政治事业"双传承"情况进行了比较全面的调查。课题组前往镇海区、慈溪市、宁海县等地进行了实地走访，先后组织了 22 场座谈会，听取了组织部、统战部、发改委、经信局、工商联等多部门的工作汇报，与近百位老一辈民营企业家、新生代企业家代表、智库学者、商协会负责人等进行了座谈、访谈。问卷调研了全市新生代企业家 3262 人，约占这一群体的 98%。

（一）新生代企业家基本特征

三类人群分布均衡。本次全部调研对象新生代企业家 3262 人中，"企二代"1168 人，占 35.81%；"创二代"910 人，占 27.89%，职业经理人 1184 人，占 36.30%。担任董事长、总裁、总经理的共 2186 人，其中"企二代""创二代"、职业经理人分别为 734 人、715 人、737 人，在新生代企业家中分别占 22.50%、21.92%、22.59%。职业经理人中真正全面负责企业管理的约占 15%，其余主要作为技术总管负责企业业务运营管理。同时，商会抽样调查显示，目前约 10% 的企业已完成接班传承，其中子女接班传承占 90% 以上。

表 1   规模以上企业新生代企业家区域分布

区域	宁海	镇海	慈溪	海曙	北仑	前湾新区
新生代企业家（人）	283	153	633	258	192	23
"企二代"（%）	36.74	24.18	38.70	31.78	38.02	13.04
"创二代"（%）	22.26	31.37	45.18	24.81	26.56	65.22
职业经理人（%）	40.99	44.45	16.12	43.41	35.41	21.74
区域	江北	奉化	余姚	象山	鄞州	高新区
新生代企业家（人）	113	146	581	155	591	134
"企二代"（%）	18.58	32.88	53.36	38.71	29.61	7.45
"创二代"（%）	27.43	28.08	20.31	25.16	20.81	22.13
职业经理人（%）	53.98	39.04	26.33	36.13	49.58	69.4

区域分布特征明显。调研显示，新生代企业家大部分为本地人，占比77.07%；外地不多，其中中国香港 4 人，中国台湾 7 人，境内省外 737 人（见图 1）。"企二代"主要分布在以传统制造业为主的乡镇街道企业中，占比90%以上；"创二代"主要集聚在新兴产业较为集中的前湾新区以及一些产业园区，占比约 65%；职业经理人则主要分布在城区的大企业中，占比50%以上。

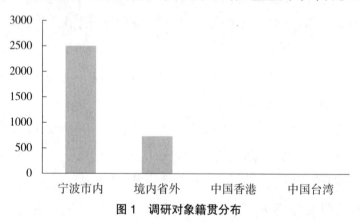

图 1   调研对象籍贯分布

基本素质总体较高。本次受访的"新生代"企业家，男性占78.63%，女性占21.37%；56.81% 为"80 后"，23.18% 为"90 后"，0.37% 为"00 后"（见图 2）。其中研究生及以上学历者为 19.13%，本科学历者为 53.77%，有海外留学经历的约 30%（见图 3）。他们所学的基本为经济管理类专业或与企业

经营、IT、新能源、智能制造等相关的专业，对电子商务、新媒体营销等新
事物接受度较高。

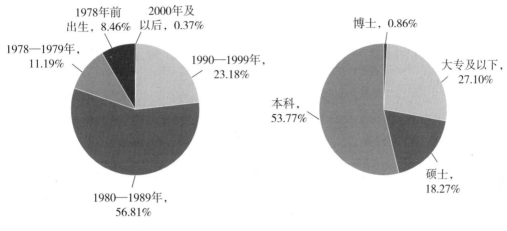

图2　调研对象年龄分布　　　　图3　调研对象文化程度

　　具有一定政治参与意识。调研显示，新生代企业家中，中共党员885人，
占27.13%；民主党派169人，占5.18%；无党派人士359人，占11.01%（见
图4）。各级党代表、人大代表、政协委员分别为120人、269人、255人，
分别占3.68%、8.25%、7.82%（见图5）。全市海创会、"创二代"、青企协等
24个社会组织中，70%以上的会员是1978年以后出生的年轻人，27.14%的
新生代企业家在上述各类组织中任会长、秘书长等职。他们积极参加政治活
动，关心国家大事，具有较强的社会责任感。

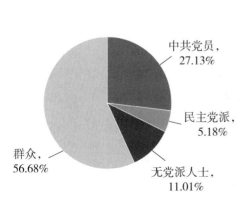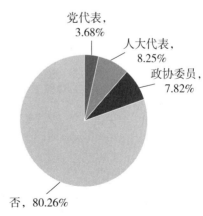

图4　新生代企业家政治面貌情况　　　图5　新生代"两代表一委员"情况

（二）所在企业的基本情况

大部分企业较为"年轻"。调研显示，新生代企业家经营管理的企业存续时间主要集中在 6～30 年，其中 3～5 年、6～10 年、11～20 年、21～30 年的分别占 11.62%、21.81%、32.12%、19.89%，超过 30 年的只有 7.08%（见图 6）。其中 53.08% 的企业员工规模在 50～500 人，人员规模在 50 人以内的约占四成。

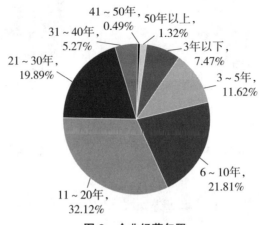

图 6　企业经营年限

企业总体处于成长期。调研对象中，2022 年实现营业收入 1 亿元以内的占 55.31%，1 亿～5 亿元的占 27.51%；5 亿～10 亿元的占 8.63%；10 亿元以上的占 8.55%（见图 7）。税收 500 万元以下的占 74.74%，500 万～5000 万元的占 20.16%；5000 万～1 亿元的占 1.96%，1 亿元以上的占 3.14%（见图 8）。

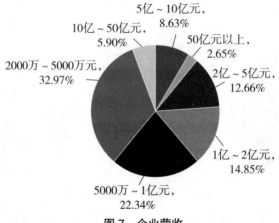

图 7　企业营收

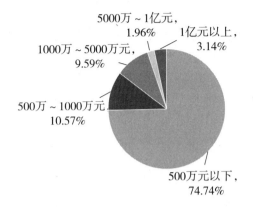

图 8　企业税收

高新技术企业约占四成。所调研的企业中，35.66% 为高新技术企业，上市企业占 3.32%；分别拥有国家级与市级单项冠军企业 77 家、175 家；国家级与市级专精特新"小巨人"企业 184 家、462 家（见图 9）。其中近三成企业曾获得过国际、国家、省、市等各类荣誉奖项（见图 10）。

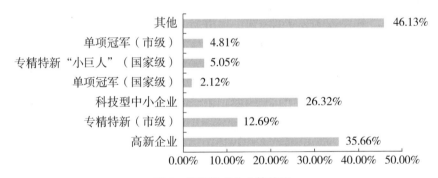

图 9　高新技术企业等情况

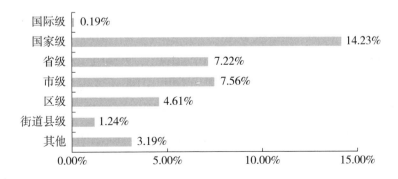

图 10　企业荣誉获奖

三、宁波新生代企业家政治事业"双传承"培养的实践探索

针对民营企业代际传承高峰期到来、民营企业接班人培养问题日益突出的现状，宁波在全国率先成立"创二代"①联谊会筹备工作领导小组，研究、协调"创二代"培养工作。近年来又把"新生代"纳入以引进培养高素质人才为主要内容的全市人才一号工程，通过搭建组织平台，加强教育培训，着力激发创新活力，引导履行社会责任，有效地促进了年青一代非公有制经济人士健康成长。相关工作得到中央统战部的肯定，并在中央统战部《统战工作》上专题刊登。

（一）搭建组织平台，突出政治引领

建立了市委统一领导，组织部、统战部、工商联共同实施的工作机制。实施"创二代"联谊会组建行动计划，宁波市和10个区（县、市）均成立"创二代"企业家联谊会，全市156个乡镇（街道）通过单建、联建等形式实现"创二代"联谊组织全覆盖，各功能产业园区"创二代"联谊会建设也在积极推进。截至2022年年底，全市各级"创二代"企业家联谊会理事3416人。市委两新工委、市委统战部牵头，探索成立新生代联谊会党支部，强化党组织引领，协助联谊会领导班子做好联谊会工作，增强联谊会内部凝聚力。其中，在党建引领方面，镇海区级层面选派退休老领导，入驻两新组织企业担任党建指导员，对重点企业进行"一对一"或"一对二"，其他面上"一对多"指导的做法颇具特色。

（二）出台支持政策，突出行动牵引

市委组织部、市委两新工委、市委统战部联合出台《关于深入实施新生代企业家"双传承"计划的若干意见》《宁波市新生代企业家培育三年行动计划（2021—2023）》，从筑牢思想政治基础、开展红色传承教育、加强政治吸纳和政治凝聚、健全联系帮扶机制、建立导师帮带机制等11个方面对新生代培养作出规划，并把新生代培养工作所需经费保障纳入预算，市本级年度专项经费预算达150万元。同时，在加强新生代政治吸纳和政治凝聚方面，

---

① 该章节的"创二代"与新生代是同一概念。

一些区（县、市）探索了很好的做法，如宁海县新生代企业家联谊会与组织部协同建立新生代党员纳新机制，有效推进新生代企业家的政治吸纳。

（三）深化教育培训，突出素质培优

强化"红色"教育。先后组织新生代企业家"上井冈""走百色""行沂蒙"，走访老党员、老模范、老干部，慰问困难户、贫困户，切实增强对中国特色社会主义的信念、对党和政府的信任、对企业发展的信心、对社会的信誉。开展"精英"培训。将新生代培育列入市委"百名精英企业家"培训计划、列入全市干部培训主体班次，每年重点选派100人赴北京大学、清华大学、复旦大学等国内一流大学研修。深化"拓展"培训。组织新生代企业家赴中国香港、中国台湾、德国、英国、瑞士、捷克等国家和地区访学，赴剑桥大学等高等学府和科研院所交流，考察知名家族企业，与当地青年企业家协会精英交流。秉承"传承"理念。每年围绕政治事业"双传承"主题，组织召开新生代企业家座谈会。创办"家业长青"学院，举办家族企业接班人专修班、家族企业"少帅"研修班等，为新生代顺利接班提供专业教育和咨询服务。同时，加强典型示范引领，如慈溪市通过建立15个新生代企业家先锋传承基地、选树30个新生代企业家创业创新典型，效果良好。

（四）优化服务载体，突出创新创业

多渠道拓展服务载体。依托环杭州湾创新中心，打造新生代企业家创业创新综合基地。在镇海区试点成立"亲清服务联盟"，联合31家行政部门形成"24+7"的常态化、持续化服务机制。在江北区试点建立"民营企业党校联盟"平台，通过5家核心企业辐射新生代企业，实现企业间资源共享、合作共赢。实施新生代龙头企业培育工程。鼓励新生代组建产业联盟，推动跨地区跨领域联合兼并和重组，引导新生代中小企业向"专、精、特、深"方向发展，培育100余家"小巨人"企业。搭建新生代创业创新经验交流平台。举办"创二代"大讲堂，经信、财税、人社等部门围绕企业创业创新主题，创新推出菜单式服务方式。开展"走进会长单位"活动，每季度组织新生代企业家走进入围全国制造业单项冠军的企业参访研学。支持大学生创新创业。市新生代企业家联谊会策划承办大学生创业大赛，评选出21个项目并获得8561万元创投资金；与宁波财经学院合作建立大学生创业培训基地，打造从资金支持、智力支持到行动支持的大学生创业就业服务生态链。

（五）弘扬企业家精神，突出责任担当

聚力公益慈善帮扶。在市县两级新生代企业家联谊会中分别设立公益基金，其中市"创二代"公益基金会募集资金 213 万元，各级新生代企业家联谊会成员或其企业捐助救灾、助困、助学等社会公益资金超 2 亿元。助力乡村振兴。市新生代联谊会选取两个村建立新农村建设服务基地，利用资金、技术、人才方面优势助力乡村振兴。江北区毛岙村、奉化区金娥村建立"创二代"新农村建设服务基地，发挥"创二代"独特优势助力新农村建设。强化责任担当。鼓励引导新生代企业家积极参与抗疫物资转运、卡口检查、核酸采集、信息登记等疫情第一线志愿服务。

四、宁波新生代企业家政治事业"双传承"存在的主要问题与困难

宁波在新生代企业家政治事业"双传承"培养中有一些好的做法与经验，取得了较好的成效，但与新生代企业家培养的"四有"目标还存在较大差距。从调研看，主要存在以下三大难题亟待破解。

（一）政治传承面临"缺感情、缺文化、缺氛围"难题

1. 缺感情

总体上宁波新生代企业家思想健康向上，但对党和国家的感情没有像老一辈那么深厚和直接。有些在国外成长或长时间留学海外，回国后对国情党情社情了解不多，对党和国家的方针政策认识还比较浅显，少数受西方文化影响，对中国特色社会主义认识不到位，不同程度地存在信念不够坚定、信任不够充分、信心不够充足的现象。调研显示，约 40% 至今没考虑过是否入党，约 3% 不愿意。座谈会上，有企业家表示："现在的新生代企业家，特别是留学归国的，对国内的政治体制了解比较少，不太了解党委政府部门的职能职责，平时不愿和政府打交道，也不会打交道，对党的信仰没有老一辈那么深。"

2. 缺文化

企业的传承，不仅是简单的财富和资产的传承，更是企业家精神与企

业文化的传承。不少企业特别是中小微企业缺少企业精神与文化的积淀，新生代企业家"家国情怀"与"百年基业"的企业家精神较为欠缺。访谈显示，不少新生代企业家虽也有敬业守业精神，但没有树名牌、闯天下、做百年企业的打算。少部分家国情怀与责任担当意识淡化，在企业家精神与企业文化锻造方面，相比家国情怀（59.62%）、百年基业（48.96%）、担当奉献（53.98%），更为重视守法诚信（76.49%）、改革创新（73.79%）与奋发进取（70.82%）。此外，还有少部分缺乏艰苦创业和拼搏奋斗精神，认为"经营企业太辛苦（39.36%）而不愿接班"。

3. 缺氛围

与父辈不同，新生代企业家不再满足单一的工作，工作闲暇之余常与兴趣爱好相近者聚集在一起，形成不同的兴趣圈，如公益圈、健康圈、马拉松队、合唱队、网球队等，追求时尚，注重"玩得好"，圈子中多是同龄人，举办的活动多为联谊、社交、商机拓展等，缺少思想政治引领方面的内容。调查显示，他们没有将政治理论学习（64.62%），党史、新中国史、社会主义发展史（60.52%），老一辈企业家艰苦创业史（49.85%），红色教育（42.21%）等主题纳入，圈内缺少政治氛围，没有形成一个有利于新生代坚定信仰与信念的环境。

（二）事业传承面临"不愿放、不愿接、接不住"障碍

1. 不愿放

"传"方面，父辈不愿"放手"与卸职不离任现象普遍存在。一些企业创始人没有充分认识到做好传承计划的重要性，认为自己精力足、能力强而不愿意放手培养接班人。某商会负责人反映 190 家会员企业中，已接班 23家，未接班企业中负责人在 60 岁以上的占 23%。他们依然战斗在"董事长"岗位上，有的出于对事业的挚爱，有的则出于对后代不放心。同时已接班传承企业中，完全放手成功接任的不多，占比约 20%。某商会 150 家会员企业中，已接班传承的 13 家，父辈完全放手的仅 1 家。访谈中不少新生代也都有这样的经历，他们表示父辈的迟迟不愿"放手"，一方面造成"企二代"可能因其不放权而无法施展自己的能力，另一方面导致"企二代"失去兴趣不愿接班。

2. 不愿接

"承"方面，新生代不愿接的倾向也较为突出。调查显示，25.88%的"企二代"明确表示不愿接班，约20%的意愿不强，这与90%以上父辈希望子女接班形成巨大的反差。其中最主要的原因包括"自己缺乏办企业的经验（49.20%）""与父辈文化观念冲突（46.63%）""不能实现自我价值（41.45%）""经营企业太辛苦（39.36%）""对父辈的传统行业没兴趣（33.53%）""认为自己家族企业处于产业链低端，没有发展前景（23.35%）"等。除问卷调查中上述所列原因外，座谈会上有企业家谈到，父辈的思想观念上不够宽容、经常指责"企二代"的失误是接班传承中碰到的最大问题，他们经常会与父辈及其班底发生冲突、摩擦，为了企业发展跟父辈产生分歧也是常有的事情。有的企业家反映，在企业管理中不太认同父辈的管理理念和方法，因为"一代"普遍重人情，而"二代"则更偏重规则。

3. 接不住

"接"方面，新生代是否有能力接班，也是企业传承面临的另一个困境。访谈显示，尽管在担任企业经营者之前，不少新生代在各类企业进行过历练，但他们当中直接从学生到企业管理者的为数不少。由于没有经过摸爬滚打的市场检验，个人实践经验不够丰富或社会基础积累尚浅，新生代在初次创业或接班过程中，存在素质和能力与接班（创业）要求不相匹配等问题。问卷显示，规模以上工业企业的新生代企业家中，完全能胜任现任岗位的只占38.50%，而基本胜任与无法胜任者的能力不足主要表现为"战略管理能力缺乏（63.61%）""经营决策能力不强（44.97%）""应变与危机处理能力不够（41.66%）"等。同时，组织协调与沟通能力（36.82%）、创新能力（31.82%）、人力资源管理能力（30.75%）也较为欠缺，亟待提升（见表2）。

表2　　　　　　　　　宁波新生代企业家最欠缺的能力

欠缺的能力	选择人次	占比（%）
战略管理能力	2075	63.61
经营决策能力	1467	44.97
应变与危机处理能力	1359	41.66

续表

欠缺的能力	选择人次	占比（%）
组织协调与沟通能力	1201	36.82
创新能力	1038	31.82
人力资源管理能力	1003	30.75
市场营销能力	947	29.03
公关能力	607	18.61
学习能力	566	17.35
表达能力	385	11.80
其他	36	1.10

（三）社会助力面临"重视不够、方法不多、支持不足"困境

1. 重视不够

党委政府没有从战略层面制定新生代企业家培养规划，工作统筹不够，尚未真正形成条抓块统的工作机制。很多受访者表示，目前组织部、统战部、团委、侨联、工商联等多个部门都在抓新生代相关工作，组织的各类活动内容相似度较高，不参加怕得罪人，都参加又会给企业正常经营带来负担。对新生代荣誉激励不足，问卷调查中，49.94%的新生代希望能"提高各种荣誉奖励中新生代企业家比例"，39.03%希望能"利用各种媒体宣传展示新生代企业家的成就与荣誉等"（见图11）。

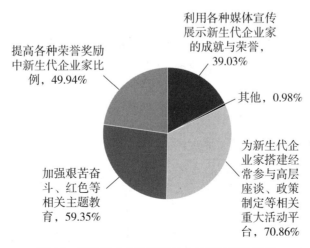

图 11　新生代企业家期待社会认可的相关支持

2. 方法不多

新生代企业家培养机制尚需要进一步健全完善，国内外可参阅的成功案例不多，身边可借鉴的典型经验比较缺乏。对新生代企业家的政治安排虽比较重视，但缺少长远规划与提前布局，在实际操作中对新生代企业家入党比较慎重，调研中普遍反映给新生代企业家的入党指标偏少。对比较重要的问题缺乏研究，政府没有组织专项行动去破解，比如，对新生代企业家自发形成的朋友圈，缺乏嵌入式的政治引导。不少能力提升的培训活动，内容不切合企业实际（51.23%）、缺乏前瞻性和针对性（45.34%）且模式单一（40.16%），约四成参加过培训的新生代企业家们认为帮助不大。同时调研显示，新生代们更青睐师徒式的导师制，其中尤以"创业导师"为先（81.84%），但这类培训方式供给不足。

3. 支持不足

调研表明，新生代企业家对创业支持的人才需求极为迫切（76.24%），受访者也强烈呼吁给予更多更大力度的支持，尤其在提升城市人文环境方面，缺乏像杭州一样的城市时尚标签，难以吸引并留住更多青年人才来甬创业。职业经理人资源供给的充分性不足，企业获取相关信息的渠道不够便捷，在调研中，企业家对这两项的评价均在 4 分以下（5 分制）（见表3）。47.49% 的被调研者表示所在辖区内针对新生代创业的资源平台只有部分集聚，缺少针对不同类型企业的政策精准推送机制，调研对象中对相关创业支持政策知晓的只有四成。新生代企业家参与政策制定过程的渠道有限，大多数没有机会参与，调研显示，有机会经常参与的不到三成，为此，76% 的被调研者呼吁"搭建经常参与高层座谈、政策制定等相关重大活动的平台"。

表3　　　　　　新生代企业家对接班传承相关资源支持的评价（5分制）

项目＼评分	1	2	3	4	5	平均分
引导家族传承的宣传及舆论引导氛围	1.13%	2.74%	13.41%	22.34%	53.71%	4.04
市场对职业经理人的供给情况	1.32%	3.49%	22.45%	14.78%	51.1%	3.97

项目＼评分	1	2	3	4	5	平均分
企业获取职业经理人资源信息的便捷度	1.37%	3.71%	14.67%	22.23%	51.4%	3.98
企业获取市场传承成功／失败案例资源信息的便捷度	1.1%	3.16%	14.84%	22.34%	51.81%	4.00

五、加快新生代企业家政治事业"双传承"培养的对策建议

新生代企业家是宁波现代化建设的底气所在、根基所在、信心所在、活力所在，面对"双传承"存在的困难和问题，要在顶层设计、制度建设、方法手段等方面超前谋划、精准施策、创新突破，为宁波争创共同富裕和中国式现代化示范引领的市域样板提供有力保障。

（一）强化顶层设计，形成传承合力

1. 统筹规划布局

党委政府要高度重视，切实把新生代企业家政治事业"双传承"培养工作纳入议事日程，与组织人事、统战重点工作同谋划、同部署、同推进，形成齐抓共管的良好工作格局。研究制定市县两级新生代企业家政治事业"双传承"培养中长期规划，出台市县两级新生代企业家培育三年行动计划。建立健全市领导列名联系制度，每人联系若干名新生代企业家，并建立联系走访信息反馈机制。

2. 强化责任落实

明确各部门职责，强化督查，确保落实。统战部、工商联要围绕"两个健康"工作主题，加强与有关部门的统筹协作和各区（县、市）统战部门的上下联动。组织部门、统战部门要重点做好新生代企业家培训工作的规划、指导。各经济发展相关部门要为企业提供全方位的服务，形成党政齐抓、部门各司其职的良好局面，确保新生代企业家培养的各项工作举措落地落实落细。

3. 优化组织管理

统筹"创二代"联谊会、新生代企业家协会、青企协、侨创会等组织，

捋顺各类社会团体管理体制，各有侧重，形成协同机制，实现"组织共建、活动共办、资源共享"。扩大新生代组织基层覆盖面，推动重点乡镇新生代企业家协会组织全覆盖，依托异地商会，创造条件设立异地青年委员会等新生代组织。加强新生代企业家组织的横向交流，主动对接京津冀、粤港澳大湾区等发达地区，特别是港澳台青年，开展科技、文化、经贸等学习交流互鉴活动。多设计一些新生代喜闻乐见、适合年轻人特点的活动载体，常态化组织开展活动的联谊会或协会的比例要达到80%，不断增强组织的"含金量"与"黏性"。

4. 打造数字化应用场景

针对新生代企业家数字运用能力强、善于接受新生事物、交流广泛等特点，开发"青蓝接力"数字化应用场景，谋划全息画像、创业支持、素质培优、接班传承等功能模块，组织开展线上活动，以数字化赋能新生代企业家政治事业"双传承"，实现新生代企业家培育"一图在手、一屏掌控、一键触达"，努力做到摸得清、培得优、导得好。

（二）强化理想信念教育，厚植传承基因

1. 突出思想政治引领

把学习贯彻习近平新时代中国特色社会主义思想作为首要政治任务，学深悟透习近平总书记关于民营经济发展的系列重要论述，自觉以"八八战略"为指引深化中国式现代化的宁波实践，通过采取专家辅导讲课、"企业家讲、讲给企业家听""寻足迹、忆初心、悟真理"现场学等方式，开展"追根溯源学思想、知行合一开新局"集体学习，引导新生代企业家认真学习领会，不断增进对中国共产党和中国特色社会主义事业的政治认同、思想认同、理论认同、情感认同，坚决拥护"两个确立"，坚决做到"两个维护"。

2. 深化理想信念教育

打造新生代企业家理想信念教育基地，深入开展以"不忘创业初心、接力改革伟业"为主题的理想信念教育，常态化开展"四史"宣传教育，把中国历史性飞跃背后的支撑力量讲清，把民族复兴征程上的指导思想说透，用"两个一百年"的伟大目标激励、牵引广大新生代企业家。定期开展党情国情社情研学活动，组织新生代企业家前往延安、井冈山、遵义等革命传统教育基地实地研学，培养新生代吃苦耐劳、艰苦奋斗的意志与毅力，增强勇于斗争的精神，强化"强国有我"意识，激发他们在民族振兴道路上彰显担当道义，自觉和国家民族同舟共济。组织"8090青蓝宣讲团"，举办面向新生代企业家的宣讲活动，传递党的"好声音"。鼓励引导新生代企业家学习中华优秀传统文化，从古人智慧中汲取为人之道、经商之道。

3. 注重党建工作

加强组织体系建设，符合条件的新生代企业家所在企业，按规定建立党组织，实现党的组织和工作全覆盖。推广"强党建育红心"工程经验，建立健全发现培养机制，定期摸排，重点培育，积极推荐优秀新生代企业家加入中国共产党。打造一支优秀的党建指导员队伍，坚持"按需选派、双向选择"的原则，选派政治素质强、综合业务能力强、党建工作业务熟的党员干部到相关企业和社会组织担任党建指导员，提供"点对点"指导服务。

（三）强化宣传引导，增强传承意愿

1. 传承弘扬新时代甬商优秀特质

组织开展新时代甬商优秀特质大讨论，在爱国爱乡、海纳百川、勇于创新、克勤克俭、诚信为本等特质基础上，通过广泛发动、深入研讨、提炼挖掘，赋予其新的内涵。组织开展"薪火相传·接续奋斗"主题活动，推进与港澳台海外"宁波帮"共建，举办"两岸三地"青年国情研修班和"活力宁波·薪火相传"家乡行等活动，强化宁波共同历史记忆和文化联结，增进海内外"宁波帮"新生代对中华民族和家乡宁波的认同感。推进与市外的甬籍新生代企业家共建，加强交流、共叙乡情、共话桑梓、共谋发展，让异地新生代企业家了解家乡、关心家乡、回报家乡。

2. 加强两代企业家传承引导

鼓励企业建立一套完整、系统、可执行的总体传承规划，注重早期培养。做好老一辈企业家思想工作，解决好"放手"顾虑，营造父辈要下放权限、容错试错、宽容失败的氛围。引导新生代企业家从思想深度认同自己作为企业接班人的责任，尽早进入企业基层实习，亲身感受企业文化，深入了解企业历史，学习父辈丰富的创业经历与人生经验。组织举办"双传承"接班仪式，增强成功接班传承的荣誉感、自豪感。定期开展两代企业家交流座

谈会，拓宽父辈和子女交流沟通的渠道，促进相互之间的理解信任。借鉴镇海骆驼街道做法，强化商会引领作用，在会员中形成"老一辈不放手难为情、60 岁开始交接传承企业给下一代"的氛围。

3. 选树一批传承典型

充分发挥典型的示范引领作用，每年市县两级推出"企业传承接班十佳典型案例"选树活动。推广一批企业传承发展的好典型和好案例，如慈溪市委市政府解决企业重大问题一代和二代一起参加，宁海县跃龙街道"三笔费"解决传承中管理、技术和成长难题等。联合主流新闻媒体，开展"'奋斗者　奋斗着'——创梦新时代"主题宣传活动，讲好新生代企业家传承故事，使新生代企业家政治事业"双传承"学有榜样、做有标杆、干有方向。契合新生代企业家的特点，善于运用抖音、视频、小红书等移动化、社交化、可视化的新兴媒介，提升宣传效果。

（四）强化创业支持，提升传承能力

1. 加强导师传带赋能

进一步完善"青蓝接力"导师"一对一"帮带机制，邀请一批本土优秀的老一辈民营企业家、老一辈甬商、知名企业家等担任创业导师，"带三年，帮三年，看三年"，帮助新生代企业家传承创业。邀请甬籍院士、科研领域专家等担任创新导师，加快科技成果应用，助推企业创新发展。邀请有经验、有情怀的领导干部担任实践导师，一方面促使新生代企业家及时了解把握当前政策、宏观经济发展方向等，另一方面也为新生代企业家提供反映诉求的渠道，特别是在困惑时得到释疑、迷路时得到指引，避免或少走不必要的弯路。推动市、县级以上双重管理企业的新生代企业家结对 1 名创业导师、1 名创新导师、1 名实践导师。

2. 创新挂职锻炼方式

在尊重企业家意愿、诉求的基础上，每年选派一批优秀新生代企业家赴党委政府部门培养锻炼，学习有关法律法规、惠企新政等。通过跟踪推进 1 个产业项目、完成 1 个企业创新课题、参加 1 个国际合作项目、参与调处 1 次劳资纠纷等，增强新生代企业家对相关政策法规和政务环境的了解，熟悉政府部门业务职能、工作流程、运行方式，提升依法依规办企水平与创新变革能力。同时，选派新生代企业家到商会挂职或轮值，了解区域经济发展状况，了解产业链情况，学习如何"补链、强链、延链"。

3.深拓产学研联培联育

实施新生代企业家现代化能力提升计划，强化系统培训和实践锻炼。依托社会主义学院、家业常青学校等，建立"论坛＋讲坛＋轮训"模式，每年分层、分类、分批轮训新生代企业家。加强与国内知名高校的合作交流，开展"双自主"培训，自主选择高校、自主选择培训内容，切实满足新生代企业家在经营管理、资本运作、科技创新等高质量发展方面的个性化知识需求。每年组织一批新生代企业家赴国（境）外高校、先进企业开展培训考察，拓宽胸襟视野，增强战略思维。组织新生代企业家走进专精特新"小巨人"、制造业单项冠军等企业研学，激发创业创新活力。

4.做优服务企业平台

着眼新生代企业家所在企业的健康发展、高质量发展，从要素、平台、政策等方面入手，市县乡三级联动、协同发力。全面摸排辖区内创业创新资源，全面梳理人力资源供给需求状况，全面评估惠企助企政策，打造"青蓝接力"新生代企业家创业创新综合平台，为他们提供土地、人才、融资、科技等支持，提供税务办理、法务援助以及环保、安全、能源评估等服务，推进政策精准推送和直达快享，使之成为资源集聚、信息共享、学习借鉴、共同成长的服务平台。

（五）强化梯队培育，锻造人才队伍

1.实施新时代甬商新锐培养计划

培养形成"十名领军、百名精英、千名骨干"金字塔式新生代民营企业家队伍。选"领雁"，在产业链头部企业、单项冠军企业中遴选一批新生代企业家领军人才，与国内名校名院名所合作，实施"总裁成长计划"，锻造一支由30名左右的新生代企业家"领雁"队伍。强"精英"，重点聚焦新经济新业态，从中摸排一批代表性强、有较大发展空间的新生代企业家代表，锻造一支100名左右的新生代企业家精英队伍。育"骨干"，对政治上有方向、经营发展有潜力、诚信守法有担当的新生代企业家分行业开展专业化能力培训，锻造一支2500名左右的新生代企业家"骨干"队伍。建立人才动态管理体系，密切关注新生代企业家的发展情况，通过青年英才孵化、培育及淘汰机制，对入库英才进行跟踪评价，每年适时更新入库名单，让新生代企业家进得来、育得好、出得去。

2. 加强政治关爱

多渠道提高新生代企业家的政治待遇，在"两代表一委员"、工商联执常委等政治安排中，优先推荐优秀新生代企业家。视情邀请优秀新生代企业家代表参加或列席"两会"、全市经济工作会议等重大会议和活动，聘请新生代企业家担任政府经济发展顾问、特约检察员、特约监察员等，拓宽他们为经济社会发展参政议政、建言献策、批评监督的渠道。在各项表彰中增加新生代企业家的比例，在"创业创新风云榜"中设立专项榜单。安排一定比例的优秀新生代企业家进入涉企政策制定企业家代表库，参与重要涉企政策的制定以及实施效果监督。实施"一人一档"跟踪管理，综合运用述职评议、综合评价等形式，及时了解培养对象的政治表现、企业发展、社会责任等方面的情况，作为强化培养和在各类安排中推荐、提名的重要依据。

3. 强化社会责任

民营企业是科技创新的主力军，也是集聚科技创新要素的重要载体，新生代企业家要自觉担负起实现国家高水平科技自立自强的时代重任，在突破关键核心技术和"卡脖子"技术难题上，走在前做表率。民营经济是扎实推进共同富裕的重要力量，新生代企业家要诚信合法经营，努力把企业做大做强，在企业发展的同时关心关爱员工，让员工分享企业发展红利，共享企业发展成果。鼓励新生代企业家深入基层、了解社会、走进农村，参与万企兴万村、共富工坊等各种形式的公益活动，增强企业家"反哺"社会意识，在推进共同富裕和中国式现代化新征程中扛起责任担当。

宁波市委统战部课题组

宁波加快构建"青年友好型"政策体系研究

一、宁波现行"青年友好型"政策构成

（一）政策发展历程

宁波的"青年友好型"政策体系主要经历了三个发展阶段：政策提出构建阶段、政策补充完善阶段和政策优化升级阶段。

1. 政策提出构建阶段（2018—2019年）

2017年，中共中央、国务院颁布《中长期青年发展规划（2016—2025年）》，为新时代中国青年发展提供了根本政策指引。为深入贯彻落实中央和省委关于青年工作的重要指示，2018年12月，宁波市发布《关于宁波市集聚全球青年才俊打造青年友好城的实施意见》，首当其冲提出打造"青年友好城"，围绕"青·英""青·归""青·创""青·苗""青·匠"等"五青"人才，形成引、育、留、用的政策框架。2019年，宁波打响青年友好城品牌，出台《宁波实施青年友好城建设十项举措》，集中发布了大学生安居补贴、博士后资助、本土人才升级奖励、海外人才服务23条、顶尖人才支持、出入境便利12条、海鸥人才专项、人才贡献奖励、青年技工自主评价、青年人才驿站"十大青年新政"。同时，围绕产业人才需求和人才住房优化，陆续出台《关于加快推进开放揽才产业聚智的若干意见》及实施细则、《宁波市人才安居实施办法》等相关政策，进一步加强产业人才揽聚、解决青年人才安居问题。

2. 政策补充完善阶段（2020—2021年）

2020年11月，宁波市发布《宁波市中长期青年发展规划（2020—2025

年）》，进一步明确了青少年思想引导、身心健康、就业创业、权益维护等领域的主要任务和重点工程，实现与市国民经济和社会发展"十四五"规划相衔接。2021年4月，宁波市出台《深入推进青年友好城建设的若干举措》，从发放青年人才租房补贴、加强青年人才就业创业指导等9个方面推进青年友好城建设。2022年，宁波聚焦建设世界重要人才中心和创新高地，加快推进宁波市"一城三地"建设，出台《关于加强和改进新时代人才工作 加快建设世界重要人才中心和创新高地战略支点城市的若干意见》《宁波市科技人才引育和国际科技合作项目支持管理法（暂行）》等系列政策，围绕全方位构建宁波人才谱系，打响"宁波五优、人才无忧"服务品牌等6个方面、30条政策意见。2022年9月，为加快集聚全球青年才俊，出台《进一步深化青年友好城建设的若干举措》，实施"海纳聚青""助创励青"等五大行动，形成了青年来甬创业创新全周期政策支持体系。

3. 政策优化升级阶段（2023年至今）

2023年，宁波市第十四次党代会提出，全面建设青年发展型城市，将青年发展型城市建设纳入年度政府工作报告和市委常委会工作要点。同年1月，发布《宁波市青年发展型城市建设实施方案》，明确配套的预期成果清单、政策举措清单、实事项目清单，提出高水平构建"甬爱青年"场景，高水平推进"青年爱甬"工程，进一步完善青年"引、育、留、用"全生命周期服务体系，持续强化跨部门工作任务沟通协调、信息共享和政策集成，广聚青年才俊。同年9月，市人社部门面向来甬就业青年大学生发布六大暖心服务举措，涵盖交通出行、租房优待、社群社交、文旅体验、体育运动、职业培训六个方面，进一步优化青年生态环境。

（二）政策覆盖内容

1. 对青年技术人才的支持

一是加大对技能人才奖励补贴。实施"十百千技能大师培养工程"，分三个层次分别给予培养人选10万元、6万元、2万元资助。对市优秀高技能人才给予10万元奖励，对获得中华技能大奖、省杰出技能人才、全国技术能手的人才分别给予5万元、3万元、2万元配套奖励。对在世界技能大赛上获得金、银、铜牌和优胜奖的宁波选手，给予一定额度奖励。遴选奖励

"技能之星",面向全国邀请优秀青年技能人才参与技能比拼,给予一等奖 5 万元、二等奖 2 万元、三等奖 1 万元奖励。

二是大力促进青年技能人才集聚。树立"人才强企"导向,对企业全职新引进高层次人才并签订 5 年以上劳动合同的,给予企业最高 30 万元补助。定期发布紧缺急需人才目录,深化紧缺职业高技能人才岗位补贴制度,对在紧缺岗位从业的技师和高级技师分别给予每月 500 元、1000 元津贴。实施青年技能人才自主评价。允许企业、行业协会(学会)、产业园区等结合生产服务实际,对本企业、行业、园区青年技能人才开展自主评价,充分激发用人单位大力培养青年技能人才积极性。

三是支持本土技术青年人才培育。支持企业专业技术人员继续教育,对企业在职人员攻读宁波产业发展急需专业的硕士、博士,或就读企业与知名高校联合举办的培养班的,毕业后给予 50%、最高 5 万元的学费补贴。本土人才经自主培养申报成为特优人才的,给予人才一次性最高 50 万元奖励;成为领军人才的,给予人才一次性 10 万元奖励。对自主培养的国家级青年精英人才,给予最高 100 万元奖励。

2. 对青年工程项目的支持

大力实施"3315 计划""泛 3315 计划""3315 资本引才计划",提高青年人才入选比例,对入选的青年人才,资助额度可达 100 万元;对入选的高端青年团队,资助额度可达 2000 万元。深化实施领军和拔尖人才培养工程,设置青年培养专项,给予最高每人 10 万元培养经费。加大甬江人才工程向青年倾斜力度。符合条件的海外优秀青年人才,可直接认定入选甬江人才工程。对入选甬江人才工程的青年人才给予最高 100 万元创业创新资助;对入选的高端青年团队,给予最高 2000 万元项目资助、2000 万元落户地项目支持和 2000 万元创业贷款贴息。

3. 对青年大学毕业生的支持

一是实施大学生安居补贴。对博士生给予 15 万元安家补助、最高 20 万元购房补贴;对毕业 10 年内的本科生、硕士生在宁波大市范围内首次购买家庭唯一住房的,给予购房总额 2%、最高 8 万元的购房补贴;对新引进的应届本科生、硕士生,未在宁波购买住房的,分别给予一次性 1 万元、3 万元生活安居补助。

二是实施就业交通补助。大学生面试交通补贴 300～1000 元/人。对市外技工院校应往届毕业生给予 300～1500 元/次面试交通补贴。对海外高校毕业生或有海外工作经历的国内高校毕业生，发放 2000～6000 元/人的面试交通补贴。来甬并缴纳社保的毕业 3 年内高校毕业生，享受一年内免费不限次数乘坐地铁优待服务。新来甬求职的高校毕业生和市外大学生在甬求职期间提供最长 30 天地铁出行免费优待。

三是实施实习实践补贴。给予毕业 2 年内参加就业见习的，实践基地应按不低于当年度最低工资标准给予见习生活补助，其中实践基地所在地政府补贴不低于当年度最低工资标准的 60%。实习期满后，在宁波中小微企业首次就业，签订 1 年以上劳动合同且缴纳社会保险费的，每满 1 年给予 2000 元就业补贴。毕业 2 年内来甬灵活就业的高校毕业生，给予社保补贴。

四是提供一站式服务。完善青年人才驿站建设，为外地来甬毕业生提供青年人才驿站 7 天免费住宿，提供就业创业指导、政策信息、培训交流和社会融入等一站式综合服务。在甬就业高校毕业生可以优待价购买宁波公园（景区）年票、宁波影都通用电影票；可六折购买宁波大剧院音乐会门票。推出 11 条免费的城市体验和文化展览活动。发放健身体验折扣礼包，免费健身体验券。实施落户政策。

4. 对高层次青年人才的支持

一是加大对拔尖青年人才的支持。鼓励企业在重点产业领域引进青年骨干，对新引进特优、领军青年人才的企业，分别给予 30 万元、10 万元奖励。对新引进的青年特优人才、青年领军人才、青年拔尖人才、青年高级人才分别给予 100 万元、80 万元、50 万元、15 万元的安家补助。对新引进领军及以上层次人才，可不受编制数和岗位结构比例限制。因不同制度没有职称的，可设立特聘岗位予以解决，享受同等岗位人员待遇。

二是加大对博士后的资助。支持企业设立博士后科研工作站，对获批国家级、省级、市级博士后科研工作站的单位，分别给予 100 万元、50 万元、20 万元资助。加大对青年博士后研究人员招收、培养和留用，设站单位每招收 1 名博士后，给予 5 万元日常工作经费补贴。对设站单位招收的全职或在职青年博士后研究人员，分别给予最高60万元/人、30万元/人的生活补贴；对出站后留甬或来甬首次就业的青年博士后研究人员，给予最高60万元补贴。

三是加大青年海外人才引进。对引进的海外工程师及外籍设计师、规划师、咨询师等青年外国专家，市本级按照年薪资助标准给予引进企业每人10万~30万元补助，区（县、市）、开发园区再给予相应支持。对新来宁波就业的世界100强大学本科及以上海外留学生，给予一次性5万元就业补助。出台出入境便利12条，在国内重点高校获得本科及以上学历的外国优秀留学生，可申办2~5年的私人事务类居留许可。在"3315计划"中专门增设海鸥人才专项，给予入选人才一次性50万元补助。对海外工程师，薪金200万元及以上，给予100万元资金补助。

5.对创业创新青年人才的支持

一是支持青年创业平台建设。加快推进众创空间、星创天地、孵化器、加速器等新型人才科技孵化载体建设，对符合条件的，给予最高2000万元补助。对市级创业孵化示范基地，当年新引入1家高校毕业生创办实体，给予每家5000元补助，最高不超过30万元。对市级大学生创业培训示范基地，由市政府每年给予不超过10万元补贴，补贴期限不超过3年。高校在校生和毕业5年内高校毕业生在甬创新创业的，给予年租金20%，每年最高6000元场租补贴。

二是加大青年创业项目支持。在双创示范期内，市财政安排不少于2亿元资金，对由优秀青年人才领衔的创业创新项目给予最高20万元的资助。对在宁波全职创业创新的顶尖人才给予7000万~1亿元资助，非全职创业创新的顶尖人才给予2000万~6000万元资助，最高1亿元。设立科技创新领军人才项目、青年博士创新研究项目，分别给予最高50万元、20万元的经费支持。

三是给予青年创业资金支持。对高校在校生和毕业5年内高校毕业生创办实体，可享受最高30万元创业担保贷款及贴息，到期还本付息后予以全额贴息。对符合条件的青年创业实体，给予每人每年1万元创业者社会保险补贴、每带动1人就业每年2000元岗位补贴，补贴期限不超过3年。支持青年人才参加创业创新大赛。对获"宁波市大学生创业新秀"的，给予每人10万元奖励。对在国家、省和市政府部门组织或参与的创业大赛上获奖，并在宁波创办实体的，给予2万～20万元资助和最高30万元的免担保创业贷款及贴息。

6. 对基础青年群体的支持

一是给予青年租房购房支持。2021年4月20日起，新引进35周岁以下的全日制应届本科、硕士毕业生（含非全日制应届毕业硕士研究生）和具有技师及以上职业资格（技能等级）的青年人才，在甬依法缴纳社保一定期限且无房的，每人每年发放1万元租房补贴，最长发放3年。给予青年人才优先购房支持在新建商品住宅公开摇号销售时，预售住宅的50%无房户优先认购房源。

二是加大青年人才家庭保障。提出多渠道帮助引进青年人才解决配偶就业问题，对符合条件人才的配偶，暂时未就业的，给予每月不低于当地社会平均工资标准的生活补贴，并缴纳相应社会保险。对符合条件的人才，给予市属医疗保健待遇、三级甲等医院定点医疗机构优先安排、专家提前预约等绿色就医通道服务。加强0～3岁婴幼儿托育照护，开展"亲青课堂"暑托班，解决青年家庭子女托育问题。

三是优化青年生活服务。推进青年人才数字化服务，推广应用宁波"人才码"，提供"一站式"在线专线服务。优化落户流程，全日制普通高校、中等职业学校毕业生毕业20年内可先落户后就业。支持青年交流，推进"一带一路"共建国家和地区协同青年联盟建设，举办"中国—中东欧"青年研修交流营、国际大学生节等活动。畅通青年社会参与渠道。搭建青年政治参与平台，完善青年与人大代表、政协委员"面对面"联系机制，鼓励青年参与政党协商、人大协商、政府协商以及社会组织协商。

四是营造爱惜青年人才氛围。探索设立"宁波人才日"，积极营造鼓励创新、宽容失败的人才创业创新文化。健全人才荣誉激励机制，对作出重大贡献的宁波市杰出人才，给予最高100万元奖励。通过选树宁波市十大杰出青年、评定宁波市大学生创业新秀、选聘城市青年友好大使等形式，大力营造青年友好氛围。

二、存在的主要问题

（一）城市文化城市宣传对青年吸引力不强

与相关城市比较，宁波的城市 IP 辨识度不高。例如，深圳拥有全国最佳的创业创新环境，吸引有志青年人才创业；杭州作为数字经济第一城，留住国内大部分软件及信息服务、互联网平台的青年运营人才；长沙、成都是典型的文化娱乐型城市，房价、物价不高，文化娱乐活动丰富，慢节奏生活状态，吸引"享受生活"类型的青年人。而宁波目前缺少特征鲜明、吸引青年人才的城市独特气质，缺乏亲和力强、辨识度高的城市标签。同时，宁波在城市文化、城市宣传上对青年人群的吸引力不够。当前，"港通天下，书藏古今"城市宣传口号缺乏青年元素，尚不能在青年群体留下深刻印象，未能引起青年共鸣。城市宣传方式多停留在央视新闻媒体，在抖音、微信等小视频、微博等新媒介上的宣传偏少，未形成网红风口、网红热点内容，没有吸引青年的网红标签，宣传热度达不到在青年群体中广泛扩散。城市知晓度和影响力是集聚青年人才的重要因素，宁波需通过更有效的举措扩大城市影响，让青年人知晓宁波、选择宁波。

（二）新经济新业态发展对青年承接力不够

当前，宁波产业仍以制造业、能源、汽车、外贸等传统产业为主，在数字经济、网红产业等领域涉足不广，就业空间多样性不足，尚未出台扶持新经济人才发展的专项政策，同时总部经济等高端布局缺乏，产业深度和广度欠缺，对高端青年人才和多样青年群体的就业吸引力均不强。根据 2022 年市统计局对宁波 16～40 周岁群体开展青年就业情况调查，显示 67.6% 的受访者认为宁波适合自身的就业机会"一般""不太多"和"很少"，希望政府"增加就业岗位"。在主要的一线城市人才流出地中，宁波的承接能力排名均靠后。2022 年，人才从上海流出的前十位城市中，杭州排名第二，苏州、南京其次，宁波未列其中，说明宁波对上海等一线城市的流出人才承接力不强，进一步反映出宁波产业结构、产业层级和产业平台对青年群体就业创业吸引力尚显不足。

（三）青年创业创新生态环境仍待提升

从 2023 年创新人才综合指数看，宁波处于第二梯队，居第 14 位，低于杭州、苏州、青岛等城市①，排名较 2021 年下降 4 位。主要短板体现在三个方面，一是创新平台数量不足。宁波国家级实验室、工程实验室等高水平创新平台不多，在未来产业、数字经济、生物经济、航空航天等领域的企业数量相对较少、规模实力相对较弱。二是人才科技效益不高。宁波"小巨人"企业培养的博士后留在本企业继续开展研究的比例仅占 10%，博士后出站多进入高校和政府机关单位，主要原因在于技术攻关时间成本和风险较大，不及高校和政府机关工作稳定且收入水平高。三是创新人才基础不强。一方面，宁波的高校规模及高校硕士点数量，相对于坐拥百万大学生的武汉、共有 8 所"211"高校的南京，基数短板仍较明显；另一方面，宁波在全国范围内的高校知名度不高，在吸引应届生和硕士及以上人才流入方面，和杭州、南京、苏州仍有较大差距。

（四）青年生活环境仍需优化完善

宁波城区人口集聚度不高，未能进入特大城市行列，在国家战略性重大设施规划平台布局上造成不利影响，现代化城市建设不足，满足青年消费、休闲、娱乐需求的现代化场景建设相对滞后，具有重大影响力的文体赛事缺乏，吸引青年眼球的知名新地标、网红打卡地也还比较少。住房压力相对较高，宁波的房价收入比低于北京、上海等一线城市，但高于青岛、天津、长沙等同类城市，对青年定居宁波形成一定的挤出效应。教育、医疗、托育等公共服务配套与当代青年需求仍存在一定差距，比如宁波的优质中小学学位不足、高等教育整体实力不强，全市三甲医院、国家级重点专科数量少，托育建设优质普惠度低，尚不能满足青年群体的现实生活需求。

三、相关城市"青年友好型"政策举措比较借鉴

青年是城市的战略力量。近年来，各城市高度重视青年友好政策体系构

---

① 《CITI2023 报告（城市）综合排名》显示，宁波综合得分 70.19，排名第 14 位；杭州 78.5，排名第 4 位；南京 75.76，排名第 6 位；武汉 75.17，排名第 7 位；苏州 75.15，排名第 8 位；无锡 71.23，排名第 11 位；青岛 70.56，排名第 11 位。

建，在原有的青年友好城建设基础上，结合青年发展新变化、新需求，进一步创新创优政策，擦亮青年友好城市底色。

（一）提升高等院校建设

一是高标准建设职业院校。深圳组建东、西部职业教育集团，在全国首创中高本一体化协同发展新模式，与世界 500 强或行业龙头企业紧密合作，筹建 31 个特色产业学院。成立职业技术大学，成为国内首所升本的公办高职院校。杭州支持市属高等职业学校试办本科层次职业教育或本科专业、建设若干个服务产业转型升级、适应新制造业发展需求的人才智库。青岛推进现代职教园建设工程，支持"双高"职业院校建设本科校区，深入推进国家产教融合型城市和现代学徒制改革试点。发挥高职院校的聚才和平台效应，实施"岛城工匠"培育、工程师梯队培塑等计划，为战略性新兴产业输送急需人才。长沙发挥"工程机械之都"地域优势，支持企业建设卓越技工学校、示范性高级技工学校、技能人才培训基地，最高给予 200 万元经费支持。重庆围绕"33618"现代制造业集群体系，培育国家级产教联合体、市级产教融合试点区县和产教融合型企业，2023 年高技能人才在技能人才中占比达到 35%。武汉创建 20 所国家和省级中等职业教育改革发展示范学校，职校教学管理、学生管理、实习管理荣获"全国 50 强"。

二是加快高等教育突破跃升。深圳抢抓一流大学和一流学科建设机遇，加快集聚国内外优质资源，建立国际化开放式创新型的高等教育体系；高校建设继续提速，深圳理工大学加速推进，海洋大学、香港中文大学（深圳）医学院等开工建设。杭州打出"引育结合"组合拳①，启用西湖大学云谷校区和北航杭州国际校园，引进建设 1 个非独立法人中外合作办学重大项目，6 所国内一流大学分校、校区或研究生院，22 个非独立法人中外合作办学机构，26 个高水平科研院所。苏州出台《支持南京大学苏州校区加速引进高端创新人才的若干意见》，支持南京大学苏州校区加速引进高端创新人才，引领太湖科学城建设科技创新策源中心、国家技术创新中心和产业成果转化中心，为加快打造高水平人才平台提供人才支撑。青岛落地康复大学，中国海洋大

---

① "引"是指"三名工程"（名校名院名所），引进高水平大学；"育"是指积极支持市属高校内涵式发展。

学西海岸校区、山东大学青岛校区等高校校区建成投用，清华青岛艺术与科学创新研究院、北京大学（青岛）计算社会科学研究院等24所机构落地运行；制定全国首个本科高校贡献度评价指标体系，激励在青岛高校主动面向地方需求办学。

（二）加强青年就业支持

一是创新就业模式。深圳参加香港特别行政区政府组织的"大湾区青年就业计划"，在本市就业的香港青年可申请享受大湾区青年就业计划生活补助。成都采取"订单式培养"模式，由企业"发单"提出未来人才招聘需求，在蓉高校团委"接单"募集拟定向就业大学生，双方共同开展拟招聘人员选拔、共同培养、定向实习、毕业录用工作。重庆实施"三支一扶"计划、大学生志愿服务西部计划等基层服务项目，实施"大学生乡村医生"专项计划，医学专业高校毕业生免试申请乡村医生执业注册政策。青岛高频举办"青雁归巢""名校师生青岛行"等引才体验活动，靶向招引智能制造、海洋装备等专业的大学生。长沙、杭州、合肥、重庆、青岛等城市扩大见习规模，长沙对有组织地来长沙实习实训的国内外高校本科及以上在校大学生，给予每人每月1000元、最长三个月的生活补贴；杭州实施"万朵浪花"杭州大学生实习计划，给予就业见习生活补贴、就业见习指导管理费补贴等相应补助；合肥将就业见习对象扩大至毕业前6个月的高校毕业生，见习期补贴每人每月2000元。重庆对青年见习期间，给予不低于每天100元的人身意外伤害保险保障和不低于每月2100元的基本生活费。青岛对全日制在校硕博研究生来青岛在企业实习的，按每人每月3000元标准给予实习生活补贴。

二是加强就业产业联动。杭州加强数字经济等重点产业领域的大学生技能人才培养，大力培养大学生"数字工匠"。合肥针对重点产业企业发展人才需求，实施高校毕业生专项技能"双千培养"工程①，对在重点产业企业就业创业的高校毕业生开展专项技能培训，给予不超过1万元的培训经费补助。苏州出台"暖心十二条"，围绕社会保障、落户服务、职业提升、金融

---

① "双千工程"指每年培养1000名专项技能和1000名创业的高校毕业生。

惠青等方面，支持新业态新就业青年群体发展。围绕工业园区产业发展方向，支持校企合作共建集实践教学、社会培训、真实生产和技术服务功能为一体的产教融合高技能人才公共实训基地，给予不超过100万元的建设资助和20万元的年度运维补贴。成都发展"区块链工程技术人员""在线学习服务师""直播销售员"等新职业新工种。

三是提升生活就业补贴。杭州对全球本科及以上学历应届毕业生发放生活补贴，其中本科1万元、硕士3万元、博士10万元；合肥对非市域高校毕业生来企业求职的，发放500元至1000元一次性面试补贴，签订劳动合同6个月以上的，给予3000元一次性就业补贴。郑州对毕业3年内（海外留学优秀人才毕业6年内）来郑州工作的博士研究生、硕士研究生、本科毕业生及技工院校预备技师，给予最高5.4万元、3.6万元、1.8万元生活补贴。长沙对毕业2年内落户并在长沙工作的博士、硕士、本科毕业生，分别给予3万元、2万元、1.2万元租房和生活补贴，对境外高校博士毕业生，租房和生活补贴提高至10万元。西安实施"高校毕业生乐业计划"，出台乐业卡政策，对有意愿在西安就业创业的高校毕业生发放乐业补贴。乐业补贴最高1000元，帮助高校毕业生解决就业过程中交通、通信、美食、旅游以及读书等方面的需求。

（三）加大青年创新创业

一是深化创业基地建设。深圳建设前海深港青年梦工场、X-space国际青年创客峰等示范基地，整合全市23家近85万平方米的青年创新创业基地。长沙对市级创业孵化基地实行分类分档，给予最高40万元的创业服务补助。杭州对成功创建国家级创业孵化示范基地的，再给予100万元的一次性补助，高质量办好大学生创业学院，依托在杭高校和社会组织举办杭州大学生创业训练营和大学生创业实践营，给予每家100万元的一次性建园资助。合肥支持建设一批省级大学生创业创新示范基地，每个基地给予120万元支持。广州指导普通高等学校、职业学校建立完善创新创业课程体系，建设大学科技园、大学生创新创业基地等校内外实践基地，开展创新创业实践和竞赛活动。苏州大力推进双创孵化器载体建设，蒲公英孵化器建立"创业载体＋创业服务＋创业投资"三位一体的创业服务模式，打造从孵化到天使投资到风险投资到上市并购的创业服务全生态链。成都在支持金额、支持范围上升级双创载体的支持力度，对新纳入国家众创空间备案、新获批国家级孵化器、新获批国家大学科技园分别给予 50 万元、150 万元、200 万元一次性补助。同时，大力引导双创载体服务能级提升，鼓励利用大数据、人工智能等新技术提升服务能力，向高品质科创空间聚集发展。

二是加大创新创业项目支持。杭州对高层次留学回国人员在杭创新创业项目，可申请 3 万～100 万元资助；特别项目给予最高 500 万元资助。对高校毕业生在杭创办企业，可获 5 万～20 万元资助，优秀项目给予最高 50 万元资助。长沙实施青年人才"小荷才露尖尖角"计划，每年评选不超过 100 个青年创业项目、不超过 20 个青年创新项目，最高给予 20 万元经费支持。杭州大力推进创新项目落地。提升"创客天下·杭州市海外高层次人才创新创业大赛"水平，对获奖落地项目给予 20 万～500 万元资助。举办"中国杭州大学生创业大赛"，对入围大赛 400 强项目并在杭落地转化的，给予 5 万～100 万元资助。对在全国性大学生创新创业大赛中获奖的项目，给予 20 万～50 万元的项目资助。重庆举办"渝创渝新"等创业创新大赛，实施大学生创业启航计划、创业加速计划、"优创优帮"计划，重点资助扶持一批优秀创业项目，遴选一批优质大学生创业项目给予资助和跟踪扶持。

三是优化创业创新服务。广州在市、区建设青年创新人才工作站，免费为青年创新创业提供政策指引、场地对接、培训交流、政务咨询等服务。青岛打造创业创新赋能中心、深化线上"创业一件事"平台建设、搭建线下"一站式"创业体验平台、服务。杭州推动高校就业创业指导站向长三角区域重点高校拓展，对新建的大学生就业创业指导站，给予每站 15 万元的一次性建站。成都多级部门联合建立返乡青年大学生就业创业服务站。发布"天府创业驿站"，为青年人才提供全要素、低成本、便利化的创新创业服务保障。武汉、杭州、郑州实施创业人才培育。武汉设立 GYB 创业培训补贴，高校毕业生参加 GYB 创业培训合格的，给予 300 元 / 人的 GYB 创业培训补贴。杭州实施杰出创业人才培育计划，每年选拔 20 名杰出创业人才培育对象，给予每人 50 万元培育扶持资金。开展"导师带徒计划"，对创业导师给予 2000 元综合性补贴。青岛实施青年科技奖，对业绩优秀的青年科技人才给予 2 万元一次性奖励。郑州每年选送一批优秀青年人才赴国（境）外培养进修，并给予 3 万 ~ 10 万元资助。

四是加大创业资金支持。杭州实施大学生创业"风险池"基金项目，鼓励金融机构按照市场化、商业可持续原则对符合条件的大学生创业企业给予贷款利率优惠，担保费率不高于每年 1%。支持民间投资基金助力大学生创业企业成长。大学生创业者可申请最高 50 万元的个人创业担保贷款。青岛对毕业 5 年内创业大学生给予最长 3 年期限、最高 15 万元的创业担保贷款，并根据带动就业情况给予最长 3 年的全额贴息。探索"创新创业券"，对符合条件的创业者免除反担保要求，放大 5 ~ 10 倍的担保基金规模提供担保服务。嘉兴在校大学生和毕业 5 年以内高校毕业生初次创业可申请不超过 50 万元的创业担保贷款，初次创办个体工商户或企业，正常经营的，给予其 1 万元的一次性创业补贴。武汉在"汉融通"平台上线"青创贷"，优化青年"融资难、融资贵"等问题。合肥为毕业 5 年内大学生创办企业提供免资产抵押融资，最高可贷款 50 万元。

（四）加快青年人才招引

一是加大实施青年人才工程。杭州发布全球青年人才集聚"青荷"计划，每年向全球大学生推出各类招聘活动 800 场，提供就业岗位 100 万个，每年引进 35 周岁以下的大学生 35 万人以上。每年提供 10 万个以上实习见习岗位。苏州加快柔性引才，启动"海鸥计划"，打造高端基础研究人才蓄水池，实现产业发展瓶颈的快速突破。长沙大力实施高精尖人才领跑工程、紧缺急需人才集聚工程、农村青年"领头雁"培养计划、优秀青年人才倍增行动。对高校院所新引进或新培养的国家重点人才计划青年项目入选者、"优秀青年科学基金"获得者、"青年长江学者"、"万人计划青年拔尖人才"等，给予 20 万元奖励。武汉启动"黄鹤英才"计划，对入选优秀青年人才，给予 20 万元项目资助，支持入选人才领衔或深度参与国家、省市重大计划项目。青岛实施"青岛菁英工程"，设立产业领军和行业拔尖 2 项人才计划，人才选拔评价向青年人才倾斜，其中 40 岁以下青年人才占比原则上不低于 10%。成都大力实施"蓉漂计划""蓉城英才计划""产业建圈强链人才计划"，给予个人最高 300 万元、团队最高 1000 万元资助。天津实施"海河英才"计划，给予市青年人才托举工程入选者连续三年每人每年 15 万元经费资助。

二是加强博士后工作站建设。杭州对新建博士后工作站给予国家级 100 万元、省级 50 万元资助，对获博士后独立招收资格的单位，给予一次性 50 万元奖励。给予博士后用人单位每人两年 20 万元日常经费和 5 万元科研资助经费。中介机构，每进站 1 名博士后给予 3 万元引才奖励。苏州力争 3 年内新建各类博士后工作站点 20 家、招收博士后 350 名，对新设立国家博士后科研工作站、江苏省博士后创新实践基地的企事业单位，分别给予 60 万元、20 万元的一次性建站资助。对暂不具备设站条件的科技企业，设立"博士后孵化站"，给予 10 万元的一次性建站资助。长沙对新设企业博士后科研工作站、博士后创新创业实践基地，分别给予 100 万元、60 万元科研项目资助。合肥对新获批国家级、省级博士后科研工作站，分别给予 30 万元、15 万元一次性建站资助。青岛聚焦 24 条重点产业链，设立全市博士后站储备库，到 2025 年年底，新增博士后站 100 家。创立博士后站"联合体"，发挥园区平台优势，将入驻企业整合打包，到 2025 年年底，力争实现主要创新创业园区博士后站全覆盖。对新设立博士后站的单位给予 20 万 ~ 50 万元设站资助。郑州对设立国家、省级、市级博士后工作平台的用人单位，分别给予最高 100 万元、50 万元、20 万元资助。天津支持企业、高校、院所等用人单位建立博士后科研工作站、流动站。对于民营企业设立的博士后科研工作站，按照相关规定给予 30 万元建站补贴。

三是加大博士后青年人才集聚培养。杭州给予在杭入站博士后每人每年 12 万元生活补贴，国（境）外博士后再增加 5 万元。对出站留杭（来杭）工作的博士后，给予 40 万元补助。苏州对在站博士后分两年给予 12 万元生活补贴，按 1000 元 / 月给予"虚拟优租房"补贴。青岛对进站博士后连续两年给予每月 7000 元生活资助，对优秀博士后，根据类别再加发 2000 元、6000 元的激励生活资助。长沙对进站博士后科研人员给予 10 万元生活补贴，出站后留在长沙工作的，给予 10 万元安家补贴。合肥出站博士后到肥工作，给予 20 万元标一次性留（来）肥津贴。郑州给予进站博士后每人每年 10 万元生活补贴，国（境）外优秀博士提高至 15 万元。对留（来）郑工作的博士后给予 20 万元安家补助，国（境）外优秀博士后提高至 30 万元。天津对重点产业链企业引进的博士、博士后，给予每人 20 万元奖励资助；设立博士后创新岗位，给予每人 20 万元奖励资助。出站后留在天津工作的给予最高 30 万元奖励资助。

四是加大海内外大学生引进。苏州启动专业化青年人才定岗特选计划，面向全国"双一流"高校和境外世界名校，有针对性地引进优秀毕业生到市、县两级国有企事业单位工作。长沙鼓励在长高校引导毕业生留在长沙就业，根据本地生源录取率、录取数和毕业生留长率、留长数增幅，最高给予每年 100 万元奖励。深圳实施青年人才汇聚项目，对新引进入户 35 岁以下的博士毕业生、境内外知名高校硕士及本科毕业生，分别给予相应生活补贴，各区可结合重点领域和产业发展需要扩增补贴覆盖范围；对来深圳创业的留学人员给予 30 万～100 万元不等的一次性项目资助。成都实施青年返乡就业创业行动，每年举办青年线上线下职业推介活动不少于 4000 场，实现高校应届毕业生全覆盖。青岛出台十条措施，打出大学生聚青行动"组合拳"，企业从"双一流建设大学"的高校中遴选一批有意来青岛创新创业的优秀在校生，与学生签订"信用合同"，给予一定学费补助。天津围绕重点产业和"双一流"学科建设，赴高校集中的城市，提前锁定有意向来天津的高校毕业生，集中办理引进落户手续。组织"海河英才"学子津门行活动，邀请知名高校师生代表，来天津实地考察对接创新平台和人才发展环境，加快人才和团队在津落地。

（五）保障青年安居需求

一是提高住房补贴。杭州提高住房公积金无房租赁提取限额标准，由 1500 元 / 月调整为 2000 元 / 月；新市民、青年人在本市无自有住房通过市场租赁住房的可全额提取本人每月缴存的住房公积金；对来杭州工作的全球本科及以上学历应届毕业生发放租房补贴，每户每年发放 1 万元，可发放 3 年。武汉对大专以上学历、在武汉无自有住房的高校毕业生，租住人才租赁房的，按不高于市场租金的 70% 交纳房租，全日制博士研究生、全日制硕士研究生分别免交 2 年、1 年租金。嘉兴给予毕业 5 年内的本科生 5 万～10 万元购房补贴，大学生工作满 3 年后，享受 3 万～10 万元的留用补贴。长沙为 35 周岁（含）以下毕业 2 年内、落户并在长沙工作的全日制本科及以上青年提供 1.2 万～10 万元不等的租房补贴。郑州对符合条件的博士、硕士、本科毕业生和技工院校预备技师、专科生和技工院校高级工，首次购买商品住房的，分别给予 10 万元、5 万元、2 万元、1 万元购房补贴。长沙对 35 周岁以下、新来长沙工作的博士、硕士毕业生，在长首次购房分别给予 10 万元、3 万元购房补贴。青岛按博士每月 1200 元、硕士每月 800 元、本科每月 500 元标准，发放不超过 36 个月的住房补贴。对在青岛创新创业落户并购买唯一商品住房的 40 周岁以下博士、35 周岁以下硕士，分别给予 15 万元、10 万元一次性安家费。

二是扩大住房供给。杭州在市区推出一批"青荷驿站"，为参加求职面试、人才就业及创新创业赛事等活动的非杭户籍且无房的新市民和青年群体提供 7 天免费短期住宿。成都发布青年住房保障行动，提出筹集保障性租赁住房 8.1 万套，重点分布在轨道交通站点和商业商务区、产业园区、校区、院区及周边。每个区（县、市）都设"蓉漂"青年人才驿站，为外地本科及以上学历的应聘毕业生来蓉应聘提供 7 天免费入住服务。重庆将发展保障性租赁住房与城市更新行动相结合，通过将保障性租赁住房建设与老旧小区改造提升、棚户区改造有机融合，积极有效满足新市民、青年人住房需求。青岛出台"青年优居计划"，创新"政府＋企业＋社会＋共青团"服务模式，重点实施"青年优驿""青年优徕""青年优购"项目，2024 年计划在全市建设 14 个"优徕青年社区"，提供房源 3000 余间。长沙开展青春安居工程，每年新增建设 2 家以上集求职、指导、服务、城市于一体的青年人才驿站，确保各区和省级以上园区全覆盖。天津加大人才公寓建设力度。鼓励各区盘活闲置楼宇，筹集建设一批区级人才公寓，落实租金优惠、民水、民电等支持政策。

三是创新住房模式。长沙完善"保障性租赁住房＋共有产权房＋人才公寓＋购（租）房补贴"的阶梯形递进式青年住房保障体系。杭州推出公租房"云选房"服务，青年人可通过移动端参与选房，根据后台分析数据，对符合条件、尚未保障的大学生实现公租房和租房补贴准入条件精准推送。嘉兴建立青年人才票房，给予顶尖人才 800 万元，高层次人才 35 万～100 万元，硕博人才 15 万～35 万元的人才房票，在购房时直接抵扣房款。成都为青年人才提供优惠出售、先租后售、共有产权三种优惠租售方式。在优惠出售中，规定面积部分可享受购房款 15% 的优惠。在先租后售中，租住满 5 年后，可按入住时的市场价格购买所租住房。在共有产权中，可按市场价格先购买 75% 的不动产权份额，待合同备案满 5 年后，人才可按初次购买时的价格增购剩余部分产权。深圳利用企事业单位自有用地加快推进保障性租赁住房建设，探索出"收地＋出让（单主体）""收地＋出让（双主体）""调整用地性质＋合作开发"3 种全新的合作开发模式，突破了保障房建设的固有模式，加快满足新市民、青年人住房需求。

专栏 1　长沙：完善阶梯形递进式青年住房保障体系

为了让青年人来长沙就业创业住有所居、住有宜居，长沙在扩大供给和强化保障上推出了一系列"组合拳"，完善"保障性租赁住房＋共有产权房＋人才公寓＋购（租）房补贴"的阶梯形递进式青年住房保障体系。

一是建青年驿站。长沙将重点在青年集聚的产业园区、重大片区、中心城区等地选址布局青年人才驿站，青年人在驿站可享受到免费住宿、就业创业指导、政策咨询等一站式服务。

二是加大住房供给。通过非居住存量房屋改建租赁住房等多种方式加大租赁住房供给，并推动住房保障体系向本科以下学历青年群体覆盖。

三是给予住房补贴。将对 35 周岁（含）以下新来长工作的博士、硕士毕业生，在长首次购房分别给予 10 万元、3 万元购房补贴（境外高校博士毕业生不限年龄），对市属高校及市、区县（市）属公立医院、中小学校编制内新引进的博士，在长首次购房给予同等购房补贴。

（六）优化青年落户政策

杭州落实大学毕业生来杭落户新政。全日制普通高校大专及以上学历毕业生在杭落实工作可以落户杭州市区；55 周岁以下博士研究生、45 周岁以下硕士研究生、毕业两年内的本科毕业生可以享受"先落户、后就业"政策。苏州针对有来苏就业意愿但尚未在苏就业的群体，将"先落户后就业"对象范围进一步放宽至本科学历、中级职称和技师。成都对具有普通全日制大学本科及以上学历的青年人才，凭毕业证即可申请办理落户手续。长沙对高校毕业生实行"零门槛"落户，凭高校毕业证、户口迁移证直接落户；取消自贸区人才引进落户家属随迁及投靠限制，自贸区人才引进落户时配偶、子女、父母均可随迁及投靠落户。武汉年龄不满45周岁的高等学校专科及以上毕业生（研究生不受年龄限制），可凭毕业证申请登记为武汉市常住户口，其配偶及未成年子女均可随迁落户。嘉兴具有大专以上学历、中级以上职称或取得技师以上国家职业资格证书的人员，可先落户后就业。便利长三角地区人员落户，对现户口登记在长三角"三省一市"内，实际居住在嘉兴的，可将本人和配偶、子女、父母户口迁入。

（七）提升青年生活环境

一是丰富青年活动。深圳建立年度青年民生实事重点项目，举办户外拓展、踏青野炊等形式多样的青年交友活动、"龙凤大典"等集体婚礼活动。重庆开展青年联谊交友示范活动，以双城共建为基调，将青年群体婚恋需求与人文特色相结合，开展青年交友主题活动，推出"地域特色＋民族文化"集体婚礼模式。嘉兴围绕服务青年婚恋交友，组织开展单身青年职工疗休养，给嘉兴市的青年职工专门开辟红色传承、历史寻幽等"青春专线"疗休养线路。长沙首创0731长沙城市青年节，出台青年普惠性政策举措130条和青年民生实事项目77个。成都构建"15分钟青年社交圈"，推动青年社交从线上"键对键"到线下"面对面"转变，提升青年对城市的情感归属。

二是提升青年生活服务。杭州通过精准识别杭州青年人口分布画像、摸清青年对于城市功能的需求，向35周岁以下的大学生发放"青荷礼包"，含公交地铁定向券、公园年卡、旅游年卡等。成都实施青年社群梯度培养计划，组建成都青年社群联盟，以场地链接活动的方式，支持青年社群设置青年议题、营造社交场景。青岛搭建"青春平台"项目，通过在青年驿站、优徕青年社区中整合打造青年会客厅、青年之家、暖蜂驿站等团属服务阵地，拓展青年成长服务平台阵地。长沙发放"长沙人才绿卡"，A、B、

C、D 类青年人才享受相应专属服务。重庆针对青年发布十大民生实事项目清单，聚焦青年就业创业、婚恋交友、住房保障、权益维护等领域的急难愁盼问题，让服务青年更有效。深圳创新发展青年消费新业态，举办"露营生活节""NBA 主题街区""万象天地峡谷嘉年华""咖啡生活消费节"等活动，把握 Z 世代消费新风尚。

三是优化青年设施。青岛为增强青年生活宜居幸福感，建成全省首个五万座公园化体育综合体"青春足球场"；出台"青岛消费 14 条"，免费开放博物馆。长沙提出建设青年主题街区、探索青年未来社区，加快公共空间适青化改造。广州在保留街区原有传统业态的基础上，对城市进行微改造，为青年提供创新创业空间。成都建立"青年之家"三级体系。按照 1.5 千米布局一个"青年之家"的密度，形成"旗舰店—社区店—共营店"三级服务终端体系，在全城范围内构建起"15 分钟青年社交圈"。重庆开展青年发展型街镇建设试点，打造一批青年发展型社区、街区、园区、景区等基本场景，把青年发展型城市建设向纵深推进。深圳在城市规划全过程中体现青春元素，加快建设"新时代十大文化设施"，完成"十大特色文化街区"建成。

专栏 2　广州：城市更新中续就青年力量

从网红打卡点到青年"双创"聚集地。永庆坊在遵循整体风貌，延续保留街区原有传统业态的基础上，引入了调性适配的餐饮、特色零售、文创空间等复合多元的业态形式，让街区既有老西关的乡土文化，也能容纳当下人群的消费风尚，为创客群体、新白领阶层、特色商户老板等青年群体的融入提供了更多的选择空间与就业渠道。

从工业遗产到文艺青年聚集地。2016 年珠江啤酒厂因工厂整体的生产线搬迁进行整体厂区更新改造，改造在保留厂区内 25 处最有代表性的工业遗产特色建、构筑物的基础上，以'泛博物馆'的方式，尊重原厂区的格局、场地与文化记忆，串联保留的工业元素。同时，园区借助工业特色空间引入最前沿、新潮的业态，不断升级年青文化 IP，聚焦年轻人喜爱的时尚、潮流元素，引入时尚、运动、音乐等领域的核心产业链和文化，为年轻人提供源源不断的新鲜感，成为广州创意生活的潮流坐标、文艺青年聚集地。

从老旧小区到青年"实验"空间。广州六运小区自2005年"住改商"模式被政府允许并规范化后，大量商业资本便持续介入并改造六运小区底层和二层商业。2010年，六运小区及周边作为城市中轴线节点，进行了包括改善基础设施、小区步行化、景观和建筑立面改造提升、建造路外停车库等一系列项目。小区内完善的基础设施、富有个性的场所空间、便利的交通、丰富的客流以及相对低廉的租金，为大批的年轻人创造了创立和发展自己品牌的机会，也为来广州追逐梦想的年轻人提供了更广阔的"实验"空间。

（八）引导青年社会参与

一是引导青年参与志愿服务。深圳组建多语种、外国籍、港澳台青年等特色志愿服务队伍，参与保障国际植物学大会、篮球世界杯等国家级重大赛事展会活动；构建"杰出青年""最美少年"荣誉激励体系，举办"深圳青年五四奖章"和"鹏城最美少年"评选，打造"青春深圳"地铁专列，将志愿服务打造为充分彰显深圳精神文明建设成就的靓丽名片。杭州持续打响"小青荷"志愿服务品牌，引领青年积极融入全市经济发展当中去，主动下沉到共同富裕示范区建设当中去，踊跃投身到服务保障亚运会当中去。成都构建青年志愿服务社会化动员体系，将青年志愿服务深入社区治理最末端。

二是引导青年参与社会治理。各城市依托"共青团与人大代表、政协委员面对面"等平台，发挥青联、学联组织枢纽作用，组织青年有序参与基层社会治理。杭州打造线上线下结合的"青春议事厅"，组织青少年为城市发展建言献策。长沙畅通青年建言献策渠道，全市征集青年"金点子"1300多条，打造"青年智囊团""青春议事厅"等，引导青年人在基层治理中作贡献。嘉兴市政协举行"请你来协商"，推进青年发展型城市建设主席会议专题协商会。苏州创新"1+4+N"工作模式，发挥高校青年、青年社区工作者、青年社团、青年社会组织四大青年主体力量，让青年成为基层社会治理的参与者和实践者。

三是支持青年参与城市建设。长沙实施"领头雁"青春建功乡村振兴行动，选树农村青年"领头雁"，带动青年投身乡村振兴广阔天地，引领青年人在乡村振兴中当先锋。聚焦全球研发中心城市建设，实施产业引青、平台聚青、就业促青三大行动，引导青年人在产业发展中打头阵。成都实施产业建圈强链青春建功行动，发挥"青年文明号""青年安全生产示范岗""青年突击队""青年岗位能手"模范作用，动员广大青年在构建竞争优势突出的现代产业体系中贡献青春力量。重庆引导广大青年在重大战略、重大工程中担当作为，围绕成渝地区双城经济圈建设、西部陆海新通道建设、长江经济带高质量发展等重大战略，创建青年"号""手""岗""队"等青年集体，发动青年奔赴乡村振兴一线。

小结：总体来看，各城市均高度重视青年友好政策体系构建，出台了大量地方政策，数量多覆盖面广，政策关注点和创新点主要体现在以下四个方面：一是注重高等院校建设。职业院校、高等院校是产业工人、青年人才的摇篮和成长平台，近年来，各地大力提升高等院校建设，以高等院校建设为抓手，促进产业和人才联动发展，为地方加快集聚青年人才。二是注重对大学生的招引。大学生是青年群体的中坚力量，各地不仅在综合性政策中加大对青年大学生的"引留育"力度，而且出台针对大学生的专项政策，例如杭州出台《杭向未来·大学生创新创业三年行动计划（2023—2025年）》，到2025年，力争集聚120万名35岁以下大学生来杭就业创业，内容之全，力度之大，均创政策新高。三是注重对等高层次青年人才引入。为加快建设世界重要人才中心和创新高地，各地加大对博士后、科技人才等高层次青年人才的支持和引入，尤其是加强对博士后基站的建设和对博士后人才的引留。四是注重对青年创新创业支持。各地结合地方产业发展，加强对青年创新人才的培育和创业团队的引入，尤其注重新兴领域，例如广州在全国率先出台《广州市青年创新创业促进条例》，对从事新一代信息技术、人工智能、生物技术、新材料等战略性新兴产业领域的创新创业青年，给予全面多角度大力支持。

四、对策建议

当前，国际人才进入"回流"时代，国内人才进一步向长三角集聚，为宁波加快青年人才引入，打造创新高地提供了时代机遇，时不待我，建议从引、用、留三个维度，从加强青年引聚平台打造、青年人才队伍建设、青年生态环境提升、青年体制机制改革、青年生活服务优化五个方面加快宁波"青年友好型"政策体系构建。

（一）加强青年引聚平台建设

1.提升产业汇聚平台

一是加大新兴产业培育。充分考虑青年人职业新追求，加大对流量经济、平台经济、楼宇经济等新经济新业态的培育力度，通过催生新经济、新业态、新模式，创造更多适合青年的就业岗位。加快布局前沿产业，聚焦人工智能、柔性电子、深海空天信息等未来产业，汇聚专业青年开展关键技术攻关。二是突出重点产业需求。围绕"361"万千亿级产业发展及时发布新技能、新赛道岗位需求项目清单，对清单内项目加大培训供给和政策支持力度，吸纳更多青年就业。聚焦集成电路、人工智能、生物医药、新能源汽车等领域，强化对重大载体平台的投入，实行"平台＋团队"整建制引进青年科技团队。三是支持产业园区建设。围绕国家、省、市重大发展战略，加强产业园平台提档升级，将培育特色主导产业放在首位，突出打造人工智能集聚区、供应链集聚区、集成电路集聚区、航运服务集聚区等重点园区，加大对头部企业、科研机构引聚，强化"双招双引"联动效应，在园区招商引资和招才引智过程中同步匹配青年人才政策，一体推进、一体落地。

2.提升企业汇聚平台

一是发挥中小微企业对青年人才的吸引力。营造有利于中小微企业成长的友好环境，围绕现代服务业、未来产业等领域，突出市场需求导向，分类分档确定紧缺岗位清单，对企业聘用清单内人才给予专项补贴。加大中小微企业吸纳青年就业补贴、培训补贴和税费服务力度。二是发挥科技企业对青年人才的吸引力。聚焦前沿科技和产业变革关键领域，推动科技企业对高水平青年研发人才的集聚力，加强对企业科技领军人才和重点领域创新团队的支持，授权符合条件的科技企业推动青年人才待遇提升。支持企业引进外籍青年科技人才，持续完善外籍青年人才的便利化服务措施。三是发挥人力资源企业平台力量。支持国内外知名人力资源服务企业总部或分支机构在甬落户，加强市级人力资源服务业重点企业培育，对于人力资源机构引进"高精尖"青年人才给予支持。搭建先进制造业与人力资源服务供需对接平台，通过"先进制造业人力资源发展联合体""协会+学会+商会+校友会"等平台，促进先进制造业与人力资源服务业融合发展。

3. 提升高校汇聚平台

一是加快高等院校建设。高校毕业生是青年人才的主干力量，高等院校是青年大学生和青年创新创业人才的重要载体。宁波现有各类高校10余所，与相关城市比较，建设数量和质量均显不足，建议借鉴深圳、武汉等加快高校建设经验，提升宁波高校建设力度和大学生引入力度。二是促进职业教育提升。综合考量人口、产业、教育状况，加快职教资源、城市布局、产业发展、人才培养、统筹管理与规划，推进职业教育与产业发展全口径融合，以"甬优桥"行动深化校地、校企合作，使青年职业发展与宁波产业集群发展相适应，形成教育—工作—留人全链条式引才。三是完善高校毕业生就业平台建设。整合市县力量，在"宁波人才网""宁波大学生网上就业市场"统一集中发布岗位信息，打造权威公信的高校毕业生就业服务平台。组织线上线下专项招聘活动，积极发动服务机构、用人单位进校园招聘。聚焦企业人才需求，设置校企引才联络人，通过签订政校企合作协定、组织组团招聘等活动，促进校企联动引才规范化、普及化。完善高校毕业生就业岗位归集机制。

4. 提升创新创业汇聚平台

一是做强重点科创平台。推动甬江实验室、中科院宁波材料所、宁波大学等高端科创平台能级提升。借鉴上海、深圳、杭州等城市，加快引育大院大所，补齐缺乏国家大学科学装置、国家实验室等高能级基础研究平台的短板，积极争取国家级实验室、工程实验室、工程技术研究中心等国家高能级科创平台落地。二是做大创新园区。布局完善"青创港"，积极打造鄞州"双创"，深化全国双创示范基地建设，打造前湾"智创"，促进创新、创业、创造资源有效向青年集聚。鼓励各区立足地方特色优势，加强县域创新空间建设，加大对大学生、留学人员创业园、创业孵化示范基地支持，对优秀创业园和国家级孵化示范基地给予特别资助。三是打造青年创新创业培育平台。打造大学生创业创新指导站建设，布局建立重点高校创业创新指导点，宣传宁波创新创业政策，联合开展大学生招引、就业见习等活动。提高青年创业创新大赛水平，大力推动创新项目落地，对符合条件的获奖项目并在甬落地转化的，直接给予项目资金资助。打造全市知识产权综合服务平台，为创新创业青年提供专利、商标、版权等知识产权快速获权、确权、维权一站式综合服务。

（二）加强青年人才队伍建设

1.打造青年产业人才队伍

一是打造重点产业人才。聚焦"361"万千亿级产业发展，突出重点产业人才培养，加强青年人才在重点产业领域的引入和补贴，支持各区结合重点领域和产业发展需要扩增补贴覆盖范围。按重点产业发展导向，支持高校、科研机构加强专业建设，促进青年产业人才培育。制定专项政策，加强卓越青年人才的引育留用，对在重点产业作出特殊贡献的青年人才，给予特殊荣誉奖励。二是打造产业工人队伍。聚焦汽车制造、高端装备、智能家电、绿色石化等重点产业紧缺岗位需求，精准推进专业建设，大力推进教企融合，加快企业学院、产业学院建设。深入推动技工教育，以高质量就业为导向，以产教融合为路径，形成层级完备的技工教育教学阶梯，打造一批青年产业工人。三是打造关键领域"甬城名匠"。紧贴产业发展需要，联合对口高校，建立"精工强匠"培育奖学金，鼓励优秀学生来甬实习就业。鼓励重点企业发挥资源优势，建立特色实训中心，为制造业紧缺工种提供实训场地。进一步推进技能大师工作室建设，以龙头企业为依托，以技能大师领衔，在全市范围内推行技能大师带徒制度，着力培养一批技术精湛、素质优良的"青年名匠"。

2.打造青年科技人才队伍

一是支持青年人才在重大项目中的任用。支持青年科技人才在重大科技任务中"挑大梁""当主角"。支持重点高能级创新平台、重大科技攻关项目、重点研发计划等重大科技项目大力培养和使用青年科技人才，提高项目负责人和科研骨干中的青年比例，推动重要科研岗位更多由青年科技人才担任。二是支持青年科技人才研究。构建青年科技人才全周期支持体系，在科技计划和人才项目评审中向青年科学家适当倾斜，强化对青年研究人员的专项支持，支持用人单位采取灵活方式引进青年科技人才，采取适当方式提高职业早期青年科技人才薪酬待遇，绩效工资和科技成果转化收益等向突出贡献的青年科技人才倾斜。三是加大科技青年人才培育。联合高校培育青年科技人才，支持宁波大学、浙江大学宁波校区等高校围绕宁波重点产业领域建设产业学院，建立科技人才需求与专业调整联动机制，鼓励市科研院所、重点企业与高校共建硕士、博士培养点，畅通产学研合作培养通道，加强创新型、应用型科技人才培养。

3. 打造青年海外人才队伍

一是优化海外人才寻聘机制。优化海外引才支持体系，鼓励各区结合产业发展需要，给予海外人才更大支持，加强"以赛引才""以会引才""以才引才"，不断扩展海外人才寻聘网络。支持用人单位引进外籍优秀青年人才，予以办理外国高端人才工作许可证。充分发挥海外留学人才联谊会资源，加强高层次青年人才引进。二是构建海外人才友好环境，借鉴深圳前海，允许港澳专业人士经备案后在本地执业，并允许取得永久居留资格的外籍人才创办科技型企业，担任科研机构法人代表。建立境内外高层次人才直认制，对符合条件的境内外高层次人才，在宁波工作可直接认定为本市高层次人才。三是支持留学人员在甬发展。加快留学人员创业园等平台载体建设。支持在甬留学人员创业创新，给予项目同等的资金奖励、项目资助、贷款奖励、研发补助等政策支持。支持宁波诺丁汉等新型人才培养机构探索国际领先的拔尖创新创业人才培养路径。

4. 打造青年高层次人才队伍

一是加大博士后等高级青年人才引入。支持博士后工作站建设，给予新设立的国家级、省级博士后工作站、流动站资金支持。对出站留甬来甬工作的博士后，给予一次性补助，设立博士后创新岗位。探索通过设立聘请顾问、项目合作等引才方式，引导拔尖青年人才来甬开展技术攻关。邀请知名高校师生代表，来甬实地考察对接创新平台和发展环境，加快青年人才和团队在甬落地。二是引进留住高校毕业生。围绕宁波重点产业和"双一流"学科建设，部门联动定期建立高校毕业生需求，加大引进力度，赴重点高校开展大学毕业生人才招聘，提前锁定意向毕业生。推进大学生实训基地建设，为参加实训大学生提供生活补贴，吸引优秀大学生来甬留甬实习实践。三是加强本地籍优秀学子回流。建立省外重点高校甬籍学子信息库，以信息库为依托，通过奖学金资助、在重点城市和高校设立青年人才工作联络点、定期定点开展高校走访、返乡优抚等措施，加强对甬籍学子的联络沟通、跟踪培养，吸引甬籍青年人才返乡就业创业。开展大学生暑假实习实践活动，组织高校优秀大学生到党政机关、企事业单位和重点企业开展实习实践，让青年学子零距离感悟宁波。

（三）加强青年生态环境建设

1. 提升青年城市品牌影响力

一是打造吸引青年的城市名片。围绕宁波特色文化，打造具有高识别度的青年城市 IP。借鉴石家庄摇滚城市、成都科幻之都、美国波特兰户外之城等做法，充分发挥宁波海洋资源禀赋和开放优势，运用人工智能、3D 影像、移动互联网等现代化信息技术，将"滨海之都"的特色做成吸引青年群体的宁波城市标签。二是优化城市宣传推广。加强抖音短视频、微信公众号等新媒体的城市营销，创造热点，持续推出青年主题短视频、宣传片、影视剧，增强青年人才对宁波城市的认知。积极承办"大运会"、城市马拉松赛等具有区域影响力的青年赛事，扩大城市在青年群体的影响力。通过聘请"校园引才大使"、入校宣讲、名企游学等方式，提升大学生对宁波感知度和人才政策知晓度。三是打造青年城市文化。建强市青年文联，积极打造青年文化精品，充分围绕当代"Y 世代""Z 世代"青年关注点和文化需求，为"书藏古今、港通天下"赋予青年新色彩。创新开展系列青年文化活动，依托阳光海岸、城市书房等资源办好青年音乐节、青年读书交流等特色活动。加强对阳明文化、藏书文化、商帮文化的发展与提炼，通过举办特色文化活动，加大在青年群体中文化渗透力。

2. 提升青年国际交流环境

一是要加大力度支持青年人才开展国际交流合作。支持在甬高校积极引进世界知名大学在甬设立分校、共建研究机构；打造高端国际学术交流合作平台；持续开展国际高校学术交流；支持青年人才到国（境）外高水平科研机构开展学习培训和合作研究。支持青年才参加国际学术会议，鼓励青年学术带头人发起和牵头组织国际学术会议，提升宁波青年人才国际活跃度和影响力。二是加强国际组织建设。探索在宁波发起成立国际组织，鼓励全球性科技、人才、经济组织在宁波设立总部、分支机构或代表机构。加快引进、培育世界一流科技期刊，发起高水平国际学术会议，为青年人才团队和组织活动提供全方位支持和便利。三是提升国际青年交流便捷服务。打造国际人才社区，举办青年人才交流联谊和国家级人才等系列"宁波行"活动，服务在甬人才。以人才签证制度为基础，探索简化外籍人才工作许可和工作居留申办流程，提高外籍青年人才出入境往返便利，对外籍青年人才家属延长居留许可时限。

3. 提升青年发展型城市环境

一是提升党群引领青年作用。在各级党群服务中心设立"青年之家"，打造服务青年人才的一站式阵地。以党群平台为依托，以数字化改革为动力，运用微博、微信等新媒体密切与青年群体的日常交往，积极开展"快递从业青年服务月""青社学堂""传承·青春遇见非遗"等新兴青年群体交流系列活动，加强党群与青年的联结，提升党群青年活力。二是打造青年友好城市空间。借鉴广州模式，探索将城市更新中的老旧小区改造、废置厂房翻新、脏乱城中村改造与城市产业转型升级、人居环境改善、文化软实力提升等方面挂钩，为青年群体提供丰富的城市文化IP、创意场所和实践机遇场所。探索"青年社区"建设，充分考虑青年学习、生活、工作需求，建立与青年发展相适应的城市公共服务空间与设施建设标准。三是动员青年参与城市治理。畅通青年参与社会治理通道，借鉴上海"青年汇智团"，杭州"青春议事厅"等做法，组织青年有序参与基层社会治理，充分发挥青年在社会治理和服务中的积极作用。健全完善青年参政议政激励政策，创造更多青年直接向市政府建言献策机会。动员青年创新创效创优，壮大青年社会组织发展，选树一批青年奋斗典型、宣传青春奋斗故事，激发青年活力潜能，激励各领域青年特别是新兴领域青年投身城市建设。

（四）加强青年人才体制机制建设

1. 完善青年人才引用机制

一是完善青年引进机制。以岗位需求为导向，鼓励各行业和重点区域结合产业发展需求对青年人才制定激励保障政策。发挥好居住证和户籍政策的导向作用，扩大急需紧缺青年人才职业目录覆盖范围。支持非竞争性领域重点用人单位通过特聘岗位制度自主评聘引进优秀人才，按标准给予获聘人才奖励。二是注重青年人才选用。鼓励企业建立青年人才参与重大生产决策、重大技术革新和技术攻关项目制度，支持有能力的高技术青年人才任职专业领域高等职位。三是完善青年人才工资体系。建立"以知识价值为导向、以工作业绩为核心"等多元化收入分配机制，切实增加青年人员收入，鼓励企业对高技术青年人才实行年薪制、协议工资制，建立企业年金和中长期激励机制，对优秀青年人才实行特岗特酬。

2. 完善青年人才评价机制

一是健全青年人才职业标准体系。加快推行新职业技能等级岗位序列，聚焦先进制造业、现代服务业、战略性新兴产业等重点领域，根据新技术、新产业、新模式、新业态的发展，以及新工艺、新材料、新设备的应用，结合青年就业体系，在现有职业技能等级设置的基础上适当增加或调整技能等级。二是完善青年人才评价体系。聚焦重点领域和青年群体，落实破除"唯论文、唯职称、唯学历、唯奖项"要求，建立以创新价值、能力、贡献为导向的人才分类评价体系，因地制宜地通过资格认定、自主评价、专家举荐、个人自荐、定向配额、竞赛选拔等多种方式，每年遴选一批青年拔尖人才，允许个人不依托单位自荐参评。支持用人单位创新评价方式，开展自主评价，完善优秀青年人才职称职务破格晋升机制。三是促进职业发展贯通。探索建立甬舟、甬杭等跨地区职业等级认定评价机构有效衔接、评价结果互通互认、技术资源共建共享机制，建立境外职业资格证书认可清单制度，避免交叉重复设置和评价，促进青年人才自由流动。支持和鼓励科研机构等选派青年科技人才，到企业开展科技咨询、产品开发、成果转化等服务，服务成效作为职称评审、职务晋升等的重要参考。建立职业技能等级与职称的互认互通机制，贯通技能人才成长通道和发展路径。

3. 完善青年人才培养机制

一是构建完善的人才培养体系。构建以行业企业为主体、高等院校为基础、政府推动与社会支持相结合的青年人才培养体系。鼓励各类企业将青年人才培养纳入企业发展总体规划和年度计划。国有企业要结合实际将青年培养规划的制定和实施情况纳入考核评价体系。二是加强急需紧缺人才的青年群体培养。围绕重大战略、重大工程、重大项目、重点产业对人才的需求，实施青年人才培育计划，加大力度培育一批青年领军人才。健全高技能人才长效激励机制，引导用人单位工资分配向高技能人才倾斜，充分发挥技能大师工作室的技术攻关、技术交流、带徒传技和示范引领作用。三是丰富青年人才培养通道。推行工学一体化技能人才培养模式，加强专业设置与产业需求对接、课程内容与职业标准对接、教学过程与工作过程对接，促进职业院校教学与企业用人需求紧密结合。加大以赛促培，通过岗位练兵、技术比武、技术攻关、"揭榜挂帅"等赛事与培训相结合，提升青年技能。鼓励各社会组织举办青年职工教育培训机构，积极参与承接政府购买服务。

（五）加强青年生活服务建设

1. 提升青年生活安居保障

一是提高青年收入保障。进一步完善青年生活补贴，对新引进入户高技能人才、境内外知名高校硕士及本科毕业生，分别提高相应生活补贴，鼓励各区结合重点领域和产业发展需要扩增补贴覆盖范围，符合条件的外籍和港澳台青年可同等享受补贴。完善工资绩效体系，鼓励企业结合自身实际，采用股权激励、岗位分红等技术要素激励等适当方式提高青年人才薪酬待遇。强化特聘岗位奖励支持。二是加强青年住房保障。加强市区联动，建立多元投入保障机制，进一步完善住房保障体系，加强租赁住房、共同产权房、人才公寓等保障性住房建设，着力解决青年住房问题。提高住房公积金政策支持，进一步向青年群体倾斜，新市民、青年人在本市无自有住房通过市场租赁住房的，可全额提取本人每月缴存的住房公积金支付房租。在人才、科技、产业集聚区域建设一批高品质青年人才社区，实现人才职住平衡。三是完善青年生活服务。进一步完善落户政策，扩大"先落户后就业"的青年人才落户范围，对来甬发展的青年人才，本人及配偶、子女、父母均可在甬落户。健全完善积分落户政策，公共服务进一步向常住人口覆盖。发挥宁波政务服务优势，打造青年综合服务平台，为青年提供"一站式"政策保障。优化完善人才码，建立青年人才服务功能，为青年人才提供交通出行、旅游健身等绿色通道服务。

2. 提升青年婚恋宜家服务

一是提升青年婚恋服务。构建"线上线下广覆盖"的青年社交场景体系，在"15分钟生活服务圈"广泛布局"青年之家"，以城市融入、兴趣爱好、婚恋交友等社交活动，扩展青年社区的"朋友圈"和"生活圈"，为青年投入家庭生活、参与社会活动创造更多有利条件，探索建立青年婚恋交友平台，通过大数据匹配，为青年交友提供高质量交友选择。鼓励各地企事业单位为单身青年提供多样化交友联谊活动。二是提升教育医疗服务。进一步完善入学机制，实现进城务工青年随迁子女入学待遇同城化；改扩建一批中小学校，提高教学质量，充分满足高层次青年人才子女的就学需求。完善医疗保障体系，加强社区医疗、异地医疗等服务，为青年人才提供就医便利，鼓励用人单位为高层次青年人才提供商业医疗保险补贴支持。三是提升生育养老服务。以青年生育服务为重点，营造婚育友好氛围，为青年群体提供优质婚检、孕检等服务，进一步提高孕产妇和婴幼儿医疗卫生服务水平，加强对0～3周岁幼儿的普惠优质托育服务供给，切实解决婴幼儿托育服务"缺、难、贵"问题；健全基本养老服务体系，提高养老服务供给质量，鼓励开展养老志愿服务，减轻青年赡养老人压力。

3. 提升青年娱乐消费场景建设

一是提供高品质的健身旅游服务。发挥宁波奥运冠军之城特色优势，积极举办青年主题健身系列赛事活动，优化青年体育设施建设，扩大公共体育设施开放力度，加快培育雪上运动、沙滩运动、水上运动等青年需求旺盛的新潮体育项目。聚焦青年文旅融合的创新消费需求，打造符合青年潮流的旅游景点，在宁波人才日、五四青年节等特殊时间节点对青年人才开放旅游景点半价等优惠。二是打响青年消费品牌。加快发展夜间经济、潮玩经济、首发经济、露营经济等对青年群体吸引力强的新型消费业态。立足港口贸易优势，打造最具滨海风情的国际消费中心城市，引进国内外知名的品牌店，培育青年喜爱的网红品牌店,打造符合青年人的消费新业态新场景。鼓励餐饮行业企业和商协会挖掘宁波特色小吃文化内涵,增加现代化元素、创意时尚包装,提供适合青年群体的消费体验。三是打造青年网红地标。结合城市更新行动,积极推动重点商圈、传统街区升级改造,在全市范围内推出青年人才玩乐地标,聘请国内外知名大咖、抖音、快手等平台策划推出"网红街区""特色美食"等系列活动。打造地标性青年广场,布局设立更多青年文化走廊、青年街区等城市建设设施。鼓励各区依托地方特色,打造"青年发展型街区",发展青年喜闻乐见的消费模式和业态。

袁 宸

新形势下宁波创新人才招引形式的对策研究

党的二十大报告提出，深入实施人才强国战略，培养造就大批德才兼备的高素质人才，是国家和民族长远发展大计。对城市来说，人才是推动高质量发展的第一资源，是决定城市竞争力的关键所在，是决定城市未来发展的最大变量。加快培育壮大新质生产力、实现高水平科技自立自强，最关键的因素在于人才，因此，我国城市之间关于人才的争夺将越发激烈。2024 年省委"新春第一会"聚焦"三支队伍"作出系统部署，对宁波来说，锚定人才强市建设目标，不断加大人才招引的力度，通过创新人才招引形式来提升城市人才集聚度、优化人才结构、激发人才活力、夯实人才基础，加快建设世界重要人才中心和创新高地战略支点城市，为"争一流、创样板、谱新篇"提供更加有力的人才支撑。

一、当前发展新形势新要求对创新招才引智提出新要求

（一）站在人才工作新起点，必须下好招才引智这步"战略先导棋"

2021 年，首次召开的中央人才工作会议，提出我国要加快建设世界重要人才中心和创新高地，成为世界科技创新和人才版图中的重要部分，成为全球科技创新人才集聚地，助力实现高水平科技自立自强。党的二十大报告一体贯通教育科技人才工作，提出要坚持科技第一生产力、人才第一资源、创新第一动力，坚持人才引领驱动，强化现代化建设人才支撑。这是中央对当前人才发展形势作出的重大判断，是我们人才工作必须遵循的首要前提，我们必须充分认识当前人才发展的新形势新任务新要求，将招才引智工作放在

我国建设世界重要人才中心和创新高地这个大场景中深化认识，不断创新招引形式、提升招引实效，以一域出彩助推实现全局精彩。

（二）培育壮大新质生产力，必须打好招才引智这个"制胜关键招"

高质量发展是新时代的硬道理，需要新的生产力理论来指导。习近平总书记在中共中央政治局第十一次集体学习时强调："发展新质生产力是推动高质量发展的内在要求和重要着力点。""新质生产力已经在实践中形成并展示出对高质量发展的强劲推动力、支撑力。"加快发展新质生产力，是新时代新征程解放和发展生产力的客观要求，是推动生产力迭代升级、实现现代化的必然选择。人才，尤其是创新型人才是新质生产力的第一要素，发展新质生产力既需要能够进行颠覆性创新的顶尖科技人才，也需要在基础研究和关键核心技术领域作出突出贡献的一流科技领军人才和青年科技人才，还需要能够熟练掌握新质生产资料的应用型人才，这就要求我们必须不断强化创新招才引智工作，为培育壮大新质生产力积蓄更多的创新型人才。

（三）全面建强"三支队伍"，必须扭住招才引智这个"牵引牛鼻子"

2024年2月，省委"新春第一会"深入学习贯彻习近平总书记考察浙江重要讲话精神，研究部署全面加强"三支队伍"建设，强力推进创新深化改革攻坚开放提升。加强"三支队伍"建设是深入实施八八战略、构筑人才竞争新优势的固本之举，是发展新质生产力推进高质量发展的关键之招，是促进人的全面发展的长远之策，是开辟干在实处、走在前列、勇立潮头新境界的根本之举，并具体突出"树牢1个理念、聚焦6大方向、实施7项行动"。我们创新招才引智就是深化落实"三支队伍"建设要求，以大人才观，广开育才、引才、聚才、识才、用才、护才之路，以思想大解放引领实践大跃升，为全面建强"三支队伍"建设提供根本保证。

（四）加快建设人才强市，必须解好招才引智这道"发展必答题"

当前，宁波在人才强市建设过程中还面临不少短板弱项，需要不断加大招才引智力度。一方面，宁波市重大高层次人才集聚平台还处于建设起步期、高水平高校较少，与兄弟城市相比还存在一定差距，宁波市高校数量和在校生数量在副省级城市中排名倒数第二，仅高于深圳。另一方面，宁波市高层次人才吸引品牌辨识度有待提升，在全国层面的影响力和知名度不及兄弟城市，在新一线城市、城市"95后"人才吸引力排行等方面排名靠后，对高层次人才的吸引力不足。近年来，如成都、杭州等地，借力大运会、亚运会等重大赛事契机，西安、重庆、长沙等地打造城市网红景观，借此大力开展城市营销，营造城市广纳人才的良好形象，持续保持了人才高速流入态势。我们必须不断创新人才招引模式、加大人才招引力度，以人才大集聚推动城市大发展。

二、各地招才引智的新举措

（一）招才引智政策体系不断迭代

各地不断更新人才招引政策体系，通过更大力度政策、更有引力平台加力、更优发展生态，形成对海内外各类人才的持续吸引力。杭州发布《杭州市建设人才生态最优城市　打造人才创新高地行动方案》，提出科技英才登峰等十大行动，重点解决数字经济、生物医药等重点领域科技人才"卡脖子"难题，打造全球人才"蓄水池"；南京出台《关于加快打造高水平国家级人才平台推进新时代人才强市建设的意见》，提出"1+4+5"目标任务体系，全面建成高水平国家级人才平台，努力打造全国重要人才高地；苏州实施《支持青年人才发展若干措施》，为应届毕业生提供求职面试一次性交通补贴，对承担国家级相关青年项目的人才，最高给予200万元科研经费资助，对新引进符合条件的全日制本科以上青年加大生活补贴力度，出台建设高品质人才社区建设指导意见等；成都实施《创建吸引和集聚人才平台激发人才创新创造活力的若干政策措施》，从引育战略科学家和科技领军人才、鼓励高校大学生来蓉留蓉发展、支持科技成果在蓉转化等20个方面着力，全方位招引各类各层次人才，并配备相应的支持措施。武汉于2022年5月印发《武汉市进一步加快创新发展的若干政策措施》，升级人才安居政策，对国家、省、市级重大人才工程入选者或者其他经认定的高层次人才和全日制博士研究生及硕士研究生，按照标准分别给予免租优惠（见表1）。

表1　　　　　　　　近年来部分重点城市（区域）人才新政一览表

序号	城市	政策文件	时间	类型
1	北京市	《北京市科技计划项目（课题）经费管理办法》；《国家服务业扩大开放综合示范区和中国（北京）自由贸易试验区境外职业资格认可目录（1.0版）》；《北京市外籍人员子女学校管理办法》	2021年	专项政策
2	上海市	《大力吸引集聚人才，助推经济恢复重振的若干政策举措》	2022年6月	综合政策
3	粤港澳大湾区	《广州市引进人才入户管理办法实施细则》《东莞市创新人才引进培养暂行办法》《东莞市本科生引进培养暂行办法》	2022年	专项政策
4	杭州市	《杭州市建设人才生态最优城市　打造人才创新高地行动方案》	2021年11月	综合政策
5	南京市	《关于加快打造高水平国家级人才平台推进新时代人才强市建设的意见》	2022年1月	综合政策
6	苏州市	《苏州市支持青年人才发展若干措施》	2022年7月	专项政策
7	成都市	《成都市创建吸引和集聚人才平台激发人才创新创造活力的若干政策措施》	2022年7月	专项政策
8	济南市	《济南市人才服务支持政策（30条）》《济南市人才发展环境政策（30条）》	2022年7月	综合政策
9	青岛市	《关于实施新时代"人才强青"计划的意见》	2022年5月	综合政策
10	武汉市	《武汉市进一步加快创新发展的若干政策措施》	2022年5月	综合政策
11	西安市	《西安市地区优秀人才和实用储备人才分类评价确认办法》	2022年11月	专项政策
12	大连市	"兴连英才计划"秒懂清单	2022年10月	综合政策
13	沈阳市	《创新沈阳人才新政3.0版》	2021年8月	综合政策

（二）招才引智跨界融合不断显现

近年来，各地将招才引智与文旅活动、消费促进、会展论坛等形式深入结合，以创新的活动形式载体，提升招才引智的实战实效。一是"文旅+人才"招引，人才招聘与城市旅游打卡相结合，将人才面试与城市旅游推介互促互动，形成良性循环。比如，济南市向全国到济南求职的人才送出一份持续到全年的"文旅大礼包"：包括30天免费公交地铁出行；趵突泉景区、千佛山景区、济南植物园三大景点免费畅游；求职（毕业5年内）住宿7天免费，游玩可享受房价8折优惠等，在人才招引的同时带动了城市的文旅热度。二是"体育＋人才"集聚，通过赛事引领人才集聚，比如西安市举办大学生足球联赛，通过足球比赛搭建平台，希望大学生能更加了解和热爱西安，让更多青年才俊留在西安，还举办招才引智、文化旅游宣传、特色美食展示、精彩短视频征集等一系列配套活动，让高校学子亲身感受西安浓厚的文化氛围和体育魅力。三是"消费＋人才"汇聚，通过举办人才夜市等融合夜间消费和人才招引的活动，以烟火气聚人气、促就业，实现人气和烟火气的完美融合。比如温州市充分利用观光码头夜市人流量大、氛围轻松的特点，"逛吃"和求职招聘"摆摊设点"交织，引导用工企业把岗位"摆出来"，求职者把工作"逛到手"，将人才服务与"夜间经济"相结合，打造集招聘夜市、政策夜市、服务夜市为一体的人才夜市，为求职者和用人单位搭建人性化、多样化的人才供需服务平台。四是"会展＋人才"，各地通过召开高端人才创新论坛、新兴产业发展研讨会等形式，将行业发展研讨与高端人才招引相结合，实现了人才有针对性的集聚。

（三）招才引智技术手段不断创新

随着大数据技术和数字化手段的普遍，当前招才引智过程中大量采用数字化招引方式，比如通过网上发布紧缺人才招引目录、推出微信小程序服务人才，建立人才大脑预测人才需求等形式，实现了人才招引的数字化迭代升级。比如青岛市委组织部专门推出"青岛人才政策电子词典"微信小程序。"词典"把市区两级的200多项政策全部集纳，只要输入相关信息就能精准定位，每条都有"兑现攻略"和联系电话。大连市围绕提升用人主体和人才对象的体验感和获得感，推动人才工作从"定政策"提升到"抓服务"的层次，重磅出台"兴连英才计划"及配套实施细则，建成人才大数据综合服务平台，实现人才政策"一次不用跑""即申即享"，发布"兴连英才计划"秒懂清单，帮助各类人才和用人主体了解最新支持政策以及申报方式。西安市实行人才分类认定全流程网上申报审核，采用社保信息查询系统比对，启用西安市人才分类评价确认专用章（电子印章），颁发西安市人才分类评价确认电子证书，方便各类人才和相关单位下载、查询、使用。

（四）招才引智市场机制不断健全

发挥"政府＋市场"的招才引智协同互动效应，充分发挥市场招才引智的机制灵活、触达面广、迅速响应等特点优势，提升招才引智的实绩实效。地方人才工作以往大多由组织部、人社部门牵头负责，具体执行由市场化的人力资源服务公司开展，在政府与市场之间缺少一个市场化的国有企业平台，通过市场化、专业化、平台化、系统化的方式来持续为地方人才工作服务。由此，基于人才工作专业性、复杂性、重要性的需求，人才集团应运而生。各地人才集团在服务地方人才工作过程中，发挥越来越重要的作用，逐渐成为各地政府部门人才工作的市场化核心抓手。近年来出现了越来越多的股权多元化人才集团，如青岛城投集团与深圳人才集团合资成立青岛人才集团，海南发展控股与国投人力资源公司合资成立的海南人才集团，不同的出资形式和股权结构，也代表各地人才集团的不同发展理念和资源整合方式，但是引导人才发展集团实现市场化运作成了共同趋势。此外，各地还在发挥中介机构引才、以才引才等方面不断加大探索创新，实现了市场引才机制的有效助力。

三、宁波创新招才引智机制的突破重点

（一）强化企业招才引智的主体地位

重点要强化企业人才引育、科技创新主体地位，支持"大优强"、单项冠军、专精特新"小巨人"等龙头企业牵头组建创新联合体，强化企业人才招引的主体作用。一要创新企业引才机制。以制造业"大优强"培育企业为重点，推行人才"谁使用谁评价"认定改革，对在企业管理创新、技术革新方面作出突出贡献的人才，根据年工资性收入情况，直接认定人才层次，给予政策支持。深化职称制度改革，实现有条件、有意愿单项冠军企业和重点龙头企业中级职称自主评审全覆盖。二要拓宽企业引才渠道。以"甬上乐业"人力资源综合服务平台为主平台，将人才缺口较大的制造业、港航物流、国际贸易等行业领域企业全面纳入，针对企业需求进行大数据自动匹配、双向推送。探索建立人才事业编制"周转池"，对企业引进的高端科研人才，允许挂靠"周转池"享受事业单位养老待遇。三要降低企业引才成本。系统

推出企业外出引才招聘补贴、高端人才猎头补贴、人才引进薪酬补贴、在站博士后生活补贴等一揽子政策举措，支持企业以更低的成本招引人才、使用人才。

（二）加强招才引智力量配置

一要充分发挥组织部门牵头抓总职能，研究新时代人才工作牵头抓总的方法路径、关键抓手和机制保障。压实市级职能部门党管人才责任清单，推动领导小组成员单位强化人才工作力量，在条件成熟的单位探索设立专门的人才工作处室。进一步激发市场引才育才主体地位，推动人才发展集团快速成长为人才工作生力军，加快形成政企社协同抓人才工作的新格局。二要加强双招双引统筹融合。按照资源整合、力量统筹、机制贯通思路，建立"双招双引"项目例会调度制度，推动人才政策与招商、科技、产业等政策统筹联动，加强重大产业项目落地后的全周期人才服务需求，推动招才引智与招商引资并轨运行、一体发力。三要建立招才引智晾晒机制。进一步强化各部门"管行业就要管人才、抓项目就要抓人才"主责主业意识，将重要人才、重大项目、重点平台等人才招引指标纳入部门整体考核体系中，建立量化清单、赛马比拼、闭环推进等机制，制定时间表、路线图，合力攻坚推进。

（三）加强招才引智模式创新

一要加大数字化人才招引，加强宁波市人才大脑开发利用，提升大数据应用技术的开发，进行全市产业人才需求测算和分析，提升人才工作精准性。持续发布重点产业紧缺人才目录，统筹全市人才发展需求，分领域分行业发布紧缺人才目录，更加精准有效招引人才。二要加大人才跨界融合招引，在各区（县、市）创新开展的各类人才招引模式基础上，学习借鉴相关城市"文旅＋人才""体育＋人才""消费＋人才""会展＋人才"的人才跨界融合招引模式，不断提高"尝头口汤"的意识和执行力，率先探索开展更具实效性的人才招引模式，一体提升宁波城市人口流量和人才关注热度，既提烟火气，也聚高人气。三要加大海外引才创新。发挥人才政策导向作用，在海外重点国家和地区广泛布局第三方引才联络站点。开发并用好全球引才网络平台，鼓励民营企业、产业技术研究院、风投机构等靠前引才。支持国内相关高校院所、产业技术研究院、重点实验室面向全球遴选学术校长、学术院长和首席专家，允许外籍研究人员竞争上岗。支持海外高层次人才回国牵头设立产业技术研究院，支持其担任研究院实际负责人，从团队建设、资金扶持、场地落实等方面给予充分支持。

（四）加强城市宣传推广营销

将人才招引元素纳入城市宣传营销，更新发布城市人才宣传片。加强在主流媒体和新媒体的人才营销推广，直播带岗、抖音推广、小红书推广等手段要进一步创新。在人才群体中加强城市宣传营销力度，引导人才提升自我推广、自我宣传意识，推广"人人创作、人人展示、人人分享"的传播理念。调动政府、媒体、企业各方积极性，形成整体统筹、团队作战的局面，扩大宁波市在主流媒体、短视频平台等曝光度和知名度。改变以往"低调""闷声发大财"等城市标签，积极宣传推广"温暖""高端又大气"的城市温度和城市气质，让更多人才认识宁波、了解宁波、奔赴宁波。

（五）加强招才引智活动统筹

坚持全年策划、全案策划，统筹各地各单位人才赛事、人才论坛、人才招聘等重要人才活动，同时推动全市各类重大展会、重大活动融入人才元素、创新元素，统一活动品牌、联动要素资源、集成放大声量，形成全年有安排、季季有专题、月月有重磅、日日有氛围的人才活动体系，持续打响宁波人才工作品牌，在人才群体中增强城市美誉度和影响力。

四、重点领域招才引智的特色策略

（一）加强数字经济人才引进

研究制订数字经济人才发展行动计划。在评估《宁波市数字经济人才发展三年行动计划（2020—2022年）》实施成效的基础上，结合当前新形势新需求新问题，研究启动新一轮三年行动计划，制订《宁波市数字经济人才发展三年行动计划（2023—2025年）》，进一步明确数字经济人才发展战略和发展目标，制定数字经济人才发展具体工作任务。研究制定数字经济人才发展支持政策。开展数字经济人才政策同类城市比较研究，聚焦数字经济人才关注的个税返还、柔性引进和就业、中高级职称评定、子女入学、购房租房等方面，制定一批有竞争优势的政策条款。加速集聚数字经济高端人才。对宁波市数字经济高层次人才按细分产业方向进行归类，依托甬江人才工程、市领军拔尖人才培养工程等，加大数字经济若干细分领域倾斜和支持力度。抢抓海外大型企业裁员窗口期，积极组织龙头企业、科研机构赴海外招引，发挥企业驻外机构作用，加快引育一批高层次人才团队，提升数字经济人才创新策源力和产业引领力。加大赴外数字经济基础人才引进力度。围绕产业链完善人才链，深入开展引才活动，结合五大产业集群继续组织重点企事业单位赴对应高校开展引才活动。结合宁波市数字经济产业集群能级跃升计划和重点企事业单位需求，围绕经贸、光电信息和国际贸易等产业计划增设 3 条引才路线，覆盖相关专业重点高校 9 ~ 10 所。

（二）加强科技创新人才引进

一是扩大招引规模。迭代升级甬江人才工程，持续提高新材料等关键领域和海外人才、青年人才等重点群体入选比例，扩大港航物流、金融保险、科技服务等生产性服务业人才支持力度，每年遴选数量扩容至 400 个以上，带动集聚高层次人才 2000 人以上。二是创新招引机制。创新"9+9"人才举荐制、认定制，对"顶尖人才重点推荐""重大创新平台择优推荐"等 9 类人才直接进入甬江人才工程终轮评审，对"在海外前 100 位高校院所任职的青年人才""双一流高校校长择优举荐的海外青年人才"等 9 类人才直接认定入选甬江人才工程，全天候、不间断招引创新领军人才。三是构建招引网络。发挥好人才发展集团猎寻高层次人才作用，用好 12 家国内重点城市人才联络服务站、25 家海外人才合作中心等引才站点资源，支持"大优强"、单项冠军等重点企业到人才密集的地区布局建设研发中心、联合实验室、创新孵化中心，通过设立伯乐荐才奖励、"猎头"引才补助、人才薪资补贴等方式，撬动市场力量协同引进用好科技领军人才。

（三）加强青年人才引进

优化成长发展环境，畅通青年人才持续成长通道。完善青年人才的培养评价激励机制，打通青年人才成长通道。加大对青年人才的教育培养力度。积极争取中央、省支持在甬建设高水平大学，扩大在甬高校的研究生、博士生招生规模。实施让青年人才脱颖而出的评价机制。青年人才渴望成才，也渴望获得社会的尊重。推动实施青年人才举荐制，设立市青年人才举荐委员会，完善青年人才举荐机制。推动实施一批青年人才培养专项计划，加大各类专项计划中的青年人才入选比例，拓宽青年人才成长奖励的层面和力度。优化就业创业环境，构筑青年人才才华展现平台，在青年创业初创阶段，注重保护和激发青年人才的创业创新闪光点，支持在甬各高校的创业创新学院向有创意灵感、创业意愿的青年人才开放各类设施，建设一批创意转化场所。在青年创业成长壮大阶段，着力解决青年人才创业项目有较成熟的产品或商业模式后面临的资金和市场推广问题。在青年创业成熟阶段，重点助力青年人才规范公司运营，进一步拓展市场。优化公共服务环境，推出青年人才精准服务举措。优化青年人才安居服务，全面落实青年人才安居政策，让合理的房价成为吸引青年人才的来甬留甬的重要因素。探索建设更加符合青年人才住房需求的未来社区和青年社区，提高居住品质。提供高品质的青年人才教育医疗服务，以青年人才子女教育为重点，加强对 0～3 周岁的幼儿托育服务供给，为宁波青年人才减轻幼儿看护和教育负担，提升适龄人口生育意愿，将其打造成为宁波城市公共服务品牌，吸引青年人才来甬留甬就业创业。提供高品质的青年休闲旅游服务，积极推动满足青年人需求的公共运动基础设施列入市政府年度民生实事工程。

吕金飞

各地推动人才工作与文旅等工作跨界融合趋势研究

一、国内文旅赋能人才工作实践经验

（一）淄博：烧烤带火新"淄"味，城市营销吸引人才

淄博"烧烤"火爆出圈，带动淄博旅游持续火热。在 2023 年"五一"假期里，淄博高铁站客运累计接送旅客 24 万人次，较 2019 年同期增加 8.5 万人次，增幅 55%。美团数据显示，淄博市酒店住宿预订量较 2019 年上涨 865%，增幅位居山东省第一，淄博"引爆城市—巩固用户—扩大转化"的现象级"城市营销三步曲"引发热议。

1. 抓住流量爆点，去中心化营销引领 IP 出圈

互联网时代，网络自带的去中介化的属性将逐步将"渠道"的力量与影响力边缘化，取而代之的 KOLC（KOL+KOC）营销战略为更多小众、独特的形象提供"出圈"机会。若将城市作为一个"品牌"来看，社交媒体在前期的趋势识别以及中期推广造势上发挥的作用更大。淄博紧抓当时全国各地逐渐兴起的露营热、特种兵式的大学生旅游浪潮，挖掘营销爆点，从最初推出的"烧烤专列"与"烧烤专线"，到对于大学生来淄博旅游的各类费用减免、推出"烧烤小程序"与"烧烤节"，再到临近"五一"假期时对游客的"劝退信"等做法，都让消费者耳目一新。数据显示，截至 2023 年 4 月 25 日，抖音话题"淄博烧烤"的视频总播放量为 102.8 亿次，小红书上"淄博烧烤"笔记已经超过 96 万条，微博上两个月内淄博霸榜 18 次。可见，淄博凭借"烤炉＋蘸料＋小饼"灵魂"三件套"的城市 IP 爆火出圈，迅速调动所有资源实现单点击破、弯道超车。

2.构建传播矩阵，可持续营销巩固"青年流量"

"爆红"只是开始，"长红"才是本事。为持续圈粉"青年流量"，淄博市政府推出一系列"组合拳"：一是淄博市紧紧围绕"吃住行游购娱"各要素，以烧烤为抓手开启"一条龙服务"的全方位战略布局，规范市场秩序，优化公共服务，于细微处提升消费体验。例如，针对游客住宿，淄博市38处青年驿站全部向青年学生开放。按照此前发布的政策，来淄实习、游玩、访友的市外高校在校大学生，可享受每年4次、每次5天的半价入住。针对城市配套和管理细节，改造道路、新建烧烤城、增设休息座椅、垃圾桶、停车场等。市城市管理局就"火车站出站口网约车、出租车、共享单车标识不清晰，个别烧烤店环境需改善提升，部分烧烤店周边环卫保洁、公厕保洁不到位"等问题调研督导整改，并要求以"90%的服务+10%的管理"提高精细化管理水平。二是除了讲好别具特色的烧烤故事、文旅故事，淄博成功打造了另一个传播支点——当地政府与市民的诚意表现，从而讲出了"全城一心"的浪漫故事。在这个全城动员的故事中，展现了对服务型政府的理解，展现了政府、企业与市民的齐心合力、凝心聚气，展现了默默守护的归属感、城市转型发展的强烈渴望，展现了政通人和的营商环境。如同网友评论所言，"你以为人家宣传的是烧烤，其实人家宣传的是居民素质、行政队伍能力以及好的营商环境""淄博烧烤不在串，在乎重民生、提人气、促消费、活经济、树形象、创文化、增信心"。

3.深耕服务营销，变"青年流量"为"人才留量"

服务营销与传统营销最大的区别在于，它是基于整体服务流程来实现营销的目的。淄博市紧扣"烧烤经济"，大力促进就业和创业，变青年"流量"为"留量"：一是当地政务大厅开设"烧烤办证专属窗口"，烧烤销售类食品经营许可可通过专窗加速一次办理。淄博市公共就业和人才服务中心专门开展烧烤招聘活动缓解缺工压力。二是当地人社局频频推介个人创业扶持政策、大学生就业体验日等。淄博高铁站专门安排了吸引青年人才的政策展示，诸多与"烧烤"相关的政策设计也指向人才吸引。淄博市2023年政府工作报告提出，聚力实施创新驱动战略，加强人才引进培育，推进"五年二十万大学生来淄创新创业计划"。三是为定向引才，淄博市针对北京大学、清华大学在校生推出的"免费游"也将在"五一"假期兑现。"免费游"并非自由出行，而是围绕就业体验给定了4条可供选择的主题参观线路，共计包括23个就业体验参观点，实质为"就业体验行"。淄博的服务营销不只是吸引了客流量，更重要的是吸引了年轻人，吸引了人才的净流入，同时还发展了本地的配套业态，并为城市的下一步转型升级方向提供了很好的人员、资金和社会关注度支持。

（二）桐乡：以文旅为纽带，特色产业凝聚人才

近年来，桐乡秉持"海纳百川、唯才是举"的人才理念，拥抱来自五湖四海的精英人才。在悉心育才、倾心引才、精心用才的基础上，持续提高人才服务水平，着力打造人才强市硬核。随着乌镇戏剧节、世界互联网大会的落户，桐乡市对高端人才的虹吸能力显著增强。2022年，桐乡新引育大学生等各类人才22987人、硕博高层次人才764人，新增高技能人才11876人。毫无疑问，产业集聚也是高端人才的集聚，人才的密度一定程度上决定着产业的创新力。继"北漂""沪漂""杭漂"后，桐乡已经成为当代年轻人追梦的新选择。

1.品牌盛会持续构筑人才"强磁场"

一是乌镇戏剧节的举办。作为中国戏剧的顶尖盛会，世界戏剧的交流窗口，桐乡乌镇戏剧节已经不仅是全球戏剧爱好者一年中最期待的念想，更是一张属于中国小镇的文化名片。它不仅在经济、文化和教育层面带来了积极影响，还让乌镇在乡村形象、品牌塑造等方面发生了重要的改变，持续吸引世界各地的人前来旅游、投资、安家。二是世界互联网大会乌镇峰会落户桐乡，江南风情之"慢"与互联网之"快"产生了奇妙的化学反应，也完成了一场传统与时尚的"双向奔赴"。未来，乌镇将谋划打造乌镇"国际互联网小镇"，设定了互联网总部会展区、互联网文旅展示区、互联网生活示范区、互联网产业集聚区、互联网教育集聚区和数字农业集聚区六大区块，继续构建数字文旅新模式，壮大数字文化产业，发展数字文旅消费新业态，推动乌镇峰会和戏剧节两大品牌相互融合，打造乌镇旅游新业态产业链，吸虹全球人才。

2. "峰会效应"释放专业人才能量

"栽得梧桐树，引得凤凰来。"以世界互联网大会为例，桐乡作为峰会永久举办地，积极承接世界互联网大会红利，全方位加速创新资源导入，有效解决项目对接难、平台引商难、人才落地难的困境。通过大力推进数字产业化，打造具有桐乡辨识度的数字经济产业链，大力推进产业数字化。数据显示，桐乡数字经济企业数从2014年的350多家增加到目前的3000多家，核心制造业产值从2014年的40亿元，到2022年达到255.05亿元，产值年均增速达到20%以上。数字经济已经成为桐乡发展最快、最有想象空间的产业，也为工业互联网在桐乡的发展营造了良好环境，吸引无数高端青年人才走进桐乡、投资桐乡、扎根桐乡。

（三）成都：活力蓉城，休闲经济留住人才

"成都，一座来了就不想离开的城市"。根据GaWC（全球化与世界城市研究小组）发布的最新报告，成都在"世界城市青年发展潜力排行榜"列第63位，更在"青年依赖度"一项中位列第25位，仅次于北上广深。2023年成都人才留存率高达57%，在大学生就业意向最高的城市群中占比10.85%。成都与北上广深等一线城市的人才交流也日益深入，"巴适"生活的强大吸引力使越来越多的青年人才愿意选择成都。内外兼修、全面发展，成都的活力四射与蒸蒸日上实至名归。

1. 悦己类消费发展匹配青年需求

俗话说，"少不入蜀，老不离川"，成都休闲基因古来有之。根据《2023小微夜经济观察报告》，以看电影、逛书店、剧本密室、夜间博物馆、付费自习室等为代表的悦己类文娱活动深受青年消费者青睐；夜间运动成新趋势，球馆、游泳馆、瑜伽室、舞蹈房等运动场馆受到追捧……2023年，成都酒吧数量（2672家）全国第一，夜场电影活跃度全国第三，夜间娱乐消费充满活力；夜游锦江、火锅巴士、话剧巴士融合文化、表演、社交功能，成为成都夜间文旅消费IP；音乐节、演唱会等演出市场井喷，2023年全市各类营业性演出14330场次，音乐产业产值达560亿元，展现音乐演艺"第三城"魅力；饿了么数据显示，2023年前10个月成都夜间外卖量比2022年同期增长超过三成，较2019年同期增长超过五成；24小时便利店、24小时书店、

24 小时健身房、深夜酒馆等蓬勃发展，不断丰富"城市一刻钟夜间生活圈"新内涵，形成了多元、年轻、潮流的夜生活图景，推动成都连续上榜"中国夜间经济影响力十强城市"。

2. 以"家味道"勾勒城市认同

当代年轻人对干饭的痴迷"有目共睹"。作为当之无愧的美食之都，成都以其丰富的美食、文化和旅游资源打造"休闲之都、宜居城市"的城市品牌形象吸引大量青年人才定居蓉城。自 2021 年起，成都市提出建设国际美食之都五年行动计划促进成都餐饮业持续、快速、健康发展，致力于打造多元美食文化、不同层次美食协调发展的世界美食标杆城市。从这个角度来说，美食重新塑造了成都的"人设"，它改变了以往制造业带来的隔离感，而是更具有辨识度、烟火气，让人更易接近，从而迅速产生文化与情感上的共鸣。更重要的是，美食这种人人都可参与的话题，极易形成裂变的传播，勾勒出独属于当地的味觉记忆，承载着人们对一方水土的热爱，快速提高城市在青年人心中的熟悉度与心理支持，成为开启青年人才留下的"金钥匙"。

3. 政策支持为夜间休闲经济保驾护航

早在 2018 年，成都市出台《成都加快建设国际消费城市行动计划》，明确提出挖掘夜间消费新动能，加快培育夜间经济集聚区、示范区，加强夜间经济的环境营造。2019 年，成都在全国范围内率先出台《关于发展全市夜间经济促进消费升级的实施意见》，推动夜间经济发展。连续发布夜间经济示范点位，推动医美、学习、亲子、艺术、文创、文博等多种夜间新业态共同繁荣。此外，针对夜间经济新特征、新趋势，出台《成都市旅游民宿管理办法（试行）》《成都市促进剧本娱乐行业健康有序发展的办法（试行）》等文件，推动行业健康发展。

（四）杭州：以高品质环境为基础，"宜居天堂"稳固人才

2023 年杭州市新引进 35 岁以下大学生 34.7 万人。新引进（留杭）博士 2100 名，新增高技能人才 5.02 万人。连续 12 年入选"魅力城市——外国专家眼中最具吸引力的中国城市"榜单。从"六美共美"到"全域大美"，在"环境美"基础上叠加"生活美""人文美""治理美"，从"面子"向"里子"纵深，杭州让各行各业的青年人才在这座城市获得认同感与归属感。

1. "杭州模式" 持续提升绿色生态环境

"湖光山色、城绿共融" 是杭州独特的绿色名片。2017 年，杭州市被住建部正式命名并授牌 "国家生态园林城市"，成为浙江省首个获此殊荣的城市。伴随着城市人口增长及城市发展的多重压力，杭州始终坚持 "绿水青山就是金山银山" 理念，全面打造生态文明之都。一是按照 "国家生态园林城市" 标准，不断强化城市绿地建设的顶层设计，制定出台《杭州市人民政府办公厅关于杭州市科学绿化的实施意见》《杭州市街心花园设计导则》等，为提升城市园林绿化建设与管理水平提供指导。二是打造类型多样、特色鲜明、普惠性强、网络布局的 "郊野公园—城市公园—社区公园—口袋公园" 四级公园体系，截至 2022 年年底，根据 "国家生态园林城市" 评估标准，公园绿化活动场地服务半径覆盖率达到 92.12%，基本实现 "300 米见绿，500 米见园"。三是坚持特色花事、添彩惠民，每年组织开展 "春节" 环境小品、"五一" 自然花境和 "国庆" 立体花坛等花事竞赛评比活动。

2. 暖心安居环境回馈民生保障

近年来，杭州在围绕 "一老一小" 重点工作中的 "老有所养" "学有所教" "病有所医" 等方面做实做细，着力解决制度性缺陷、补齐短板和协同推进相关配套改革。一是通过提供青荷驿站、公租房、保障性租赁住房、人才共有产权保障住房、新引进应届大学生租房补贴等举措，满足群众多层次住房需求，降低新市民群体生活成本。二是建设社区食堂，各区所辖社区采取优化就餐时间、丰富菜品选择、提供特色套餐等举措，为青年群体提供多项优惠政策。比如上城区闸弄口街道红梅社区，每天晚上为新市民推出 6 元一份的 "幸福盲盒"；西湖区家乐家味道食堂，为外卖小哥推出 "小哥套餐" 等。三是依托青年之家成立一批兴趣型社团，如露营、骑行等。每位刚到杭州的新青年，只要在手机上搜索青年之家云平台小程序，就能找到团队，预约活动，让新市民有机会追求丰富的业余活动，让年轻人的精神生活更加精彩。

3. 活力产业环境激活青年创业 "聚能环"

杭州自 2015 年推出 "人才新政 27 条" 起，陆续出台 "推进人才国际化的实施意见" "人才生态 37 条" 及其补充意见，引才政策持续加码，人才吸引力不断提升。近年来，在数字经济和新制造业"双引擎"融合发力的背景下，杭州持续做强信息软件、云计算与大数据、物联网、电子商务等数字经济核心产业，同时围绕生物医药、集成电路、航空航天等产业搭建起了产业高地，跨界融合的综合产业生态体系。通过召开国际人才交流与项目合作大会，举办"创客天下"海外高层次人才创新创业大赛，在全国率先设立大学生"双创日"等，为年轻人提供了广阔的发展舞台。

二、文旅产业与人才工作融合的核心立意与主要方式总结

（一）核心立意

城市要发展，人才是关键。文化与旅游产业赋能人才引进工作的核心立意在于利用好一座城市文化和旅游资源的魅力，坚持以平台吸引青年，以产业集聚青年，以业态留住青年，以服务使青年满意。以文旅之道汇聚天下优才，为城市的持续发展注入新活力。

1. 擦亮城市"新品牌"

引才聚智，品牌先行。"品牌打造"坚持人才需求本位，围绕人才"引育留用"全过程，以文化和旅游产业为城市品牌宣传的"突破口"，推动城市资源整合、工作融合、力量聚合，大力凸显人才"第一资源"价值属性。通过挖掘城市文化资产、打造文化消费场景、塑造城市文化品牌，使之成为独具特色的"网红城市"，真正做到才有所需、必有所应、应有所为，着力打造青年心生向往、人生出彩的现代化城市新品牌，实现青年与城市双向奔赴。

2. 着力城市"新产业"

集聚一批人才、壮大一个产业、培育一个新的经济增长点。产业的变革和发展，对人才和就业也带来极大影响，包括人才结构的优化和升级、就业市场的需求转变、劳动力市场配置调整等。同时，人才也是推动产业升级的重要因素，集聚更多专业领域人才，夯实人才基础，将促进产业向更高层次发展，提高产业的整体水平。以产业集聚人才，以人才引领产业，方能推动人才集聚与产业发展"同频共振"。

3. 打造城市"新业态"

为促进新业态下人才网络效应的形成，要努力发展消费业态新、聚集程

度高、区域带动强、品牌影响广的文旅消费新业态示范区、建立协同联动推进工作机制、鼓励新场景创新和新技术研发应用、鼓励社会力量开展创新研究和探索、实施文旅新消费企业引育行动、实施文旅消费新业态示范项目扶持、加大文旅消费新场景资金支持、加强创新创业人才培育引进、加强消费新业态宣传推广工作，实实在在满足青年人才生活需求。

4. 筑牢城市"心服务"

坚持真心服务、优化环境，变"短期吸引"为"长效聚才"。只有实实在在的服务，才能真正拴心留人，最终生根发芽，这十分考验各个城市的公共服务和城市治理能力。有的城市允诺的配套措施只是徒有虚表的"空架子"，一张张空头支票消磨了人才及其家人的热情和耐心。若城市新人只有打工的付出感，没有主人翁的归属感，只有孑然一身的孤独感，没有家庭和谐的幸福感，终究还是"百计留君留不住"。

（二）主要方式总结

1. 以文旅为媒介的城市营销运作有助于吸引人才

成功的城市营销会给城市带来更多的机遇和可能。营销成不成功，关键看这座城市有没有吸引人的独特标识。城市营销不是"平地起高楼"，而是要借力城市独特的地理风貌、人文环境、经典地标、美食景点等IP，转化为让人过目不忘的城市标识。营销战略专家杰克·特劳特认为："在残酷的竞争环境之中，如果品牌缺乏一个独一无二的定位，将会像房子没有产权一样，令企业无立足之地。"对于城市营销来说，这同样适用。城市不怕有缺点，就怕没特点，特色定位就是城市的DNA，所有的营销也应从城市的定位出发。定位找得准不准，很大程度上决定了城市品牌形象和营销的最终效果。此外，城市营销关键在于制造新鲜感，别出心裁的创意点子往往能带来意想不到的效果，唯有把最新潮、最新颖的创意融入渗透到城市的肌理中，在碰撞中产生化学反应，方能唤醒城市"沉睡"的资源，让城市"走出深闺为人识"。

2. 以文旅为纽带的社群联系有助于聚集人才

人才往往寻求不断学习和成长的机会，因而通过推广城市的文化和旅游品牌，提高社群的知名度和影响力，打造一个专业、活跃、有价值的社群环境，提供专业的发展和学习机会，建立良好的人脉网络和合作机会，对于吸引和留住人才至关重要。紧扣赛道方向和场景体系，为社群成员提供良好的服务和支持，方能汇聚具有战略发展眼光、掌握产业核心技术、能够引进核心技术和经营人才、吸引具有行业影响力的企业和相关资源集聚的"城市合伙人"。

3. 以文旅为产业的休闲经济有助于稳固人才

幸福烟火气，最抚人才心。无论打造世界旅游名城，还是建设国际美食之都抑或是构建国际滨海名城，其背后逻辑都是带给市民及游客吃喝玩乐烟火味道，让幸福"情绪价值"唾手可得。休闲经济通过提供灵活的工作时间和方式、鼓励创新和创造力、提供多元化的职业发展机会、促进社交和人际关系以及营造良好的工作环境和氛围等方式，为激发青年人才创新和创造力、实现个人价值、增强归属感和认同感提供了良好的契机，以满足青年人多样化的休闲需求。

4. 以文旅为基础的城市服务有助于稳固人才

人才的流动不仅基于经济和工作机会，同时也基于生活机会，特别是对于那些敢于创新、富有创造力的新知识阶层和创意阶层而言，城市提供的人文环境和创新氛围更重要。政府和城市规划者应当合理利用资源，提供优质的教育、便利的交通、完善的文化娱乐设施等，未来应关注配备老人剧场、学术中心、儿童友好公园、国民休闲营地、医疗创新中心等城市人文经济生态群落，以创造有吸引力的城市生活。同时，也要着重解决高房价和高生活成本等问题，以减轻青年人才在选择居住地时的经济压力，重点关注人才"落脚地""另一半""下一代"的问题，解决青年人才的个人成长和家庭生活的后顾之忧。

三、宁波市文旅赋能人才工作的"进阶建议"

年青一代被称为 Z 世代，他们是彰显个性的一代，兴趣广泛的一代。他们身上有很多个性标签，如宠物、汉服、电音、游戏、戏剧、极限运动等。正是因为拥有 1+N 的多重身份标签，他们又被称为"斜杠青年"（Slash，中国有超过 8000 万人）。与此同时，我国当下正处于由资源、要素驱动的一次城市化，向以创新、人才驱动的二次城市化转型期，也就是以人为核心的新型城镇化阶段。在新发展模式下，城市如何持续地吸引年青一代是一个系统工程，唯有坚持以人民为中心的发展思想，倾力构筑新时代宜业宜居的"人才之城"，以文化旅游产业赋能人才工作，在汲取其他城市宝贵经验的基础上加快建设青年和人才友好型城市，打造"诚意、创新、活力、温暖"的城市形象来吸引人才、聚集人才、留住人才、稳固人才，正是宁波"拴心留人"的关键所在。

（一）城市运营打造"诚意宁波"

1. 去中心化营销引爆城市 IP

一是精准理解宁波城市内核。比如深圳拥有全国最佳的创业创新环境，吸引有志创业青年人才；杭州作为数字经济第一城，留住国内大部分软件及信息服务、互联网平台运营人才；长沙、成都是特有的文化娱乐型城市，房价物价不高，文化娱乐活动丰富，慢节奏生活状态，吸引"享受生活"的青年人。宁波市可借鉴同为滨海城市的"海上花园"厦门和"海上画廊"青岛，从自然资源的角度可进一步挖掘自身特色，擦亮"海洋文明起源地"和"海丝之路启航地"两大文化金名片，依托"北绘翠屏山、东绣泛钱湖、南擎滨海带、西拓四明山、中优三江六岸"的文旅发展新格局，突出"微笑宁波"的开放包容、面向未来的文化内涵。

二是巧用社交媒体强化城市 IP，把品牌理念植入衣食住行，即结合本土文化生活、城市地标，打造并传播有吸引力、烟火气的活动。善用制作与传播优质的 BGC、PGC，引爆 UGC，通过搭建 KOL+KOC 矩阵使话题能够在用户间发生裂变。可挖掘本地人可能习以为常但外地人会觉得有趣的特点，如金华兰溪本地人食用早茶的习惯在游埠古镇汇集成产品和服务，形成了浙江难得一见的早茶体验，将"接地气"的本土产品与产地进行捆绑宣传，打造现象级的文旅项目或产品吸引青年流量。

2. 可持续营销巩固城市形象

可持续城市营销鼓励推动由"开发方式"向"经营模式"转变，搭建全周期、全业态、全流程的运营模式。通过连接内部组织，外部文旅局、地方媒体、消费品品牌等多方的协同，通过如《长安十二时辰》热播带火古都西安、《去有风的地方》勾勒大理休闲生活图景等方式，"文政企"整合发力让城市 IP 热度更长尾、承接更多消费转化，也让品牌对公共议题的关注深度嵌入其中，并以全生命周期管理统筹城市营销进程，变"网红"为"长红"，巩固宁波在青年群体中的城市形象。

3.深耕服务营销回归"为民"初心

一是战略上全盘布局。紧紧围绕"吃、住、行、游、购、娱"各要素，注重青年群体的"五感体验"，开启了"一条龙服务"的战略布局，通过线下线上多维宣推文旅资源，并做好景区门票减免和安全管理服务工作等。二是政策上借势引才。围绕快乐生活、成就事业命题，聚力打造"好学、好看、好吃、好玩、好创业"的"五好"城市，学习淄博等城市大力宣传"青年驿站""青年会客厅""青春社区""城市书房"的建成、基层综合性文化服务中心等青年服务设施，以文化的丰富性和年轻特质吸引越来越多的年轻人来宁波。从简单的衣食住行到市民心态与待客态度，都应进行系统宣传及培育，提升城市的容量——"容人"之量，为他人加入宁波而提供全面的服务，同时也从市民心态上予以建设，提升其包容之量，从而提高宁波城市温度、增加城市黏性。

（二）特色产业集聚开启"创新宁波"

1.以节造势，以赛引才

一是以节造势，积极承接品牌赛事红利。可利用现有的宁波旅游节、中国开渔节、港口旅游节等海洋旅游活动为依托，打造现象级节庆品牌并实现各活动互助、联动、合作，在快速增加城市曝光度、吸引人流量的同时，同步启动如"人才音乐嘉年华""人才科技峰会""人才市集"等"演出＋人才引进""会展＋人才引进""集市＋人才引进"活动，通过营造轻松的场景和氛围让活力城市与青年人才在音乐的律动下双向奔赴。二是以赛引才，以才促产，以产聚才。可立足高层次人才创新创业大赛，擦亮"创业无忧"服务品牌，对标杭州萧山区完善大学生创业资助"100万+"政策，以最佳成长平台、最强政策供给，打造最优吸才引才环境，激发大学生的创业热情，培育一批跨界融合、敢于创新的新型人才，以创业带动更加灵活、更大范围的就业。与此同时，创新创业大赛结束后应持续做好赛事项目跟踪，把推进科技成果转化、扶持科技企业成长作为常态化工作内容进行跟进，着力搭建交流平台，激发人才活力，实现人才与项目的"无缝对接"，创新链与产业链的"协同共进"，锻强引才链、赋能转化链，推动人才、产业、平台深度融合发展。

2. 打造宁波特色产业基地，建设"浙江自由人才港"

长期以来，宁波市始终坚持"工业立市""制造强市"，深入实施数字经济创新提质"一号发展工程"，强化数字赋能、绿色赋能、低碳赋能、融合赋能，全速推动制造业创新转型。一是丰富产学研育人政策内容。对标桐乡在实践中探索出"一所大院名校服务一条产业链"的平台创新模式，宁波市相关单位可与以宁波大学为首的本土科研院校以及浙江大学、中国科学院等高校院所合作深耕，着力构建"平台共建、技术共研、资源共享"的产学研合作机制。特别地，要将"出人才"与"出成果"并重，企业要向高校和科研院所"会出题""出难题"，当好科技创新项目的决策者和组织主体，通过"出题、领题、破题、结题"，加强产业链与创新链、学科链与产业链之间对接，打通科研成果从"研发基地—孵化器—加速器—产业园"孵化链条。通过设立战略人才引进专项基金，建立跨界融合创新研发平台，完善"项目＋人才""载体＋人才""平台＋人才""产业＋人才"互促引才模式，探索"特色产业＋共性技术平台＋共享工程师"的柔性引才用才方式，打造人才服务、人才数据、人才金融、人才产业等平台持续发展，完善促进产学研合作的社会化服务体系。二是坚持以数字化改革为牵引，推动人才服务"一键响应、一呼百应"。开发上线"学子就业码"，为高层次人才提供"创业创新私人定制方案"，促进学子专业链和全市产业链的高度融合，实现就业服务和教育服务的无缝衔接。借鉴桐乡经验，依托"浙里办"推出"宁波人才码"，围绕人才在子女教育、补贴申领、政策咨询、职业规划等方面需求，创建多个数字应用场景，为人才提供免费停车、免费坐公交、高速服务区优享折扣等减免优惠服务。同时，在宁波全市范围内规划人才社区，建设"拎包入住"人才公寓，人才依托"人才码"可在线申请、一键入住。三是服务国家战略需求，聚焦宁波特色产业及重大科技需求，搭建平台大力建设"浙江自由人才港"。鼓励国内外著名高校、科研院所与企业联合建立创新联盟、重点实验室、博士后工作站、工程研究中心、企业技术中心、研发基地、创新实践基地、实训基地，加强产学研结合，开展协同创新活动，避免只讲产出不讲投入、不评估投入产出比。通过高水平创新平台建设，不断培育能破解关键难题的科技创新人才和擅长科技成果转化的专业复合型人才。

（三）休闲经济打造"活力宁波"

1.注入休闲经济"文化芯"

随着大众文化自信的不断提升，宁波应以文化设施为窗，写出"文化见学"机会清单。一是利用好宁波市博物馆、历史文化遗址、科技馆等休闲文化空间，导入相关文化历史及科学领域的研究机构与人才资源，尤其是Z世代为主力军的大学生及历史迷、科技迷等发展"见学服务"，开展如广东省博物馆募集各校师生策划"旧石器时代古人类生存"等系列活动，充分利用"斜杠"人才"因材施教"。二是联动教育机构、企业，拓展人才服务项目。例如，中华航天博物馆与北京明德未来营地企业管理有限公司建立合作关系，让人才资源不仅可以渗透至西昌卫星发射中心的航天人员，还可以对话美国国家航天航空专家。借鉴上述经验，可将自身文化空间与斜杠人才进行有机连接，围绕"大运河—海丝之路""阳明心学""宋韵·安石文化"等宁波特色文化主题为人才列出文化服务的清单，通过高密度的"传统重现"吸引年轻人，用"斜杠"能量激活文化服务新动能。

2.丰富经济"业态型"，解锁消费新场景

将休闲理念融入现有制度框架和政策体系中，打造多元业态休闲消费新场景。一是促进文化休闲消费。在老城区的商业业态上，重点突出本地特色的瓷器、熏香、点心等"地产地销"的伴手礼，借助商品展现区域的文化属性。同时，深化"书香之城、音乐之城、影视之城"建设，鼓励购书读书藏书，以公益与宣传的形式开设更多音乐、美术、书法欣（鉴）赏课程提升市民审美水平。二是落实《健康宁波2030行动纲要》，促进体育和相关休闲消费。加快发展东钱湖的运动休闲、体育旅游、竞赛表演和体育教育（培训）等核心产业，形成结构合理、业态丰富、组织多元、产品供给充足、层次多样化的体育休闲产业体系，将东钱湖区域建设成为运动休闲产业链完整、基础设施齐全、配套服务完善、优势特色鲜明的体育休闲旅游目的地。三是围绕"水岸经济"，借鉴厦门、青岛等先进城市经验，放大赛事效应，积极输出"亚运名片"，推动文旅、会展、康养、水利、教育等多种产业协同发展，释放高质量发展活力。四是发展美食经济，对标日本大阪道顿堀，打造独属宁波的"城市深夜食堂"。一方面可以结合滨水慢行步道和夜间景观改造，共同组成魅力化的美食环境，允许商家在河岸两侧开展各类商业活动，将滨水区营造为活力中心，加强河岸与周边"小街区、密路网"肌理地融合，引导食客们进入周边历史街区漫步，体验区域的文化魅力。另一方面可围绕油赞子、爆菜、苔菜江白虾、猪油汤团等一系列宁波特色美食，制定高标准美食品质管理体系，设计系统化美食标识、创意旅游活动，以吃带游，以游带人，以"烟火滋味"为契机将更多地"引进来"。

3. 政策赋能全景"夜宁波"

"烟火气"，特别是以烟火气为代表的"夜经济"已经是每座城市的标配。可以说，有了"夜"不一定能抢到年轻人，但是没有"夜"则一定抢不到年轻人，夜生活是他们不可或缺的"必需品"。一是围绕宁波市人民政府2020年发布的《夜间经济实施方案》，继续优化天一、老外滩、南塘老街、东部新城、南部新城5个夜间地标商圈，美化三江六岸夜景，优化三江夜游航线和业态。加快开发后塘河夜游项目，进一步完善东部新城步道景观照明及附属设施，打造夜游品牌。发掘一批夜间网红打卡地，推动文化产业园区夜间开放。二是应关注《宁波市文化和旅游发展"十四五"规划》所提出的"一带三区""六大板块"文化旅游发展新格局，通过打造如"不夜生活节""大运河—海丝之路"特色主题的系列夜间休闲活动，鼓励开展夜色 City Walk、幕布电影、夜间骑行、高端音乐品鉴会、文化沙龙、赏月观星、音乐实景剧等夜娱项目，为吸引青年人才打造一站式夜生活体验，在盘活城市文旅商业地块的同时更高质量地培育宁波文化体验、休闲娱乐的土壤。

（四）品质生活铸造"温度宁波"

1. 生态"绿心"营造魅力生活场景

依托生态底板的城市休闲空间，是将大地财富转换为人才财富乃至货币财富的关键密码。《2022年年轻人潮流健身报告》显示，目前超五成年轻人有定期运动的习惯，"00后"成为最卷运动达人，平均每周运动3.2天。一是坚持以"绿"为底色，高水平塑造宁波滨海绿色风貌，紧盯建设高质量森林宁波目标，继续高标准开展科学绿化、高要求推进自然保护地体系建设、高水平建设森林生态文化，让"新市民"尽享美好生态之福。二是对标杭州市，打造15分钟生态休闲圈，持续推进绿道"建设数智化""打造精品化"和"服务贴心化"，串联自然山水人文、服务百姓休闲健身、推动城乡协调发展，迎合当下随时随地、全民健身热潮。三是建设环城游憩带，借鉴上海经验，在中心城区周边划定500～1000米宽的环城绿带，通过嵌入田园观光型、轻松工作型、科普教育型、民俗体验型、康体运动型等多元化休闲空间，为青年人才提供可在1小时公共交通距离内基本满足其开展陆地冲浪、徒步、飞盘、露营、骑行等轻量化户外运动的需求。四是借鉴日本 Park-PFI（Private Finance Initiative）制度，放开一定比例的商业设施建设限制（经营权、建筑覆盖率），由企业通过对绿色空间修缮、开发、运营等方式获得收益，政府则能在提升公园品质、魅力度的同时，实现"财政减负"。例如名古屋久屋大通公园以年轻人喜爱的户外运动为切入点，将公园升级为都市户外中心——久屋大通公园与户外品牌雪峰（snow peak）合作，打造了集"户外露营＋餐饮＋室内露营＋产品展销"功能于一体的商业综合体；还有主打乒乓球主题的4 NAGOYA等，年轻人在这里不仅能看到商品的应用场景展示，还能亲身体验其魅力。这种公私合营的运营模式让城市公园从"千篇一律"转向"千园千面"，激发公园活力，匹配年青一代需求的变化，同时公私双方实现减包袱和盈利化。

2. 办好"人情味"小事助力安居乐业

浓厚的人情味儿是一座城市独有的魅力，打造一个对年轻人、年轻家庭能安居乐业的城市环境，能够更好地留住人才。一是安置人才"落脚地"，统筹抓好人才驿站、人才公寓、人才社区建设，用好公租房、保障性住房，推出人才驿站最长14天免费住宿、保障性住房租金不高于市场水平的90%等举措，着力构建"从一张床到一间房到一套房"的住房保障体系，尽力满足青年和人才在不同发展阶段的住房需求。二是安排人才"另一半"，可借助开办文旅主题"青春歌舞会""青缘下午茶"等契机举办青年人才联谊活动，通过兴趣分享、单身派对、相亲会等形式，帮助青年和人才扩大"朋友圈"，让年轻人"因为一个人，爱上一座城"。三是关爱人才"下一代"，持续推进普惠托育机构加快发展、义务教育优质均衡发展、高中阶段教育多样化发展，注重中小学生科普教育、研学旅游基地建设，为青年人才的下一代提供更富有趣味、更高质量的科学文化教育与生活保障。

四、宁波市文旅赋能人才工作的综合保障体系

（一）组织领导体系

宁波市各级政府要将文旅产业赋能人才引进工作纳入重要议事日程，把方向、谋大局、定政策、促改革，形成党委领导、政府推动、部门协同、全社会参与、广大人民群众共享的青年人才引进发展格局。宁波市政府应建立旅游与文化工作协调机制，加强对全市人才引进工作发展的综合协调，完善文化和旅游融合发展体制机制。宣传部门发挥好指导协调作用，文化和旅游部门加强对旅游业发展的统筹规划，完善有关政策法规，推动重大项目实施，牵头开展督查，推动宁波市文化旅游产业与人才工作跨界融合的顺利进行。

（二）政策支撑体系

宁波市应坚持"产才融合"发展，以文化与旅游产业为切入口，以深化人才发展体制机制改革为抓手，全方位构建宁波人才谱系、改革人才授权松绑评价制度、发挥高校聚才育才主平台作用、优化重点平台聚才机制、打响"宁波五优、人才无忧"服务品牌。一方面，要把握发展需求，紧扣融入国家人才高地和人才平台建设战略布局所需、宁波打造人才发展"一城三地"总目标所需、经济社会发展和产业转型升级所需，在人才谱系、人才改革、人才平台、人才生态等方面全环节发力，更大力度聚天下英才共建现代化滨海大都市。另一方面，要把握人才诉求，为了使人才能更加清晰地了解政策，细化政策条款按照"通则＋专项＋定制"的体系进行分类，其中"通则"是普惠政策，"专项"是面向特定人才群体的政策，"定制"是面向特定用人单位的政策，便于人才按需"对号入座"。坚定推进《关于加强和改进新时代人才工作　加快建设世界重要人才中心和创新高地战略支点城市的若干意见》，在宁波人才政策30条的基础上完善制造业数字化转型发展政策、

商贸服务业政策、文化旅游体育产业政策、社会组织服务政策等产业政策体系，加快建设世界重要人才中心和创新高地战略支点城市，奋力打造高水平人才首选地、创新策源地、产业集聚地。

（三）交通运输保障体系

随着近年来国家出台众多关于"交旅融合"的政策文件，宁波市应着重建立健全交通运输与文化旅游融合发展的运行机制，形成"快进""慢游"旅游交通基础设施网络，要充分利用交通布局的优化，扩大宁波市经济辐射范围。通过进一步推进综合交通枢纽建设，强化本地与长三角其他城市以及华东地区交通联系，不断拓宽招才引才新渠道，整合区域人才资源，推进区域人才一体化，推动人才、技术、资金等资源要素在区域间的自由流动，实现人才要素在区域间的高效集聚、区域资源共用共享，加速区域人才一体化的形成。

（四）财政支持体系

财政部门要坚持突出重点，进一步强化文旅产业与人才工作融合发展的财政资金保障，完善财政支持体系，做实做细人才资金保障工作。一方面，通过现有资金渠道，支持加强旅游公共服务设施建设、旅游公益宣传推广等工作，推进旅游领域政府和社会资本合作。另一方面，强化宁波市对各县区人才工作支持力度，足额发放人才补贴，做好人才安居保障，进一步完善资金监管跟踪制度，落实每周工作清单工作制度，每周、每月跟进项目资金支出进度，进一步激发增强宁波各县区引才动力、能力。

虞铭明　　田佳琦

宁波大学生就业心态调查

大学生就业问题一直是各界关注焦点。作为新时代的青年代表，大学生的就业心态与期望不仅关乎个人成长与发展，更在一定程度上影响社会的人才流动与资源配置。为了解和剖析在甬就读大学生与在外就读甬籍大学生的就业心态，课题组在 2024 年 1 月期间，对部分在甬就读大学生和在外就读甬籍大学生进行了问卷调查，了解其择业准备、城市选择、薪酬待遇、政策支持、成长发展及工作环境等维度情况。共发放问卷 750 份，回收有效问卷 736 份，回收率 98.1%。

一、就业认识

大学生对目前就业现状大体呈悲观状态，调查显示约 59% 的同学认为目前就业形势严峻就业难，还有 31% 的同学认为就业形势严峻但机会多，仅约 10% 的同学认为目前就业形势好或正常。

表 1 　　　　　　　　　面对就业难大学生的选择

A. 先择业再就业	151	20.52%
B. 先就业再择业	216	29.35%
C. 待业	20	2.72%
D. 考研或出国	143	19.43%
E. 参军入伍	8	1.09%
F. 自主创业	23	3.13%
G. 考公考编	138	18.75%
H. 其他	37	5.03%

面对就业难的现状，约 30% 的同学选择先就业再择业，约 21% 的同学认为先择业在就业，约 19% 的同学选择考公考编，还有约 19% 的同学选择考研或出国，其余的同学有选择待业、参军入伍、自主创业，等等（见表 1）。

在被调查的 736 位学生中，约 47% 的同学未找到工作，其中过半的同学对自己就业信心不足，有约 43% 的同学已经找到工作但接近一半的同学对目前自己的就业情况并不满意，还有约 10% 的同学不打算就业（见表 2）。

表 2　　　　　　　　　　　　　　大学生就业情况调查

A. 已经找到工作，且非常满意	135	18.3%
B. 已经找到工作，但不太满意	181	24.6%
C. 未找到工作，但信心满满	149	20.2%
D. 未找到工作，且信心不足	200	27.2%
E. 不打算就业	71	9.6%

而在不打算就业的同学中，超过 50% 的同学认为自己的学历不够，希望自己能够继续深造，有 17% 的同学对职业方向感到迷茫，还有约 11% 的同学因为家庭支持，并没有就业压力。

二、就业动机

大部分同学认为就业的目的在于赚钱维持生计，有约 23% 的同学认为就业的目的在于实现个人价值和人生理想，仅约 4% 的同学认为就业的目的在于奉献社会。同时，约 60% 的同学认为大学生毕业后社会地位只是普通劳动者来根据实际工作，21% 的同学认为大学生毕业后社会地位低很难找到工作，仅 16% 的同学认为大学生毕业后是社会精英分子应该从事较高层次的工作（见图 1）。

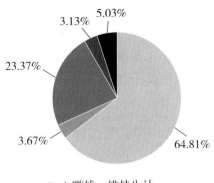

A.赚钱，维持生计
B.奉献社会
C.实现个人价值和人生理想
D.为家庭减轻经济负担
E.发展兴趣爱好

图1　大学生认为就业的目的

三、对宁波就业的态度

在调查的 736 位学生中，约 42% 的同学希望留在宁波工作，约 22% 的同学不希望留在宁波工作，剩下的同学对此表示无所谓。

其中希望留在宁波的同学中，约 64% 的同学认为宁波环境好适合居住和生活及城市的发展前景好工作机会多，还有约 30% 的同学认为留甬政策力度大吸引力强、城市文化氛围好及薪资水平好（见图 2）。

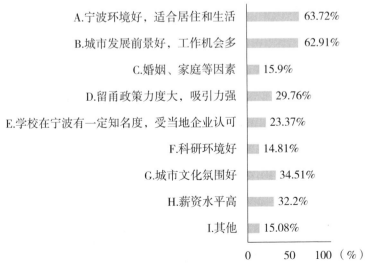

图2　大学生留甬原因分析

而对于不希望留在宁波工作的同学来说，超 50% 的同学认为宁波就业岗位竞争激烈，还有约 37% 的同学是个人原因无法留在宁波，约 30% 的同学认为自己不适应宁波城市生活节奏或环境。还有约 4% 的同学认为宁波的科研环境差，其中约 35% 的同学认为科研投入大但与自己的专业并不对口，还有约 29% 的同学并不关注。

对宁波相关政策的获得感和满意度方面，约 46% 的同学认为宁波对大学生引进留用的政策措施一般，约 32% 的同学认为是足够的。还有约 10% 的同学认为不足够，其中约 54% 的同学对宁波地区社会保障制度的了解少但重视，约 39% 的同学不知道宁波的安家费。可见同学们对宁波的政策重视但关注少。

孟祥敏

宁波加强技术经纪人才队伍开发的对策建议

党的二十大报告提出要加快实施创新驱动发展战略，提高科技成果转化和产业化水平，推动创新链与产业链深度融合。习近平总书记在 2023 年中央经济工作会议上进一步强调："要以科技创新推动产业创新，特别是以颠覆性技术和前沿技术催生新产业、新模式、新动能，发展新质生产力。"然而在现实中，科技创新并不必然直接带来产业的发展和创新，通常来说："科学研究成果是潜在的生产力，只有转化运用才能够转化为现实的生产力。"实际上，我国技术与市场之间的有效对接差强人意，相当数量的科技成果并没有通过应用转化变成现实的生产力。究其原因，技术经纪人"两链融合"的桥梁纽带作用没有充分发挥，在很大程度上影响了科技成果转化效率的提高。可见，加强我国技术经纪人队伍建设已刻不容缓，而对中国制造业"单项冠军之城"的宁波市尤其如此。

一、技术经纪人的社会贡献及国家政策导向

虽然我国拥有海量的知识产权成果，但产业匹配度低、技术成交量低、应用转化率低等造成大量成果束之高阁，导致技术资源的巨大浪费。技术经纪人是科技成果转移转化的"红娘"，创新激励机制推动技术经纪人在技术市场中发挥更大的作用。

（一）我国技术成果转化率低

世界知识产权组织 2022 年 11 月发布的报告显示，我国 2021 年申请了 159 万件专利，申请量约占全球的 50%，已经连续 11 年居世界首位。2021

年我国有效专利 360 万件，拥有量也首次跃居世界第一。毫无疑问，技术成果研发的最终目的在于生产生活中的应用，虽然我国专利申请量和拥有量均居全球第一，但技术成果的转化一直差强人意，2023 年我国发明专利转让率仅为 9.1%，较上年下降 2.4 个百分点，尤其是高校发明专利转让率仅为 3.8%。技术成果走向产业市场止步于"最后一公里"，这其中既有技术成果自身应用性缺乏的原因，也有技术转化路径不畅的问题。

（二）技术经纪人及其作用

技术经纪人为技术成果的供需双方架起一座桥梁，有利于破解技术成果转化中的堵点难点问题。那么，何谓技术经纪人，具体发挥哪些作用呢？技术经纪人有时也称为科技经纪人、技术经理人，是指在技术交易市场中以促成技术转化为目的而从事居间、行纪、代理等工作并合法取得佣金收入的自然人、法人和其他组织，在本研究中专指自然人。技术经纪活动是技术交易的重要一环，而技术经纪人则是促成技术成果转化的重要力量，有利于推进创新主体与产业主体的包容性增长。在现实中，技术交易频度往往并不高，即使技术供需匹配度很高，但如果没有技术经纪人的参与恐怕买卖双方甚至连谋面洽谈的机会都没有。其实，技术经纪人如果能早期介入产学研合作，还可以有效提升技术成果成熟度，推进成果产业化应用。从整体上来说，技术经纪人在捕捉市场机遇、开拓技术市场、实施成果议价、协商技术合同、促成技术交易、开展技术融资等方面能够发挥积极作用。

（三）技术经纪人的政策导向

技术转移专业人才在科技成果转化中的作用越来越重视，上海、北京等地早在 20 多年前就出台的技术经纪人管理制度。随着国家创新驱动发展战略的深入推进，依据《中华人民共和国促进科技成果转化法》，各地政府也纷纷出台了有关技术经纪人的政策制度和激励措施。2013 年，浙江省科技厅制定了《浙江省技术中介服务机构和技术经纪人评价暂行办法》，为规范管理技术转移工作提供了政策依据。2016 年 9 月，宁波率先成为国家科技成果转移转化示范区，随后不久浙江省获批成为全国唯一的全省域国家科技成果转移转化示范区，积极打造成为全国一流的科技成果交易中心，着力打通技术成果变为现实生产力的渠道。2014 年以来，宁波市也出台了《关于加快推进科技成果转化的若干意见》《宁波市培育技术市场和促进技术成果专项行动方案》等制度性文件。2020 年，宁波市还获批成为国家技术转移人才培养基地。当前，宁波市《关于加快促进科技成果转移转化的实施意见》正在积极酝酿之中。在县（市、区）级层面，镇海区 2022 年推出了"技术经纪人奖励实施细则"。

二、宁波市科技经纪人队伍建设及服务现状

高素质、专业化的技术转移人才队伍是促进科技成果转化和技术转移的基础支撑和重要保障。作为国家单项冠军之城的宁波无疑是我国制造业强市，但技术经纪人队伍建设及其作用发挥仍有待加强。

（一）技术经纪人整体数量不足

2012 年，首批 50 名技术经纪人从宁波启程赴上海参加培训，开启了宁波市技术经纪人通过培训走专业化发展之路。2018 年，宁波市正式获批成为国家技术转移人才培养基地，由宁波市生产力促进中心具体负责基地运行，截至目前，已举办技术经纪人培训班共 8 期，培训技术经纪人 659 人，均为初级和中级技术经纪人培训。截至 2022 年年底，宁波市专兼职从事技术转移转化服务的人员约有 1 万名，但经过各类机构培训的技术经纪人数量仅1401 人，其中科技大市场等中介机构占比 48%，高校及科研院所占比 33%，企业占比 17%，其他机构占比 2%。与北京、上海、广州、杭州、武汉、西安等城市相比，整体数量偏少。以"双城记"的杭州为例，其技术经纪人已经接近宁波市的 2 倍，而且 2022 年出台的《杭州市构筑科技成果转移转化首选地实施方案（2022—2026 年）》还进一步将技术经纪人列入紧缺人才需求目录。

（二）专家型技术经纪人较为缺乏

专家型技术经纪人是推进技术转化的重要力量，"美国大学技术转移办公室的工作人员中一半以上都拥有博士学位"。在这一方面，宁波还有很长的路要走，根据调研数据，截至 2022 年年底，宁波市共有专家型技术经纪人共计 441 人，其中来自高校 267 人，来自科研院所 97 人，来自其他单位77 人，副高以上 332 人，主要分布在电子信息、软件产品、新材料、先进

制造与自动化、新能源与高效节能、生物、医药、通信产品技术、物联网设备、焊接等制造业领域。近年来，面向产业技术研究院、高校、科研院所，宁波科技大市场每年组织 1 期专家型技术经纪人培训班，先后有 400 多人参加培训，培训内容涉及需求挖掘、诊断、技术对接、商务谈判、知识产权归属、合同签订、科技成果转化政策、大数据检索分析等。疫情防控期间培训主要采用线上理论讲授为主的形式进行，培训效果并不理想。从整体上来说，专家型技术经纪人的培育及其作用的发挥均有待加强。

（三）高校技术经纪人的作用有待挖掘

高等院校是技术成果的聚集地，2015 年浙江省开始在高校遴选科技经纪人试点单位，全省先后共有 15 所学校入选，宁波大学、宁波财经学院、宁波职业技术学院等宁波市内高校名列其中。哈尔滨工业大学、北京科技大学等市外高校还在宁波设立了技术转移中心，选派专职人员开展技术经纪工作。近年来，宁波市高校成立了宁波大学科技成果转化中心、浙江大学宁波理工学院技术转移中心、宁波职业技术学院中小企业技术推广服务中心等技术转移转化机构。不过，从整体上来看，宁波市专门设置技术转移岗位的高校凤毛麟角，高校教师通常肩负繁重的教学、科研任务，兼职从事技术经纪工作投入的精力非常有限，必然容易产生技术成果转化效率低、转化成效不明显等问题。

（四）技术经纪人服务质量不高

调研发现，宁波市技术经纪活动尚不活跃，服务供给质量也不高。具体来说，主要存在以下问题：一是市场应对能力有限，很多技术经纪人来自高校院所，善于根据自己的学术专长和偏好开展研究，缺乏对市场方向的精准把握，难以从成果应用的视角实现创新链与产业链的有效对接，导致技术产业化或商业化工作成效有限。二是知识结构不合理，缺乏开展技术经纪业务所需要的经济、金融、法律、市场、产权等方面的知识和操作技能，而仅仅通过技术经纪人短期培训也不可能从根本上解决这一问题。三是技术经纪服务还未深入技术内核，有数据显示，科技成果经过中试，产业化成功率可高达 80%，对于一些有高价值潜力的技术，专业化的技术经纪人应积极介入中试环节乃至科技企业孵化器载体长期跟踪服务，而这样的技术型服务在宁波并不多见。四是技术经纪全领域服务体系有待完善，知识产权评议、数据挖掘、战略分析、价值评估、法律诉讼及海外代理等高附加值服务尤为缺乏。

三、宁波市科技经纪人队伍建设困境的原因分析

宁波市技术经纪人队伍建设及其作用的发挥不尽如人意，既有社会认识上存在偏差的原因，也因政策激励缺乏力度，还有人才培养专业化不足的问题。

（一）社会对技术经纪人的作用认识不足

一边是高校和科研院所的技术束之高阁，一边是行业企业想进行产品升级却缺乏技术支撑。这种"技术找市场、市场找技术"的困境，难以得到有效破解。如何打通技术成果转化过程中的技术经纪关键堵点，让一批优质的技术经纪机构和技术经纪人在成果转化过程中发挥积极作用，尚未引起足够重视。将职务发明创造视作研发人员的个人成果，是宁波高等院校和科研院所的一种普遍认知，这种认知使一项成果只能由研发人员主动去转化或实施，不认同也不允许技术经纪人从中居间、行纪、代理促成成果转移转化，从而获得报酬。根据"职友集"统计数据，从全国范围来看，技术经纪人需求量 2023 年较 2022 年同期对比增长 233%，2022 年较 2021 年增长了 24%，其中上海、北京、广州、成都、杭州、合肥、绍兴、武汉、西安等城市需求量较大。宁波的技术经纪人市场有待开发，即使与浙江省内各地市相比也仅居中等水平，这与宁波市制造业强市的定位不相匹配。从某种程度上来说，这一状况并非必然说明宁波市行业企业对技术经纪人需求不足，而是技术经纪人在宁波市技术市场发挥的作用还没有充分显现出来，尚未得到社会的真正认可。

（二）政策支撑与宣导力度有待加强

《宁波市"十四五"知识产权发展规划》明确提出了要"强化知识产权转化运用"，完善职务科技成果产权制度，对科研人员职务科技成果的所有权、长期使用权以及收益分享权等作了相关规定，激励科研人员自主创业及产业化，但对在知识产权转化运用中能够起到重要作用的技术经纪人却只字未提。宁波市面向技术经纪人的人才评价工作很少，高层次技术经纪人也未

纳入"甬江人才工程"等高层次人才和团队项目。虽然宁波市镇海区、鄞州区、高新区等地陆续出台了有关技术经纪人的激励政策，但全市系统性的激励政策仍未出台。技术经纪人职称制度虽然呼吁已久，但始终没有可实施的政策落地。据调研，除了宁波职业技术学院等极少数高等院校外，绝大多数高校并没有将技术经纪人纳入职称评聘文件。学术论文、科研奖项、科研项目仍是高校评职称越不过的门槛，呼声很高的"破五唯"仍停留在表面。由于职称的导向性作用，高校教师把很多精力放在学术性研究成果的积累上，即使关注技术研发工作，也基本上是热衷于各种类型的专利授权，甚至是花高额费用去申请国外专利，而对于专利等技术成果的转化却并不积极。

（三）技术经纪人培养专业化程度欠缺

从全国范围来看，当前只有南开大学、上海大学等为数不多的高校开设了相关专业或专业方向，开展高水平职业技术经纪人才培养，而南开大学2023年才在金融学院开设技术转移与科创金融专业硕士新方向。宁波市内所有高校均未开设技术经纪人才培养相关专业，依托浙江万里学院法学院成立的宁波知识产权学院开设了宁波市唯一的知识产权专业，但该专业所设置的主要课程及培养学生的就业方向均与技术经纪活动基本无关联。虽然通过参加各级培训，宁波市已经形成了一定规模的技术经纪人队伍，但高水平技术经纪人仍相当缺乏。据初步调查，宁波市技术经纪人兼职比例高，获得技术经纪人培训证书的人员相当比例并未从事过技术经纪工作。即便是技术经纪从业人员也面临大量的知识更新问题，但目前宁波并没有对技术经纪人继续教育制定标准，技术经纪人的登记和管理也较为宽松，缺乏对技术经纪人的分层分类管理，导致政府部门难以有效掌握技术经纪人的行业发展程度和质量，包括人才结构、流动趋势、诚信评价等均不能实质性地掌握。

四、加强宁波市科技经纪人队伍建设的对策建议

宁波市提出在"十四五"期间积极建设高水平创新型城市、制造业高质量发展先行城市，构建完善的技术经纪人体系已刻不容缓，同时也为技术经纪人队伍建设提供了重大机遇和广阔舞台，政府部门及所在单位要为技术经纪人成果转化工作积极创造条件。

（一）出台技术经纪人规范与激励政策

作为国家级知识产权示范城市，宁波市应进一步完善"技术市场管理办法"，建立健全科技成果的评价、交易、分享机制，打造线上线下相结合的技术交易市场，构建专业化的技术市场服务体系，打通从科技强到产业强的通道。同时，应出台"技术经纪人管理办法"，鼓励技术转移机构和技术经纪人队伍建设，提升技术经纪人的职业认同感和吸引力。具体来说：一是推行注册技术经纪人制度。政府科技管理部门发放机构编号，鼓励社会组织、研发机构、高等院校等设立技术经纪机构，扩展技术经纪人队伍，要求技术经纪人须依托经纪机构开展工作，引导技术经纪人朝着职业化方向发展。二是实施技术经纪奖补制度。设立技术经纪人专项基金，对于成立技术经纪机构、开展技术经纪培养培训、促成技术转化业务、举办技术经纪活动等给予专项经费补助，补助可通过对相关业务的质和量绩效考核进行发放。三是鼓励成立技术经纪人协会组织。宁波作为全国首批科技成果转移转化示范区，现在仅有鄞州区、镇海区成立了技术经纪人协会，应尽快成立全市性的技术经纪人协会，并给予其非营利组织免税资格，承担技术经纪人相关活动。四是推出技术经纪人数字化平台，这样既能够整合市域范围内外的科技创新资源要素，也可以探索技术经纪人培育及管理的数字化应用，温州市科技局搭建"科企通"数字化服务平台值得借鉴。五是强化技术经纪人才认定。分类评价技术经纪人，主要根据技术经纪人成果转移转化的业绩认定为不同层次的人才，并给予相应的政策激励。

（二）尽快推出技术经纪人职称评聘

2022年新版《中华人民共和国职业分类大典》将技术经理人作为新职业纳入第二类"专业技术人员"，所属编号2-06-07-16，并定义为在科技成果转移、转化和产业化过程中，从事成果挖掘、培育、孵化、熟化、评价、推广、交易并提供金融、法律、知识产权等相关服务的专业人员。2022年12月，人社部提出动态调整职称评审专业，探索将技术经纪作为新职业纳入职称评审范围，支持各地积极探索技术经纪人专业技术职务，目前上海、湖北、福建、广东、安徽、河北等已推出技术经纪人职称评聘制度。同为计划单列市的深圳于2023年4月开展首批全市工程系列技术经纪专业高级职称评审工作，48 人符合申报条件，37 人通过评审，并在 2024 年 1 月发布了《深圳市工程系列技术经纪专业职称评审申报指南》。宁波市生产力促进中心较早就提出了技术经纪人职称评定的政策建议，并积极和宁波市人力资源和社会保障局协商，但由于种种原因至今仍未真正落地。建议宁波市人社局委托宁波市生产力促进中心，统筹全市面向新型研发机构、科技服务机构、知识产权机构开展技术经纪人职称的评审工作，着重评价经纪人提供技术转移转化研究和运营服务能力。在职称系列方面，可以将技术经纪专业列入自然科学研究或工程技术职称系列，甚至可以直接单列技术经纪人系列职称，设置初级、中级、副高级和正高级。建议高等院校在教师系列职称的社会服务类型中设置技术经纪人职称，分为中级、副高、正高。

（三）加大技术经纪人专业化培养

技术经纪人是典型的复合型人才。近年来，依托国家技术转移人才培养基地（宁波），宁波市生产力促进中心及各区（县、市）科技大市场每年组织了大量的初中级技术经纪人培训，但技术经纪人培训的系统性和专业化仍有待进一步加强，尤其要强化对技术经纪从业人员持续性、跟踪性的培养，强化实操环节训练，关注国际化技术转移的新要求。在培训形式上，可借鉴湖北省的做法，由科技部门牵头成立在线学习的"技术转移学院"。由于可用于转让和许可的职务科技成果多集中在高校院校、科研院校，建议将这些单位所属人员列为最重要的培训对象。技术经纪人通常被视作技术市场的"技术红娘"，但随着技术转移市场的成熟和扩大，技术经纪人不仅仅局限于解决信息不对称问题，更需要朝着更加专业化、职业化、精细化的方向发展。建议借鉴清华大学、同济大学、北京理工大学、常州大学等高校依托工程管理、金融、工商管理等专业硕士设置技术转移专业方向的做法，在宁波市域内的高校系统性培养高端技术经纪人才，可在宁波大学法学院开展技术转移专业方向的硕士人才培养，在浙江万里学院知识产权学院开展技术转移专业方向的本科教育，并在人才培养过程中着力强化实践性教学，条件成熟时可依托一所高校成立宁波技术转移学院。2022 年 7 月，上海交通大学正式获批了全国首个技术转移专业硕士学位点，宁波市域内高校也应在条件成熟时积极推动技术转移专业硕士点落地。

（四）加强技术经纪人的宣传

　　加强对技术成果转移转化政策和技术经纪典型案例的宣传，引导全社会关心支持技术经纪人开展工作，营造尊重科学、崇尚创新、宽容失败的科技成果转移转化社会氛围。充分利用知识产权宣传周、科技工作者日等时间，开展技术经纪人宣传活动，营造浓厚技术成果转化氛围。浙江省知识产权宣传周活动中已将"开展技术转移学历教育""专利奖励资助政策""知识产权全流程管理机制"等作为重要内容，宁波市应围绕这些主题积极推进相关宣传工作。借鉴广东省、安徽省、温州市等省市的做法，挖掘宁波市技术经纪人队伍里的先进人物，评选"十佳技术经纪人"，彰显先进、树立典型、广泛宣传，激发技术经纪人的职业自豪感，提高社会对技术经纪人的认知度、美誉度。各单位也可以在内部组织评选科技成果转化带头人，加大对技术经纪成果的宣传和对技术经纪人的表彰。依托新修订的科普法，将技术经纪活动纳入科普范围，利用电视、报纸、网络等各种媒介，开展技术经纪活动公益广告。

杨林生

宁波提升企业人力资源管理者能力的对策研究

一、新时代人力资源管理者面临的新挑战

当前，中国进入了新的发展时代，大数据、云计算、区块链、人工智能等各式各样的新技术层出不穷，共享经济、数字经济、知识经济、社群经济等新经济模式不断发展，企业人力资源管理战略定位、组织形态、管理内容、用工方式、学习方式等方面均发生了较大变革，这些都给新时代企业人力资源管理者带来了新的挑战。

（一）自由工作者时代的到来

随着科技的不断进步与发展，很多"90后""00后"不想受到单位公司纪律规矩的约束，以创新的思维、创造的意识开始自由创业，于是自由职业者越来越多。新的组织形态将演变为"平台＋个人"模式，任何平台都可以共享整个行业的人才，这势必对传统的组织形态"组织＋雇员"模式造成一定的冲击和影响，逐渐改变人力资源雇佣模式。有媒体统计到2030年，包括Monster等招聘网站以及自由职业者交易平台在内的"在线人才平台"，有望贡献10%的全球GDP，并创造相当于1.8亿份全职工作的就业机会。

（二）人力资源组织形式向敏捷型组织转变

在传统的企业组织形式中，大部分采用的是层级组织，企业高层可以很好地掌控企业信息，控制权相对集中，随着企业敏捷性概念逐渐得到认可，建立敏捷型组织已成为当前很多企业的战略目标和方向。所谓"敏捷"的组织就是指针对市场环境的变化（如技术变革、需求变化等），能够迅速整合资源做出反应的企业组织。伴随着敏捷型组织的发展，人力资源组织必然需

要转型。

（三）"斜杠青年"现象对人力资源管理产生一定影响

"斜杠青年"最初由美国专栏作家麦瑞克·阿尔伯在《双重职业》一书中提出，指的是不满足"专一职业"的生活方式，选择拥有多重职业和身份的多元生活的人群。当前，"斜杠青年"已经成为一种发展趋势，也越来越受到年轻人的欢迎。据网络调研显示，17.5%的北上广职业青年已经加入"斜杠青年"的大军，74.93%的青年表示即将进入斜杠模式，且继续呈逐年上升之势。这就要求公司应及时改变传统的人力资源模式，充分挖掘"斜杠青年"的优势和潜力，积极创造出适合新青年的新型人力资源管理模式。

（四）人力资源的数智化转型

随着数字技术和人工智能的蓬勃发展，人力资源管理数智化转型势在必行。人力资源管理数字化指的是通过移动互联网、大数据、人工智能、云计算等新一代的数字化技术，创造统一的数字化工作场所，并通过数字化的企业人力资源管理，构建能够满足企业战略发展需求的人力资源供应链，实现企业人力资源管理的自动化与流程化，进而实现企业人力资源管理全领域的数字化运营。这就要求企业运用大数据、人工智能、互联网、云计算等数字化技术，对企业内部人力资源管理的模式进行变革，以此来逐步适应社会发展趋势。

二、新时期企业人力资源管理者主要角色及能力要求

企业管理说到底是人的管理。企业人力资源管理者在企业发展中扮演着至关重要的角色。

（一）主要角色

根据2019年修订的《企业人力资源管理师国家职业标准》，将企业人力资源管理者定义为从事企业人力资源规划、招聘与配置、培训与开发、绩效管理、薪酬管理、劳动关系管理等工作的管理人员。人力资源管理者是监督公司人力资源部门并负责管理员工关系和人力资源实践各个方面的专业人士，它们对于确保组织的员工队伍得到有效管理、支持并与其战略目标保持一致至关重要。通用原总裁杰克·韦尔奇说："人力资源部门负责人在任何

企业中都应该是第二号人物。"这充分说明人力资源管理者在企业中也应起到举足轻重的作用，卓越的人力资源管理者应该承担起什么样的角色呢？课题组根据调研分析，能满足企业需要的人力资源管理者应担当起下面的五种角色。

1. 战略引领者

战略思维，就是高瞻远瞩、统揽全局，善于把握事物发展总体趋势和方向。无论是国家、政党还是企业，战略问题都是具有关键性、根本性的问题。企业经营战略是决定企业经营活动成败的关键性因素，企业战略能得以落地的关键是人力资源战略的落地。所以，人力资源管理者必须站在战略的高度，努力增强统揽全局的能力，对企业战略有精确、深入的理解和把握，精准分析当前人力资源市场新特点新趋势，全面掌握企业现有的人力资源现状，科学分析企业未来发展战略还需要什么样的人才、需要构建什么样的组织架构。

2. 人才辨识者

对于企业人力资源管理者来说，引才和育才是企业人力资源管理者重要的职责之一，也是体现企业人力资源管理者能力和素质的重要指标。"用一贤人，则群贤毕至，见贤思齐就会蔚然成风。"人力资源管理者要坚持正确的选人用人导向，树立正确的人才观，"聚天下英才而用之"，积极实施和推动更加开放的企业人才发展政策，逐步消除影响企业人才发展的制度性障碍。在培养人才过程中，优化人才培养方式，充分认识到每个员工都是公司宝贵的资产，必须严格标准、健全制度、完善政策、规范程序。

3. 组织架构者

企业组织结构直接关系到企业的管理、运转、利润、发展以及最终的战略目标的实现，企业有什么样的战略就需要什么样的组织架构，且组织需要根据目标任务的调整而及时地进行组织结构的调整和完善，以适应组织战略目标实现的需要。一个优秀的企业人力资源管理者要清晰地认识到一个健康有序的组织对企业发展的重要作用，当好企业领导构建组织架构的参谋助手，提供专业的技术指导与支持，及时根据目标任务的变化向领导提出调整建议，时刻保持组织处于高效率运转水平。

4. 创新推动者

创新是引领发展第一动力。企业人力资源管理者必须适应社会的发展和企业的变革需要，成为推动企业创新发展的策划者，成为推动企业人力资源管理改革的推动者。在企业人力资源管理方式上，要注重以人为本，针对新时代人才的特点和需求进行变革。在企业人才引进与培育上，完善全谱系人才支撑体系，充分释放爱才的诚意、识才的慧眼、聚才的良方、用才的胆识、容才的雅量。

5. 团结合作者

团结出生产力、出战斗力，只有团结才能出效益。促进企业效益提升，特别需要企业人力资源管理者积极主动与企业其他业务部门进行有机结合，树立共同的发展目标，围绕这一目标统一思想、统一行动、统一目标，彼此之间互相支持、互相帮助，形成企业发展壮大的联合体、共同体，将人力资源管理直接转化成促进企业健康发展的生产力。

（二）能力要求

1973 年麦可利兰提出了能力素质模型概念，麦可利兰将能力素质具体划分为五个维度：知识、技能、自我概念、特质、动机。本研究根据麦可利兰提出了能力素质模型，着重分析了企业人力资源管理者所扮演的主要角色以及应具有的能力要求。

1. 政治能力

习近平总书记曾指出："在干部干好工作所需的各种能力中，政治能力是第一位的。"对于企业人力资源管理者而言，要把握政治定力，在大是大非面前态度鲜明、立场坚定，不断提高政治判断力、政治领悟力、政治执行力。把握政治方向，坚定不移走中国特色社会主义道路，牢固树立道路自信、理论自信、制度自信、文化自信，爱党爱国爱社会主义，永远听党话跟党走。坚定政治立场，坚持解放思想、实事求是，认真学习习近平新时代中国特色社会主义思想，善于用新思想武装头脑、指导实践、推动工作。

2. 学习能力

人力资源管理是一个发展迅速的领域，是一项长期性、多层次、立体式的系统工作。人力资源管理者必须具有良好的知识素养，树立终身学习的理念，活到老、学到老，学习要像空气一样无处不在、无时不有，培养自身终身学习的能力和水平。系统学习人力资源管理的各项业务，如职位分析、岗位评价、企业人力资源规划、员工招聘体系、绩效管理体系设计以及职业生涯规划等。

3. 创新能力

对于企业而言，创新就是生命力；对于个人而言，唯创新者胜、唯创新者进、唯创新者强。人力资源管理者是企业创新发展的重要骨干力量，必须树立创新意识，培养创新思维，提升创新能力，在人力资源管理的体制机制、规章制度、运行模式、流程方法、工具运用等方面，不断创新，持续改进，从而为企业发展提供源源不断的人才支撑。

4. 沟通能力

从本质上来讲，人力资源管理者就是做人的工作，人与人之间沟通最重要。管理中的 70% 错误是由于不善于沟通造成的。所以，人力资源管理者要具备较强的沟通能力，对上要认真负责，善于与企业领导沟通，能及时了解掌握企业对各类人才的需求，能把企业人力资源管理方面的真实情况以最直接有效的方式转述给上级，帮助企业做出最正确及时的人才计划。同时，又要善于与下级进行沟通，对下要具备一定的"共情"能力，掌握沟通艺术，在与下级进行沟通时，要做到"因材施教"，及时了解和掌握员工的发展诉求以及工作生活情况，切实关心员工。

5. 数智化能力

当前，大数据、人工智能、5G、物联网、互联网等新技术蓬勃发展，数字经济已成为全球经济新引擎，人类社会已经进入数字经济时代。数字经济时代的到来，改变了人力资源管理的传统运作模式。现代科技革命促使多技术领域的交叉渗透，对人力资源开发和管理的影响显得尤为突出。这给人力资源管理者既带来了全新的发展机遇，也带来了现实挑战。

6. 领导能力

企业人力资源管理者要具备良好的个人形象和领导特质，一方面要通过良好的个人特质来提升自身的领导力，要坚持诚信为本，与人为善，正派公道，多进行换位思考，多关心下属员工，要有大的格局和气度，不与下属员工斤斤计较。另一方面要通过个人的业务能力来提升自身的领导力，要多学人力资源管理方面的业务知识，真正成为人力资源管理工作的专家，能够高瞻远瞩，运筹统御，具有大视野大格局，能够很好地提炼和阐释企业使命、目标、愿景以及企业的核心价值观，积极参与企业战略决策，制定企业中长期人力资源发展规划，统筹人力资源配置和运行。

7. 执行能力

习近平总书记指出："空谈误国，实干兴邦。"再美的战略、再好的决策、再实的计划、再好的目标，如果没有抓好落实，最后都会成为井中月、镜中花。作为企业人力资源管理者，承担的都是事关企业发展壮大的重要工作任务，如果对于企业的战略、规划、目标、政策执行不到位，就会对企业的发展产生不利影响。所以，作为企业的重要管理者要不断地提升自己抓工作落实的能力，强化执行的意识，善于从简单的事情做起，制订详细的工作计划，建立抓落实的工作制度。

三、宁波企业人力资源管理者开发现状分析

为更好地了解实际情况，本研究以宁波市 100 家民营企业的人力资源管理者为研究对象，通过问卷调查和实地访谈相结合的方式，重点访谈了企业董事长、总经理、人力资源管理者、业务部门经理以及从事企业人力资源管理的相关工作人员。其中 100 位企业人力资源管理者参与了调研问卷的答题工作，具体人员组成情况如下：从性别来看，女性占 62%，男性占 38%；从年龄来看，30 岁以下的占 7%，31～35 岁的占 30%，36～40 岁的占 27%，41～45 岁的占 21%，46～50 岁的占 10%，50 岁以上的占 5%；从学历来看，大专占 19%，本科生占 66%，研究生占 15%；从专业背景来看，有人力资源管理相关专业背景的占 38%，非人力资源管理相关专业背景的占 62%；从事人力资源管理工作的年限来看，1～5 年的占 56%，5～10 年的占 32%，10 年以上的占 12%。

（一）主要做法

1. 成立宁波市人力资源经理协会

2008 年宁波市人力资源经理协会正式成立，该协会是由全市企事业单

位人力资源经理自愿联合发起，并经有关部门依法核准成立的。该协会旨在有效地推动全市企事业单位人力资源的合作和交流，实现优势互补、资源共享。该协会通过举办知名企业 HR 领导力工作坊培训、知名标杆企业参访活动、企业人力资源管理问题"问诊"服务等多项活动，提升本市人力资源管理者素质能力，更好地挖掘人力资源管理者价值。同时，宁波各个县（市、区）分别成立 HR 经理学院，比如宁海县成立宁海县 HR 经理学院，象山成立宁波市人力资源经理协会象山分会，镇海成立宁波市人力资源经理协会镇海分会。

2. 积极开展各类人力资源管理者培训、比赛

首推"共享式"人力资源管理服务，实现全市"HR 经理学院"首建、"HR 精英训练营"首办、"人力资本服务"首发，加快宁波人才"伯乐"队伍建设，匠心筑就人才创新发展"安乐居"。2020 年，宁波市人力资源和社会保障局、宁海县人民政府组织开展了首届企业人力资源管理师创新大赛。积极组织参加"中国长三角十佳 HR 经理人评选活动"，在 2023 年"第九届中国长三角十佳 HR 经理人评选活动"中，宁波参赛的乐歌人体工学科技股份有限公司人力资源高级经理李绍秋、浙江神箭控股（集团）有限公司总经理助理王德琦、宁波激智科技股份有限公司招聘经理赵仁艾等三名选手表现优异，均有收获。

3. 构建专业化特色化宁波人力资源服务产业园体系

2019 年 8 月，中国宁波人力资源服务产业园正式获批建设，是浙江省第二家国家级人力资源服务产业园。产业园以"立足宁波，服务全省，辐射长三角"为发展定位，结合宁波市产业发展实际，积极构建布局合理、特色鲜明的产业园发展体系，吸引了一批中高端业态优质项目，着力打造具有全国影响力、与国际接轨的高端人力资源服务品牌、项目的开发和供应基地。

4. 高度重视人力资源服务业创新发展

将人力资源服务业纳入全市"3433"服务业倍增发展行动，创新提出扩大人力资源服务业态、探索建立行业产业发展基金等举措，并就支持国内外知名机构入驻宁波发展、打造产业集聚园区等提出了"宁波解法"。除此之外，先后制定出台了《关于加快发展人力资源服务业的实施意见》(甬政办

发〔2016〕13 号）、《宁波市关于加快推进新时代人力资源服务业高质量发展的若干举措》（甬人社办发〔2023〕19 号）等政策，实施《宁波市级人力资源产业园区认定及管理暂行办法》，对入园企业和相关人才按照认定标准提供建设补贴、引才引智奖励、引进高管奖励和税收减免等扶持政策。

（二）存在的主要问题

1. 政策的获得感不强，对提升企业人力资源管理者能力的相关政策、认证、荣誉不多

宁波对新时代人力资源服务业高度重视，制定了一系列政策推动新时代人力资源服务业高质量发展。但具体到企业人力资源管理者，缺少针对性政策和工作举措。根据调研数据分析，54% 的企业人力资源管理者认为，政府对企业人力资源管理者的重视程度还不够，在政策引领、素质提升、行业激励等方面还存在明显不足。

2. 企业认知存在偏差，特别是中小企业管理者对人力资源管理不够重视

很多中小企业的管理者对人力资源管理价值认知上存在缺失，人力资源管理者往往被定位为事务属性职位，企业内部的一些业务经理也持这样的观点。一是对人力资源管理本身认知上的缺失，有的企业管理者无法正确找到人力资源管理的价值切入点，不知道人力资源管理的价值创造点，对市场、效益和技术的重视程度远远超过对人力资源的重视。二是对人力资源管理部门地位认知上的缺失。有的企业对人力资源管理部门定位太低，片面认为，人力资源管理的门槛低，什么人都可以做，于是随意将没有人力资源业务背景和工作经验的人放在人力资源管理的岗位上，从而导致人力资源管理价值创造力低。不少企业把公司行政部门和人事部门合并一起为人事行政部。调研显示，行政性事务工作占据了人事行政部经理 80% 以上的工作时间，也就根本没有时间去学习人力资源相关的业务知识。

3. 政府和企业对人力资源管理者的培训力度和深度不足

通过调研，72% 的企业人力资源管理者认为，无论是政府层面还是企业层面，都不够重视人力资源管理者的培训。12% 的企业很少对人力资源管理者进行培训，业务能力的提升全靠个人自学，培训的力度不够。32% 的企业的培训流于形式，培训内容也都是老生常谈的东西，培训的深度不够。

4. 企业人力资源管理者缺少专业背景，个人的业务能力有待增强。通过调研，35% 的企业人力资源管理者不具备人力资源相关专业背景，大学期间学的是理工科；18% 的人力资管理者是从其他行业转过来的，没有从事过人力资源管理的经验。受自身能力与掌握的知识所限，只能开展一些传统的人事业务，而无法开展对企业未来发展至关重要的人力资源规划与发展等方面功能的工作。

5. 企业人力资源管理者存在明显的职业倦怠，工作积极性创新性不强

通过调研，63% 的受访者存在轻度的职业倦怠，42% 的受访者存在中度的职业倦怠，29% 的受访者存在高度的职业倦怠。36% 的企业人力资源管理者有想转岗的想法，转岗的一个重要因素就是产生了强烈的职业倦怠，想重新换一个工作岗位和环境。

四、宁波提升企业人力资源管理者能力的对策建议

宁波民营经济发达，需要政府、企业以及人力资源管理者个人共同努力，提升企业人力资源经理的能力素质，只有这样才能更好地调动企业内部潜力，优化人力资源管理，为企业稳健发展提供强有力的人才保障。

（一）政府维度

政府要充分认识到民营经济在整个国家及社会发展中的重要地位和作用，把民营经济的发展放在大局中考虑。政府要科学分析民营经济在当前发展过程中存在的困难和问题，切实帮助企业解决实际困难。政府要充分认识到人力资源管理者在企业发展中的重要意义，加强对人力资源管理者的培训。

1. 制定相关政策

各级政府要树立"大人才观"，充分认识到企业人力资源管理者对企业健康发展的重要性，要把企业人力资源管理者作为"高水平创新型人才和企业家队伍"加以培养。政府要制定有利于企业人力资源管理者干事创业的政策措施，鼓励企业人力资源管理者始终以"一辈子干成一件事"的执着和毅力从事企业人力资源工作，帮助企业人力资源管理者解决工作中的难点和难题。政府在制定政策过程中，要系统掌握全球人力资源管理新趋势，全面了

解企业和人力资源管理者所需所想，制定合理的执行时间表并定期进行政策评估及修订，使之更好地适应市场变化和企业发展。

2. 优化职称评价

宁波应建立符合人力资源管理专业职业特点的职称制度，充分发挥职称评价"指挥棒"作用，促进人力资源管理人才队伍建设，不断激发他们的创新创造活力。2023 年 10 月，人力资源和社会保障部印发《人力资源管理专业人员职称评价办法（试行）》，对此，由市人力资源和社会保障局牵头，细化制定《宁波市人力资源管理专业人员职称评价实施方案》，创新评价机制，完善评价标准，突出专业能力。可单独设立宁波市人力资源管理专业职称评审委员会，负责全市人力资源管理专业职称评审工作，注重社会和业内认可，发挥政府、院校、专业社会组织、企业等多元评价主体作用，提高职称评价的针对性和科学性。

3. 纳入政府培训

政府部门要把企业人力资源管理者纳入培训对象，成为"前沿讲堂"培训学员，注重培训的顶层设计，从企业实际出发，围绕提高企业人力资源管理者能力素质制定年度培训计划，全面构建"理论＋实践""通识＋专业""共性＋个性"的培训赋能体系，加快企业人力资源管理者思维理念更新、知识体系革新、能力状态焕新，以更好地适应人力资源管理面临的新形势、开创企业人力资源管理工作新局面。

（二）企业维度

企业要高度重视人力资源管理工作，重视人力资源管理者素质和能力的建设。坚持以人为本的基本伦理观念，实现人力资源管理者物质奖励与精神激励的有机结合，逐步完善对人力资源管理者的培训体制，实现培训的制度化常态化，加强人力资源管理者的绩效考核，建立科学的人力资源管理长效机制等。

1. 优化管理体系

企业管理者要充分认识到人力资源管理工作对企业发展的重要性，明确人力资源管理在企业中的战略地位，梳理好人力资源管理与企业战略、企业文化、企业效益以及企业整体管理之的关系。高度重视企业人力资源管理者的选拔和培养，建立和完善企业人力资源管理体系，建立明确的人力资源战略目标、科学的招聘和选拔系统、完善的员工培训和发展机制、科学有效的绩效管理体系。

2. 制定职业规划

企业应为人力资源管理者制订清晰的职业发展规划，帮助人力资源管理者明确自己的职业目标和发展方向，增加其在岗位上的竞争力，激发其进取心和对企业的忠诚度，从而更好地服务于企业战略目标，促进企业长远发展。

3. 建立培训制度

企业要高度重视人力资源管理者的培训，列入年度培训计划。优化培训内容，协同提升政治能力、业务能力、管理能力与创新能力。政治能力注重培养理论思维，提升理论水平，系统学习掌握习近平新时代中国特色社会主义思想，深学细悟、笃行笃信，不断提高企业人力资源管理者的政治判断力、政治领悟力、政治执行力。业务能力注重提高人力资源管理者在人才招募选拔技巧、薪资体系架构、绩效评估设计和激励管理机制等方面的实操能力。管理能力培训则着眼于提升人力资源管理者在项目管理、团队建设、沟通协调、领导力塑造、跨部门合作等方面的能力素质。创新能力培训着重培育人力资源管理者利用创新思维解决实际问题和挖掘人力资源潜能的能力。

4. 完善激励机制

企业应针对人力资源管理者的特点和需求进行定制化调整，引导支持企业人力资源管理者参与制度的设计与完善，创造开放、包容的企业文化环境。与其他部门沟通协作，更好地搭建信息共享与资源互补的平台，围绕企业发展战略，企业应引导人力资源管理者挖掘潜在机会，以人力资源的专业优势推动公司战略目标实现，更好地体现其对企业发展的价值。

（三）个人维度

企业人力资源管理者能力和素质的提升，人力资源管理者自身的努力是根本。

1. 要有本领恐慌的意识

毛泽东同志曾提出："我们队伍里边有一种恐慌，不是经济恐慌，也不是政治恐慌，而是本领恐慌。"人力资源管理也面临新的发展趋势，也会遇到新的难题和挑战。同时，部分人力资源管理者仍然存在一些诸如知识结构不合理、专业化水平不高、本领不适应等问题，这就要求人力资源管理者不仅需要宽肩膀，也需要铁肩膀；不仅需要素质过硬，也需要本领高强。要始终保持"本领恐慌"的危机感，始终保持"能力不足"的忧患感。

2. 要有学习进步的激情

学习是一个人成长和进步阶梯。作为企业人力资源管理者，一方面要注重培养学习的习惯，把学习作为一种追求、一种爱好、一种健康的生活方式，做到好学乐学。有了学习的浓厚兴趣，就可以变"要我学"为"我要学"，变"学一阵"为"学一生"，真正使读书学习成为工作、生活的重要组成部分。另一方面，要坚持干什么学什么、缺什么补什么，注重专业能力、专业精神的培养。人力资源管理从本质上讲就是一个跨学科的专业，人力资源管理者只有结合经济学、法学、心理学、管理学、营销学、社会学等专业知识，才能做好对人的管理。

3. 要有培养优良人格的自觉

新时代的人力资源管理的总趋势是以人为本，本着了解人、尊重人、开发人、激励人的理念，把人看成是一种重要的资源来管理，当作一种资本来开发利用。人力资源管理的这种变化对人力资源管理者的人格品质提出了更高的要求。人格是一种力量，人力资源管理者必须培养自己优良的人格，用人格的力量去引导人、鼓舞人、激励人，以此来提升个人的能力和素质。

4. 要有实践锻炼的行动

"纸上得来终觉浅，绝知此事要躬行。"企业人力资源管理者既要有想干事、真干事的担当和自觉，又要有会干事、干成事的本领能力。企业人力资源管理者要通过实践以更好地了解和应对组织中的人力资源挑战，提升组织决策能力与水平。如通过招聘、员工绩效评估、薪酬和福利政策制定等人力资源管理具体项目的实践，及时了解反馈信息，分析执行效果和存在的问题，积累信息和数据流，为未来决策提供更为准确的信息；通过深入企业、车间、工地等业务实践，培养新技能并提高沟通、共情、危机处理等能力。

胡秋昱

宁波打造国际化人才服务中心的对策研究

人才是创新的根基，是创新的核心要素。一个城市的竞争，关键是人才的竞争；一个城市的发展优势，核心是人才优势。习近平总书记曾多次强调：要以更加开放的视野引进和集聚人才，用国际通行的有效办法、更有吸引力和竞争力的政策措施、更便捷的服务吸引国际化人才。打造国际化人才服务中心是宁波加快建设世界重要人才中心和创新高地战略支点城市，奋力打造高水平人才首选地、创新策源地、产业集聚地行之有效的方法。宁波打造国际化人才服务中心，就是以人才环境国际化、人才构成国际化、人才素质国际化、人才活动空间国际化、人才效益国际化为特征，以人才国际化、人才信息化、人才市场化为内容，以国际化人才工作全要素、全链条、全周期、全流程的服务体系为核心，以打造国际化人才"引留用育"新高地为目标的一站式服务中心。

一、宁波打造国际化人才服务中心的意义

（一）打造国际化人才服务中心是宁波加快转型升级、建设现代化滨海大都市的迫切要求

习近平总书记在浙江工作期间就明确指出，"宁波要以更高的标准、更大的气魄、更宽的视野、更高的品位，建设现代化大都市"。2022年2月，中国共产党宁波市第十四次代表大会指出，宁波将坚决扛起锻造硬核力量、唱好"双城记"、建好示范区、当好模范生、共同富裕示范先行的历史使命，奋力开创现代化滨海大都市建设新局面。加快建设现代化滨海大都市，

是贯彻习近平总书记重要指示精神的政治担当。当前，宁波正处于经济社会转型、经济转轨的关键时期，最紧迫的就是促进产业转型升级，最急需的就是高层次人才。基于此，宁波全面落实中央、省委人才工作会议和省、市党代会精神，加快建设世界重要人才中心和创新高地战略支点城市，奋力打造高水平人才首选地、创新策源地、产业集聚地，助力浙江建设世界重要人才中心和创新高地战略支点，主动融入国家人才高地和平台战略布局，广聚国际化人才加快建设现代化滨海大都市，为城市国际化发展提供智力支撑。

（二）打造国际化人才服务中心是宁波提升在激烈的全球国际化人才竞争中的影响力和话语权的有效途径

国际话语权是国家综合国力的重要组成部分，与人才、文化等一道构成国家软实力。党的十八大以来，习近平总书记多次强调要加强国际传播能力建设，形成同我国综合国力和国际地位相匹配的国际话语权，为我国改革发展稳定营造有利外部舆论环境，为推动构建人类命运共同体作出积极贡献。高质量建设国际化人才服务中心，搭平台、建机构、聚人才、育生态，全面推进具备全球视野和国际水准、熟悉国际规则、有跨越文化的语言运用和思维思辨能力的国际化人才的"引育留用"，充分发挥其在服务国家对外开放战略和"一带一路"倡议中的重要职责，担负起"走出去""讲好中国故事"的历史使命。

（三）打造国际化人才服务中心是宁波提升城市国际化品质、提升城市国际知名度的现实需要

改革开放以来，宁波市始终坚持以城市化带动国际化、以国际化提升城市化，综合实力显著增强，国际开放合作交流日益加强，城市国际影响力持续扩大。但对照建设高水平国际港口名城目标，在创新驱动能力和经济发展质效、城市功能品质和生态环境质量、对外开放程度和城市特色塑造等方面还存在不少差距。纵观世界城市国际化进程可以发现，人才国际化是城市国际化的关键。高质量建设国际化人才服务中心，不仅为推动宁波市高质量发展提供支持，也在全球化背景下传递和释放更加开放、更加包容的国际交流与合作意愿。以国际化人才服务中心建设为契机，补短板、促发展、求突

破，在吸纳和借鉴兄弟城市先进做法的基础上，将"国际元素"和"宁波特色"进一步结合，进一步创新城市治理新模式，建设国际化、绿色化、智能化、人文化的现代城市，具有重要的引领和示范作用。

二、宁波国际化人才服务的现状与问题

人才是一个城市创新发展的第一资源。近年来，宁波加快建设世界重要人才中心和创新高地战略支点城市，搭平台、建机构、聚人才、育生态，全面推进国际化人才"引得进、用得好、流得动、留得住"。

（一）宁波国际化人才服务现状

宁波市委、市政府高度重视国际化人才建设工作，大力实施人才强市战略，以一流环境招引一流人才，以一流人才建设一流城市，着眼引进、孵化两个环节，出台了一揽子"惠才""利才"政策，大力集聚高层次人才。

1. 以优质的人才生态环境吸引国际化人才

据一站式创投服务平台"微链"、浙江大学全球浙商研究院和猎聘网共同发布《2022中国城市人才生态指数报告》围绕城市经济生态、科创生态、生活生态、社会文化生态、城市自然生态这5个主要维度，评估全国32座大中城市的人才生态现状。其中，宁波的人才生态指数以77.22的得分排名全国第6，跻身全国人才生态发展水平"第一梯队"，仅次于深圳、上海、北京、杭州、广州。

随着城市人才生态的持续优化，宁波市对各类高层次人才的吸引力持续增强。2021年宁波人才日新闻发布会发布数据显示，2020年度，宁波新纳入顶尖人才支持4人（累计支持8人）；新一批国家级和省级领军人才建议入选数均创历年最高，其中国家级人才培养工程数居全省第1；入选年度国家"杰青"、省特级专家、省两创团队数，均居全省首位；市级人才计划吸引包括143名国家级领军人才在内的1923个高端人才项目申报，增长27.9%；新建国家级博士后工作站14家、省级博士后工作站35家，数量均居全省首位；新引进海外留学生同比增长24.7%。截至2022年，来自韩国、新加坡、日本、印度尼西亚、南非、埃及、英国、德国、俄罗斯、美国、巴西等国家的5100名外国人在宁波生活、工作和经商；同时，宁波还拥有海

外归国人才 40000 余人。

2. 以独特的人才体制机制集聚国际化人才

2020 年 9 月，宁波市重磅推出甬江人才工程，带动了高层次人才加速集聚。2022 年遴选支持领军型人才和团队项目 402 个，同比增长 30.1%，其中 53.3% 的项目由 40 周岁及以下青年人才领衔，68.5% 的科技创新项目集中在三大科创高地。截至 2023 年年初，甬江人才工程已累计遴选支持项目 2100 个，入选人才共创办企业 585 家，其中估值超亿元的企业 142 家，近三年企业总销售、利税保持年均 30% 以上增长，7 家企业在 A 股上市，其中甬矽电子成立 3 年实现盈利，5 年成功上市，刷新了企业上市的宁波速度。

坚持以人才支撑高水平大学、重大平台等建设，充分为创新平台赋能增效、授权松绑，以"谁使用谁评价"为原则，2022 年起宁波市率先面向甬江科创区内重点平台开展人才体制机制改革，推动宁波大学、甬江实验室获批省级引才计划自主评审首批试点，宁波大学同时获批专业技术岗位结构比例动态调控试点。同时，针对人才实绩认定"头衔"和现有人才政策不匹配的情况，宁波市出台加快甬江实验室人才集聚 11 条、支持宁波大学"双一流"建设 9 条、支持宁波东方理工大学（暂名）人才集聚 8 条等，让"两个直接、三个自主"的制度设计真正落地落实，让用人单位有更大的评价自主权，助力形成人才与平台相融共进发展格局。截至 2023 年下半年，甬江实验室集聚 16 个高水平研究团队、25 名学术带头人和近 400 名科研人员；宁波东方理工大学（暂名）累计引进 7 名海内外院士、52 名核心教研人才；宁波大学力学高端人才达 25 名，其中海外院士 2 名、国家级人才 10 名；中国科学院宁波材料所 2 项新材料制备技术，在顶级期刊《科学》上发表。

（二）宁波国际化人才服务存在问题

尽管宁波市在国际化人才建设方面取得了一定的成绩，但与北京、上海、深圳、杭州等兄弟城市相比，仍然存在不小的差距。

1. 国际化人才引进渠道有待完善

近年来，宁波市委、市政府以及相关企事业单位开展了一系列如宁波市高层次人才智力引进洽谈会和海外留学人才宁波创业行活动、中国（宁波）—中东欧高层次人才智力合作交流会、"中国·宁波全球新材料行业大赛"等引才工作，但总体数量偏少、层次不高，企业、科研院所、高校、人才中介机构等参与度不够，未充分发挥官方渠道与民间渠道、虚拟市场与实体市场的作用，引才效果总体不佳。此外，在海外人才引进过程中，较少主动到国外知名高校、科研机构等进行实地宣讲、开展专场招聘会等，引进渠道较为单一，引智效果不理想。

2. 城市对国际化人才吸引力有待提升

一个城市对国际化人才的吸引力，体现在城市的位置、经济水平、气候和环境等诸多方面。国外人才研究中心发布的 2022 年度"魅力中国——外籍人才眼中最具吸引力的中国城市"成果显示，42 个样本城市中，北京、上海、广州、杭州、深圳、苏州、青岛、南京、成都、重庆、厦门、常州、长沙、济南、西安、宁波、昆明、长春、武汉、佛山位列年度中国城市外籍人才吸引力指数前二十，宁波位列 16 位。从宁波城市对于外籍人才的工作满意度、生活便利度、环境友好度三个维度量化分析结果显示，其在吸引、聚集外籍人才工作上的进展与成效不明显。

3. 国际化人才创新创业环境有待提升

依据《2022 中国城市人才生态指数报告》，32 个样本城市科创生态指数平均得分 63.95 分，指数最大值和最小值之间相差 39.26，是五个单项中城际差距最大的领域。在子维度排名上，宁波除了科创平台和科创投入两项外，在科创人才、科创活力和科创绩效等均排在样本城市 10 名之外。而作为"双城记"的重要一核，杭州的科创生态环境令人瞩目：五个子维度的排名和科创生态整体排名都接近。其中，科创投入、科创人才、科创活力和科创绩效领域相对更具优势。2021 年，杭州市财政科技支出占一般财政预算支出比重7.51%，每万人有效发明专利量 79.6 件（宁波每万人发明专利量为 32.5 件），人才平均薪酬 19.48 万元，三项指标都居第 4 位。因此，借鉴兄弟城市经验，填空白、补短板，努力优化国际化人才创新创业环境将是宁波国际化人才服务工作的重要任务之一（见表 1）。

表 1　　　　　　　　人才科创生态指数排名前 15 位城市及子维度比较

排名	城市	科创生态指数	子维度排名				
			科创投入	科创人才	科创平台	科创活力	科创绩效
1	北京	92.15	2	2	1	2	2
2	深圳	90.54	1	3	10	1	1
3	上海	85.15	9	1	2	3	3
4	杭州	74.73	5	5	7	5	6
5	广州	74.56	6	4	12	4	5
6	成都	69.89	4	7	5	8	9
7	南京	69.64	11	6	22	6	4
8	武汉	69.53	3	8	15	7	7
9	合肥	6247	7	15	3	13	13
10	宁波	66.62	10	12	8	11	11
11	天津	65.87	13	11	6	10	10
12	西安	65.55	8	13	11	15	8
13	青岛	63.80	19	10	9	9	12
14	厦门	62.38	12	10	20	18	16
15	长沙	67.98	17	16	13	17	14

4.国际化人才生活保障措施有待完善

目前宁波市针对国际化人才生活保障方面的政策缺失和空白还较多，比如城市语言环境的国际化程度不高，普通市民和窗口行业人员英语普及率较低，一些公共场所和政务服务没有双语环境；双语学校、国际学校水平普遍不高，具备国际化团队管理能力的人才比较缺乏；缺乏具备国际先进管理和技术水平的高国际医疗中心；国际社区、国际餐饮品牌、国际化商业娱乐设施等还不够丰富，缺乏国际化的文化娱乐氛围；城市文旅形象提炼不足，没有形成特色鲜明的文旅品牌，缺少极具吸引力的文旅项目等。

三、国内国际化人才服务经验与借鉴

（一）建立海外引智工作专门机构

东莞市树立全球化思维，在美国硅谷、英国伦敦、法国巴黎、德国杜塞尔多夫等设立了 4 个海外人才工作站，面向海外宣传东莞市人才政策及创业环境，开展高品质的国际人才引进、国际技术转移等服务。2023 年，青岛市海外引才联盟成立。联盟构建"政府＋用人主体＋人才中介机构"的引才新工作模式，通过发挥联盟成员带动作用，统筹整合各方面海外联络渠道，为海外人才和用人单位精准搭建对接交流的平台，促进人才供需精准匹配。深圳市从 2010 年起，先后在美国、日本、欧洲等地设立了驻海外高层次人才联络处，并利用清华大学驻美国硅谷研发基地设立了深圳市海外创新创业人才引进中心，目前还积极探索建设海外人才离岸创新创业基地，在市政府驻境外、市外机构加挂人才工作站的牌子，赋予其招才引智工作职能。

（二）创新国际化人才激励机制

"孔雀计划"是深圳 2010 年 10 月推出的高技术人才引进项目，重点围绕深圳经济特区发展战略目标，以推动高新技术、金融、物流、文化等支柱产业，培育新能源、互联网、生物、新材料等战略性新兴产业为重点，聚集一大批海外高层次创新创业人才和团队。纳入"孔雀计划"的海外高层次人才，可享受 80 万～150 万元的奖励补贴，并享受居留和出入境、落户、子女入学、配偶就业、医疗保险等方面的待遇政策。对于引进的世界一流团队给予最高 8000 万元的专项资助，并在创业启动、项目研发、政策配套、成果转化等方面支持海外高层次人才创新创业。广州实施"菁英计划"留学项目，支持选派优秀青年人才到国际知名高校学习与广州重点领域密切关联的专业，师从一流导师攻读博士学位或进行博士联合培养，为广州构筑高水平人才高地、充分发挥广州在粤港澳大湾区的核心引擎作用提供人才储备。

（三）打造多样化人才引进和交流平台

从 1998 年到 2023 年，从 303 人到逾 50000 人，从聚焦广州到服务全国、面向全球，从中国留学人员广州科技交流会（留交会）升级为中国海外人才交流大会暨中国留学人员广州科技交流会（海交会），成就中国规模最大、层次最高、影响力最强的海外人才创新创业交流平台。武汉市把"华侨华人创业发展洽谈会（华创会）"打造成引智引资的知名品牌和华人华侨回国创业的有效平台，成果显著。截至 2023 年，"华创会"已成功举办二十三届，累计邀请 101 个国家和地区的海外华侨华人专业人士、侨商等海内外代表 2 万余人次现场参会，线上参会超 1 亿人次，签约引进项目 2800 多个，成为侨界引才引智引资的知名品牌和服务华侨华人创新创业、促进海内外合作共赢的重要平台。北京市引入国家能源实验室、大疆北京研发创新中心等新型国际科创资源，促进"产—学—研"融合，强化创新驱动力；搭建国际人才创新创业服务平台，通过举办海外学人创业大赛、"国际创业聚"等活动，推动"人才＋项目"落地，吸引国际化创新型人才集聚。如海淀区依托中关村科学城举办 7 届"东升杯"创业大赛，吸引海外优秀创业项目 1765 个，累计吸引创新创业人才超过 10 万人。

（四）为海外人才创新创业提供全方位服务保障

北京市优化国际人才服务保障体系，搭建外籍人才"一站式"服务平台，为外籍人才提供工作生活、宜居宜业等六类全流程定制化服务，覆盖证件办理、社保办理、商务注册代理等 84 项具体内容；推进国际人才公寓、国际学校、国际医院等重大项目建设，通过完善住房、教育、医疗等公共服务设施，健全国际化生活配套，其中怀柔科学城为人才储备住房 5000 余套，顺义区正加快建设北京空港国际医院、友谊医院国际部等。青岛市为了更加方便外国专家在青岛工作、生活，实施了精细化全程服务，建立集外专、公安、外事等部门业务于一体的外籍人才综合管理信息化服务平台，优化外国专家来华工作办理流程，提出了预约服务、"一站式"服务、高端专家上门服务、重点引智单位定期走访服务等"服务提升四举措"。

四、打造宁波国际化人才服务中心对策建议

2018 年 7 月 3 日，习近平总书记在全国组织工作会议上指出：要实行更加积极、更加开放、更加有效的人才引进政策，集四海之气，借八方之力，聚天下英才而用之。习近平总书记的这一重要论述，为新时代人才工作和建设人才强国指明了前进方向，也为宁波高质量建设国际化人才服务中心提供了根本遵循。

（一）打造宁波国际化人才服务中心战略原则

1. 坚持"抓人才生态促城市更新"原则

出台《宁波市国际化城市建设规划》，并将国际化人才服务中心建设纳

入宁波新版城市总体规划。借鉴国内外国际化城市的做法，规划先行试点建设，突出抓人才生态促城市更新。聚焦时代特征、国际化特点、宁波特色，充分考虑产业规划、目标人群、文化差异和资源禀赋，对国际化人才服务中心建设进行科学谋划、精准定位，做到因需而建、因地制宜。

2. 坚持"办好宁波自己的事情"原则

研究并编制宁波国际化人才服务中心建设指导意见和工作方案。借鉴国内外国际化城市做法，依托宁波自身的优势与特色，以国际人才需求为导向，对国际化人才服务中心的建设目标、建设理念等方面进行细化，并形成可量化的国际化人才以及服务的评价体系。

3. 坚持"杭甬双城资源协同发展"原则

研究并制定《杭甬地区双城经济圈人才国际化协同发展战略》。运用大数据、云计算等手段，充分发挥两地海外人才工作联络处等引才平台作用，就重点产业、重点项目、重点人才进行充分沟通交流和协同配合，并采取差异化、有针对性的引才政策，实现信息互通、资源共享、人才共引，合力推进国际化人才协同发展。

（二）宁波国际化人才服务中心建设对策建议

1. 拓宽国际视野，全面提高国际化人才管理水平

以建设世界重要人才中心为契机，创新完善机制，不断提高国际化人才服务水平，高质量建设国际化人才服务中心。一是对接国际标准，研究制订国际化人才发展相关体制机制改革方案，探索打造国际人才制度创新发展示范区；着力突破国际化人才需求和供给有效对接等瓶颈，实施差异化甚至量身定制式精准引育；健全以业绩、潜力评价相结合，过程和结果评价相结合的、独具特色的国际化人才评价体系。二是围绕国家战略需求，聚焦前沿领域，主动设计和发起大科学计划基础性、战略性和前瞻性特点，聚焦国际科技界普遍关注、对人类社会发展和科技进步影响深远的研究领域，吸引集聚世界战略科技人才、领军人才和创新团队。三是要对标国际化标准与水平提升综合服务能级，持续营造低成本、便利化、全要素、开放式的国际化人才发展环境，以高质量城市治理提升人才的黏度。四是要营造良好创新环境，加快形成有利于各类人才成长的培养机制、有利于人尽其才的使用机制、有

利于竞相成长各展其能的激励机制、有利于各类人才脱颖而出的竞争机制；让更多国际化人才有机会、有条件、有保障地挑大梁、当主角，代表宁波、代表浙江、代表国家在国际上抢占"新赛道"，挖掘新动能。

2. 积极搭建优质平台，提升宁波国际化人才吸引力

聚焦培育标志性产业链和打造"246"万千亿级产业集群，不断强化优质平台载体，提升宁波市对国际化人才的吸引力。一是继续推进海外创新中心建设，以全球选点建设海外创新中心为手段，汇集全球创新资源，实现从海外团队当地孵化到创新企业引进孵化，再到新兴产业落地孵化的全链条服务。二是加快甬江科创大走廊核心区建设，强化新材料、工业互联网等研发创新方向，建设沿甬江两岸为主轴的创新带，集全市之力打造面向世界、引领未来、支撑产业的长三角区域科创策源地和人才集聚高峰。全力打造甬江实验室，以新材料研究、创新和应用转化为主线，布局绿色化工与高端化学材料、先进高分子与复合材料、高端合金材料等8个研究领域，聚焦国际前沿战略新技术攻关、我国"卡脖子"核心技术突破、全省创新产业链融会贯通，集聚一批新材料领域国际顶尖人才、领军人才。三是要瞄准未来科技前沿，以政府推动、市场化运作、差异化发展的方式，整合各方力量在宁波建立规模庞大、功能完备、技术先进的国内外一流的研究机构、国家实验室等，充分发挥其集聚人才、促进创新驱动和产业转型的作用，对战略价值高、投资风险大、研发周期长、技术难度大的项目联合攻关，开展多学科、多领域、多主体、交叉型、前沿性的大规模有组织科研攻关，突破一批重大科学难题。

3. 加强资源统筹整合，提升国际化人才引育能力

把高层次国际化人才引育纳入各级机构工作体系之中，主动加强与港澳、欧美高水平大学、研究机构等对接沟通，通过开展对外合作办学项目、共建研究中心、中外联合实验室等方式积极拓展交流合作。一是高水平推进宁波大学"双一流"、宁波东方理工大学（暂名）新型研究型大学建设，全面提升高等教育规模和质量；积极推进高水平中外合作办学，积极争取中德合作大学、香港大学（宁波）落地宁波，全面提升宁波国际化人才的培养水平；巩固扩大与中东欧国家合作的先发优势，加快中东欧物流商贸学院、麻

省理工学院中国（宁波）供应链创新学院、"一带一路"产教协同联盟等建设，加强国际化人才合作交流。二是瞄准全球和国家创新发展关键领域和战略方向，打造顶尖科学家之间交流学术观点、分享前沿信息的创新平台，推动一批有影响力的全球科学家在宁波设立研发中心，建议打造"全球科学家学术度假计划"，开展学术休假活动，举行大型国际学术交流大会；提供学术休假服务，为国际人才提供签证、永居身份证办理推荐、国内科研考察交通补助、住宿保障等国际人才服务；建设学术交往平台，提升中国（宁波）—中东欧科学家友好智库等具有全球影响力的学术交往平台的影响力。三是提升高校学科建设与产业发展匹配度，由政府牵头整合国内外政、产、学、研等资源组建宁波市大学产业研发联盟。宁波市大学产业研发联盟可以是由企业、大学、科研机构，以及专业协会等成员共同组成的大型联合体，也可以是一家企业与一所大学之间形成的一对一合作，就某一个关键或前沿技术合作开展研发工作。该联盟将有利于整合"碎片化"的创新资源，使其成为宁波市集聚国际化人才、创新成果的新增长点。

4. 健全求职就业平台，畅通国际化人才在甬发展渠道

连续、多频次举办吸引国际化人才的系列活动，建立健全国际化人才的求职就业平台，畅通国际化人才留甬回甬发展渠道。一是在前期引进毕马威、普华永道、德勤等头部咨询服务业的基础上，继续争取麦肯锡咨询、第一太平戴维斯、戴德梁行、波士顿咨询、罗盛咨询、安迈咨询等国际知名咨询服务业巨头落户宁波，构建起完善的国际寻商猎才网络平台，为宁波打造国际化人才服务中心，推动区域经济社会高质量发展提供重要支撑。二是持续组织国际化人才平台与企业平台对接，定期举办多种类型的活动，帮助国际化人才及时了解国内就业市场和企业需求；鼓励有条件的企业开展留学生专场线上、线下招聘，建立专业的职业培训、评估和发展机制；推动企业与海外高校校友网络加强合作，为企业和潜在的国际化人才构建即时、畅通的信息和交流渠道，便利其回国后更好地融入当地社会。三是组织召开连续性国际人才大会。以人才大会为契机，搭建学、研、政、商跨界国际化人才交流的创新平台，分析解读宁波经济社会发展趋势，促进相互之间的交流与信息互通，打造宁波国际化人才创新发展服务中心，助推"以才聚才"的宁波

市国际化人才生态体系形成。

5. 推动杭甬联动，拓展国际化人才共聚共引通道

围绕融入国家人才战略布局，推进杭甬国际化人才共聚共引通道，是全面贯彻落实习近平总书记关于杭甬两地"实现错位发展、协同发展，为全省全国发展作出更大贡献"重要指示精神的有力举措，也是宁波打造国际化人才服务中心的有效路径。一是推动杭甬两地人才错位发展、交流互补，抢抓人才招引黄金窗口期，发挥"1+1＞2"的效果，以数字经济和制造业"双引擎"驱动，深化拓展国际化人才共聚共引的科创合作通道，更好助力全省乃至全国经济高质量发展。二是推动杭甬两地在各领域的联动，打破传统上人才流动受到地域、户籍、档案、社保、人事关系限制等"硬约束"，促进人才双向流动，以相应的技术创新辐射和基础设施配套，活跃人才要素充分涌流，形成多方面紧密合作及资源互通，促进区域上下游产业链和人才链同频共振。三是大力推进"杭州—绍兴—宁波—舟山"科技产业创新走廊建设，充分利用各自优势和创新合作平台，围绕浙江战略布局匹配的高端装备、新材料、电子信息、智能家电、生物医药、节能环保等战略性新兴产业，围绕"产业链"构建"人才链"，提升本地产业能级、促进区域经济发展，实现更高水平、更高效率的"以产聚才、以才兴产、产才融合"，延揽聚集战略科学家，形成国际化战略科学家人才高地。

6. 优化生活环境，提升国际化人才服务力

发挥宁波开放文化优势，建设一个更加包容的国际化城市，创造一种更加开拓、创新的国际化生活氛围，打造与城市发展水平相适应的国际化人才服务中心。一是积极建设高品质国际化人才社区国际医院、国际学校、国际人才公寓等重点项目，健全完善国际化人才生活配套服务，营造宁波市优质的国际化环境，为国际化、高层次人才提供优质的生活服务。二是积极推进国际化人才服务"一卡通"工作，为在宁波的国际化人才提供安居住房、子女入学、医疗保障、父母养老、配偶随迁安置、出入境服务、金融服务等便利化公共服务，构建"上管老、中顾青、下管小"全链条服务体系，全方位解决国际化人才的后顾之忧。三是不断优化国际人才宜居环境，推进特色示范街区建设，引入符合国际人才饮食、消费、社交、文体休闲等习惯的生活

服务设施，打造国际化特色街区，为人才提供便利生活服务；通过举办国际电影周、国际音乐节、国际咖啡文化节等系列特色活动，营造多元文化环境，促进多元文化交流。

苏勇军

宁波打造高层次人才实体化服务机构研究

高层次人才是城市发展的宝贵资源，是人才队伍中的塔尖人才。据统计，宁波市拥有各类市级以上高层次人才超 3 万名，这些人才为宁波市经济社会高质量发展作出了重要贡献。优化提升高层次人才服务，是激发高层次人才效能、促进人才作用发挥的重要举措，一直以来宁波市高度重视高层次人才服务工作，不断加大投入力度、创新服务模式、提升服务温度，为高层次人才创业创新提供了有效助力，先后探索了"线上＋线下""财政＋金融""货币＋实物""优先＋保障""党委＋专员"等人才服务实践。但总体来看，宁波市高层次人才服务仍以传统的政府供给为主要方式，与高层次人才日益高端化、多元化的服务需求渐成矛盾。究其原因，是缺乏市场化的人才服务机制，没有撬动市场的力量助力人才发展。

近年来，以深圳人才研修院为代表的实体化高层次人才服务机构不断出现，作用发挥成效越发明显，成为高层次人才服务的新趋势。为此，课题组通过实地调研、现场走访、座谈交流等形式，深入了解了深圳人才研修院的建设背景和五大职能，总结提炼了深圳研修院的运行机制，并在分析梳理宁波市高层次人才服务现状和问题基础上，提出建设宁波市实体化高层次人才机构的相关建议。

一、宁波优化高层次人才服务的实践探索

近年来，以"宁波五优，人才无忧"为抓手，突出高层次人才服务的全面化、精准化、数字化，着力做好高层次人才引进"后半场"，为高层次人

才创业创新创造营造最优环境。

（一）推出"线上＋线下"特色服务体系

线上升级打造宁波"人才码"2.0版，创新推出人才政策自动匡算、主动兑现服务模式，完善"一窗受理、一键办事""云窗咨询"平台，集成近30项高频服务事项，2023年已为60万余人次提供生活优待等"码上秒享"服务。以构建数据库为核心，加快打造宁波"人才大脑"，汇集22个部门13亿条数据，建成4个专题数据库，初步实现数据"一库归集"。系统谋划开发综合管理应用和服务门户，目前已初步实现"数据—看板—应用—服务"全线功能贯通。线下不断升级高层次人才服务窗口建设，联动建设浙江创新中心人才服务综合体，实现全市人才之家全覆盖，制定出台《宁波市人才创新创业服务综合体建设导则》，以"五化联动"机制为人才提供更加精准有效的服务，累计服务高层次人才4万余人次。

（二）创新"财政＋金融"创业支持体系

出台金融服务人才专项政策17条，建立多层次金融支持体系，联合市地方金融监管局举办2期"才金荟"人才企业融资专场对接会，27家金融、股权投资机构现场服务，为人才企业提供从初创期、成长期到发展壮大期的全生命周期金融支持。开展金融支持人才创新创业专项行动，对全市人才企业进行全覆盖摸排，推出定向支持人才的微担通—惠通1号（人才保）。率先实行海外人才用汇便利化试点，做大做强"金凤凰"线上金融服务平台，集成40多家金融机构、200余款专属金融产品，覆盖保障全市800余家人才企业，累计发放低息贷款超72亿元，助力企业摆脱资金短缺困境。

（三）实施"货币＋实物"人才安居体系

着眼让人才安居无忧，制定完善人才安居办法，加大购（租）房货币补贴力度，推出青年人才租房补贴、优先购房等系列举措，构建全市统筹、标准统一的人才安居政策体系。发布涵盖3万余套保障性租赁住房的"2023年青春版房源地图"。制定共有产权住房、保障性租赁住房管理等意见办法，试点建设共有产权房优先或定向供应高层次人才，加快培育住房租赁市场，持续建设人才驿站，通过集中建设、市场配建新筹集人才住房5539套，全方位服务人才安居需求。

（四）打造"优先＋保障"子女优学体系

对各类人才子女入学给予特别关注，对特优人才子女全面开放高中及以下公办优质教育资源；领军及拔尖人才子女按户籍、房产证优先在地段学校解决入学，或到指定的社会公认度比较高的学校选择就读一次；符合条件的高级等以上层次外籍子女，其子女就读市内义务教育国际学校的，每生每年最高给予10万元学费补助。2023年，再次会同市教育局修订出台高层次人才子女就学政策，将保障对象扩面至高级人才，提高领军人才待遇保障，可在其子女户籍或房产证所在地的公办学校择校一次。对于普通人才子女保障其入学，全市符合条件的随迁子女入读公办学校比例达到98%以上。邀请30余名人才及子女参加"亲子快乐科普行活动"，营造人才子女安心在甬就学良好氛围。

（五）完善"党委＋专员"联系服务体系

加强党委联系服务专家工作。按照"有序衔接、聚焦高端、工作关联"的原则，优化调整领导联系服务专家结对方案，迭代更新服务内容和联络机制，细化制定市委主要领导联系服务举措，实现重点人才、重点平台、重点项目联系服务全覆盖。2023年春节，彭书记、汤市长等市领导春节走访慰问专家36名，创新举办人才"早餐会"，彭书记等7位市领导与薛群基等14位人才专家面对面交流人才科技创新工作。建强用好专业人才服务队伍，选聘培养一批驻外联络专员、助创专员、法务专员、财务专员等专业人才服务队伍，定期摸排省市重点人才工作事项，全力护航人才在甬创业创新。2022年新遴选34名助创专员、38名法务专员、22名财务专员与全市415家人才企业开展结对服务，相关工作得到人才高度认可。

二、宁波高层次人才服务存在的主要问题

尽管宁波市高层次人才服务工作取得积极进展，但对标上级要求和先进地区，宁波市高层次人才服务工作中还存在四个方面不足。

（一）统筹联动机制仍需完善

人才服务政策涉及面广、服务事项多，往往需要公安、教育、卫健等部门以及市县两级协同推进。市委组织部（市委人才办）负责综合协调、监督

管理等工作。宁波市人才工作一般由市委人才工作领导小组统一领导。如对于顶尖人才，由市委组织部（市委人才办）负责综合协调、监督管理等工作；市科技局负责预算编制、申报受理、资格审定、组织评审、经费管理、平台建设、绩效核定等工作；市人力社保局负责安家补助和购房补贴发放资格审核、备案及服务保障等工作；市教育局、市卫生计生委等按职能负责服务保障工作；市财政局负责预算安排、资金拨付等工作；市直单位和各区县（市）及用人单位负责本系统、本地、本单位顶尖人才申报的资格初审和日常管理等工作。每个部门和环节既相互关联又在一定程度上可以独立运行，因此往往造成工作中沟通不畅、落实力度不均等问题，尤其在医疗教育保障等方面尚未建立有效的工作协调机制，部门间协同配合水平有待加强。

（二）精准服务水平有待提升

根据宁波市高层次人才分类认定条目（2022版），宁波市高层次人才分为顶尖人才、特优人才、领军人才、拔尖人才和高级人才五类，每一个类别中包含不同行业、不同职业门类，人才认定的审核部门也不同。根据人才办数据，宁波市目前高层次人才超30000名，随着城市能级的提升，全市人才总量也在不断攀升，不同群体需求各异，这对人才服务的精准性提出了更高的要求。

目前宁波市的人才服务主要体现在创业支持、人才安居、子女教育和各类信息服务方面，是其他城市普遍在做的一些服务事项。对于每一类人才内部需求和个性化需求满足方面，目前仍缺乏相关支持力量。需进一步畅通人才需求常态化收集渠道，通过人才需求智能分类、快速分发、流程跟踪闭环管理，优化人才与服务的链接，改善人才服务体验。

（三）多元供给体系尚未建立

宁波市实行的人才服务供给，仍是以传统的政府供给为主要模式。政府提供的政策支持信息、户籍制度改革、人才安居和子女教育等方面，都是政府政策主导下实行的公共服务，缺少市场化力量的撬动，也难以满足新时代背景下，高层次人才的日益多元、高端、专业的需求，传统政府供给服务与人才需求多元化的矛盾逐渐凸显，亟须完善由政府主导、社会参与、市场运作的多元供给体系，通过实体化人才服务机构为人才提供更加多元化服务。

（四）数字赋能进程还要提速

随着数字化技术进步和"数字中国"建设进程的加快，加快推进人才工作数字化转型，让数字赋能人才发展，让数字化转型成为人才引领发展的重要动力，这是深入实施新时代人才强市战略的新要求。宁波紧扣省委组织部"浙里人才管家"跑道，推出"甬上人才金港"多跨场景应用（建设过程中），但从开发的内容看，存在系统功能相对单一、部分数据无法调用、用户活跃度不高等问题，需进一步加快应用迭代升级，更好地数字赋能人才。

分析原因，上述问题的存在主要在于宁波市缺乏一个实体化的高层次人才服务机构，更好地对高层次人才服务力量加以统筹、服务流程加以规范、服务供给加以创新、服务机制加以迭代，进而解决目前高层次人才服务中存在的突出问题。

三、相关城市建设高层次人才实体化服务机构的经验借鉴

深圳、青岛、成都等城市都设置了实体化的人才服务平台。其中，青岛聚焦于创业服务，成都锦江于2023年8月成立了集一站式人才服务中心、大学生就业服务中心、企业人力资源服务中心、创新创业孵化中心和科技成果转化中心为一体的"一平台五中心"。本课题报告重点剖析深圳人才研修院建设情况，为宁波建设高层次人才服务实体化机构提供有益的经验借鉴。

（一）基本情况

为促进人才优先发展战略，2016年3月，深圳市委、市政府出台《关于促进人才优先发展的若干措施》，提出设立深圳市人才研修院。2016年10月，深圳市人才研修院正式成立，是全国首个以党委政府牵头成立的人才研修院，系市委组织部下属公益二类单位，占地面积120万平方米（1800亩），集中了创业孵化、创新成果路演展示、学术交流、疗养保健、政策宣传、国际交流等综合服务，是最具代表性的实体化人才服务机构。深圳人才研修院依托麒麟山疗养院设立，紧邻市高新园区和大学城等人才聚集区域，位于西丽湖国际科教城核心区域，主要开展人才国情研修，为人才提供资智企智对接、创新成果路演展示、学术交流、疗养保健、政策宣传等服务，打造多功能综合化高层次人才实体服务平台。

（二）主要职能

深圳人才研修院具有五大主要职能：一是承担人才思想教育工作，组织开展高层次人才国情市情教育和主题培训；二是组织开展人才交流活动，举办"群英会"和人才创新项目路演，推动资智、企智对接合作；三是宣传推广和展示深圳高层次人才技术和科研成果，提供人才学术和创客创意交流平台；四是为各类人才提供疗养休假、体检保健等服务；五是组织开展上级和深圳人才政策宣传（见图1）。此外，深圳人才研修院还承担统筹全市人才研修基地和人才主题设施建设管理的标准与规范；全市组织系统信息化有关技术性、辅助性工作。国内第一个以人才为主题的深圳人才史馆也位于深圳市人才研修院。

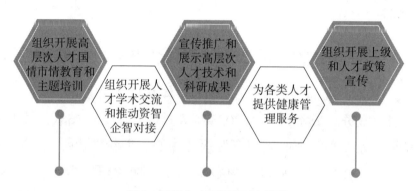

图1　深圳人才研修院五大职能

深圳人才研修院成立以来，聚焦深爱人才、厚土育才、实践砺才、诚心聚才、文化润才、服务助才等链条环节，开展人才专业化实体化服务，举办各类人才研修班31期，各类人才研修活动303场，超7000名高层次人才参加。先后建成东部分院、龙华分院、福田基地、大鹏基地等分院或基地，服务全市1.8万名高层次人才，诺贝尔奖获得者、院士、科学家、学术大咖都是研修院的座上宾。

（三）组织架构

深圳人才研修院是全国第一个由党委政府牵头成立的实体化人才服务机构，设置了1位院长、8位副院长。院长由市委分管领导兼任，副院长由市委组织部、市人社局、市科创委负责同志以及具有代表性的高层次人才和知名企业家兼任院长。首届院长由深圳市委常委、组织部部长担任，副院长由来自企业、科研机构和高校的非政府人士担任，如华大基因主席、南方科技大学校长、中科院深圳先进院院长、研祥集团董事局主席、招商银行前行长等。首届院长、副院长聘任结构如图 2 所示。

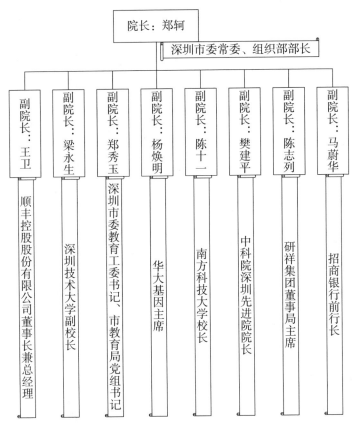

图 2 深圳人才研修院组织架构（首届名单）

其他工作人员为聘用或选调产生，选调范围为符合《深圳市事业单位公开招聘工作人员办法》（深人社规〔2019〕9 号）第三条可以直接聘用的深圳市事业单位在编在岗职员。

（四）运行机制

深圳人才研修院坚持数字化管理，运用数字管理平台串联院内机构管理、功能模块运营和各类人才创新创业和实践活动（见图 3）。

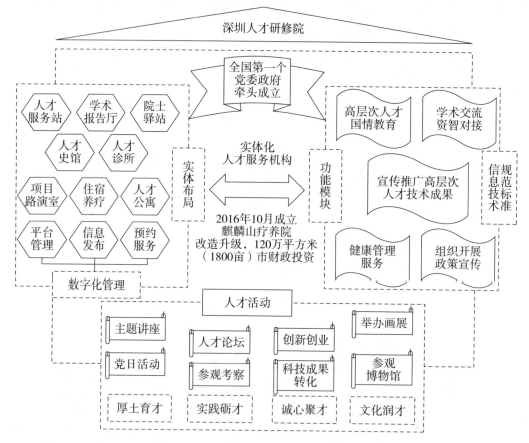

图 3　深圳人才研修院运行机制

四、宁波打造高层次人才实体化服务机构的建设路径

打造高层次人才实体化服务机构是宁波聚力建设世界重要人才中心和创新高地战略支点城市，努力成为各类人才向往的科创高地的重要举措，是适应新时期人才发展形势要求、提升人才服务质效的关键所在。

（一）建设思路

1.目标定位

聚焦新时期高层次人才服务创新需求，以提升高层次人才服务质效为目标，以汇聚全链条全要素人才服务为手段，以激发人才创新创业活力为核心，突出实体化、精准化、便捷化的服务导向，建设成为集发展服务、交流展示、教育培训和康养休闲等功能为一体的实体化多功能服务平台载体，到

2027 年累计服务高层次人才超 1 万名，成为新时期宁波人才工作的重大标志性工程。

2. 主要功能

宁波高层次人才实体化服务机构应当具备以下五大功能。

一是发展服务功能。这是宁波高层次人才实体化服务机构的核心功能。着力汇聚高层次人才发展服务需要的全链条支持、全要素资源，更加有效发挥现行助创、法务、财务等专员服务功能，定期组织开展产智对接、才金对接、成果转化对接等线下对接活动，通过有形实体空间载体进行要素资源汇聚呈现，完善高层次人才生活等个性化服务需求的响应机制，获取梳理人才服务需求信息，让人才服务获取更便捷、选择更精准、服务更到位。

二是交流展示功能。这是宁波高层次人才实体化服务机构的基础功能。目前宁波还缺少一个集中展示宁波人才工作创新发展历程的功能平台，尤其是"八八战略"实施以来，宁波人才工作筚路蓝缕、开拓创新的创新实践历程，通过高层次人才实体化服务机构建设，集中展示宁波人才工作发展历程。同时，要打造宁波甬江人才工程入选企业创新产品展示交流功能，集中展示市县两级人才创办企业的创新产品，成为企业拓展市场、促成合作的固定平台。

三是教育培训功能。这是宁波高层次人才实体化服务机构的重要功能。融合汇聚甬江人才工程入选人才的创业创新培训，市级领军拔尖人才培训学习和企业 HR 赋能培训等人才教育培训形成，成为集中的人才培训学习场所。在符合条件情况下，向企业经营管理人才培训、各类专业技术人才培训和社会化的人才培训开放，成为宁波市人才培训教育的集中平台，促进各类人才的交流融合。

四是康养休闲功能。这是宁波高层次人才实体化服务机构的保障功能。实体化服务机构要选择落地在风景优美、空间开阔的区域，如东钱湖周边、滨海等区块，通过秀美宜人的生态环境吸引高层次人才不断汇聚、赋能高层次人才创新创意。要通过建设一批健身康养、休闲娱乐、生活配套等设施，吸引高层次人才来机构基地康养休闲居住，开展交流互动，为高层次人才更好地投入创业创新活动提供强大助力。

　　五是精神引领功能。这是宁波高层次人才实体化服务机构的精神功能。强化实体化服务机构的爱国奋斗、政治引领功能，谋划建设成为爱国奋斗主题教育基地，打造科学家精神展示基地，成为海外高层次人才联谊活动基地等，成为宁波各类高层次人才的精神家园和向往之地，凝聚各类人才共同建设现代化滨海大都市的强大合力。

　　3. 建设模式

　　一是政府主导、市场运作。始终坚持党管人才原则，市委人才办要强化对高层次人才实体化服务机构建设的主导作用，确保实体化机构服务高层次人才、服务经济社会发展的根本目标。在建设主体上，要参照深圳人才研修院等模式，充分发挥市场化主体的运营建设模式，以宁波人才发展集团作为主要建设主体，整合汇聚宁波人才发展集团目前的人才培训、人才服务等服务功能，投入精干力量、组成专业团队，打造高层次人才服务的实体化运作平台和队伍。

　　二是高标准建设、有序推进。坚持把最好的风景留给人才的理念，坚持高起点谋划、高标准建设，加快推进宁波高层次人才实体化服务机构建设，成为全国一流、全省领先的实体化人才服务机构，为高层次人才提供最优质最有效的服务保障，成为宁波吸引集聚高层次人才的一块金字招牌。在建设时序上，要在科学稳慎谋划基础上，加快推进实体化落地空间建设，积极协调相关部门和所在区（县、市），力争在2024年人才科技周期间成功揭牌使用，成为宁波服务人才的创新举措。

　　三是人才引领、统筹推进。宁波高层次人才服务实体化机构建设要始终坚持为人才服务，发挥人才作用的要求，在建设过程中充分体现人才引领教育科技一体推进，产业链、创新链、资金链、人才链深度融合的理念，在市委人才办统筹带领下，着力汇聚教育、科技、产业、金融等职能部门人才工作创新探索，体现宁波不断推动高层次人才服务的创新理念和有效举措，成为宁波人才工作贯彻落实党的二十大精神和习近平总书记考察浙江重要讲话精神的生动载体。

　　（二）相关建议

　　要解决传统的政府服务供给与高层次人才发展高端化、多元化发展需求之间的矛盾，更需要参考深圳人才研修院的建设经验，打造宁波市独具特色的实体化人才服务机构。

一是凝聚思想共识。充分认识宁波建设高层次人才服务实体化机构的重要意义，是适应新时期人才工作创新趋势的重要举措，是优化高层次人才服务的关键一招。宁波要把高层次人才服务实体化机构建设摆在更加突出的位置，在思想认识高度重视，争取尽快高标准建成、实质化运作，成为宁波人才工作的又一张金名片。

二是完善组织架构。成立"高层次人才服务中心实体化"项目推进建设小组，由市委人才办主要领导担任小组组长，市财政、经信、教育、科技、人力社保、科协等部门，所在区（县、市）相关领导担任副组长。实体化服务机构负责人人选可参照深圳模式执行，选聘相关建设主体、职能部门领导共同担任。

三是加强资金保障。根据建设模式、建设选址和建设规模，科学测算建设资金需要，合理统筹安排建设资金，确保资金根据建设进度保障到位。在明确主体责任和权限的前提下，同步进行社会资本招募或 PPP 模式开发，撬动社会力量共同参与实体化服务机构建设。

李雪艳

宁波南翼地区优化人才引育政策的对策研究

人才是衡量一个国家综合国力的重要指标，在中国式现代化进程中，人才战略地位日益凸显。宁波正以"两个先行"引领现代化滨海大都市建设、奋力打造中国式现代化市域样板过程中，离不开高素质强大人才队伍的支撑。在长三角一体化、宁波全域城区化、甬台温经济带建设等战略叠加机遇期，宁波南翼地区人才一体化发展成为助推区域一体化发展的重要引擎。

一、宁波南翼地区人才引育工作现状及成效

（一）人才政策工作体系不断创新完善

南翼地区县委县政府高度重视人才和科技创新工作，不断完善人才支持政策，提升政策支持力度，创新工作体系。

自 2021 年以来，象山县先后出台了"半岛菁英""半岛青年""半岛名师"等政策文件 30 余个。建立了"135"人才工作体系，培育了"青年与海"人才工作品牌建设，推动青年人才引育工作提质增效。截至 2022 年年底，全县人才资源总量达到 17.55 万人，比 2019 年增加 3.58 万人。特别是 2023 年开始创造性举办"青年与海"人才周活动，连续两年举办海洋经济高层次青年人才创业大赛和"青年与海"创新创业大会，有力扩大象山城市影响力，成功转化落地人才项目 9 个。

宁海县优化升级了人才政策，2022 年为近 3000 名高校毕业生发放了 1900 余万元的补贴。在全市范围内率先放开大学生实习补贴的户籍和本科学历限制，以海纳百川、广纳贤才的姿态吸引外地高校毕业生来南翼地区实

习就业，并通过"助企指导员"结对企业宣传落实优惠政策，确保政策红利"最大化"。成功打造了"人才强磁场"，2019年以来，新增大学生就业人数实现翻番，年均增幅超过40%。2022年新增大学生就业人数11489人，增幅和完成率分别为50.1%和122.5%，两项指标均居全市第一。

总的来说，两县已经相继形成了重视人才、爱护人才、成就人才的浓厚氛围，实现了人才数量和质量的双提升。

（二）引才育才资金投入持续加大

人才引育落实与推进离不开经费支持。南翼地区人才经费执行情况见表1和表2。

表1　　　　　　宁海县2021—2023年人才经费支出情况　　　　　　单位：万元

年度	2021	2022	2023
支出情况	17866	20558	23701

表2　　　　　　象山县2019—2023年人才经费支出情况　　　　　　单位：万元

年度	2019	2020	2021	2022	2023
支出情况	712	765	746	1134	2593

人才项目经费使用管理整体上规范有序，支出额逐年增加。宁海配套的人才住房三年来累计使用超18000平方米，创建"票子、房子、孩子、圈子、面子、位子""六子"人才生态。

（三）人才服务体系进一步深化细致

人才引进来也要留得住，宁波南翼地区深刻盘点长三角地区产业发展人才流动趋势，从全局出发，结合自身特色，优化人才服务，全力以构建人才引得进、留得住、用得好的良好环境。

通过设立人才培养专项资金、支持企业建立内部培训体系等措施，不断提升人才的技能水平和综合素质。如宁海创新"三位一体、四方联动"产业人才培育模式，着力打造"有中心无边界"的产业人才学院。

近三年，新引进全年龄大学生参保20197人（2021年7057人、2022年

6502 人、2023 年 6638 人）；累计开展技能提升培训近 10 万人次。技能鉴定方面，累计发证人数达 2.7 万人次。职业等级证书方面，卫生系列资格证书取得人数 1629 人；教育系列资格证书取得 1563 人；工程等其他系列资格证书取得 949 人。可以看出，逐渐形成了良好的人才成长环境。

在高级人才培养方面，新建省级博士后工作站 10 家，升级为国家级博士后工作站 2 家，累计招收 53 名博士后，目前在站 39 人。

象山则在聚力本土头部企业引才用才方面取得实效。利用好人才政策杠杆，帮助本土头部企业引育留用人才，助力企业发展，最终实现稳企留人。比如，力推锦浪科技、合力、钰烯、孚邦、中化膜等骨干企业获评市级及以上重点人才项目 7 个，勤邦新材料刘勤学、弗浪科技李科、同磐机电俞海勇等本土企业家入选省市重点人才工程，力荐新引进的中国机械总院集团宁波智能机床研究院有限公司的谢尔盖博士入选国家级重点人才工程、浙江孚邦科技有限公司的丁明博士入选省级重点人才工程。近五年累计帮助 2 家上市公司，3 家"专精特新""小巨人"企业，3 家单项冠军、隐形冠军企业获评市级及以上重点人才工程项目 10 个。

因此，对于人才培养模式的创新，人才工作实现了"量的突破"和"质的飞跃"，象山高层次人才队伍建设取得历史性突破，2022 年国家级引才计划入选 2 人，打破 10 年无自主培育国家级人才的僵局，省级引才计划入选 2 个，到岗率 100%；2023 年国家级引才计划入选 6 人，同比新增 200%，增幅排名全市第二，创历史最好成绩。

（四）区域科创成果显著

南翼地区人才工作在政府的高度重视下，已经形成了重视人才、爱护人才、成就人才的浓厚氛围，实现了人才数量和质量的双提升，取得了阶段性成效。

宁海高层次人才引进方面情况见表 3，专利授权情况见表 4。可以看出随着高层次人才引进数质双升，地区科创初见成效。

表3	2021—2023 年宁海高层次人才引进情况		单位：人
年度	2021	2022	2023
国家级	2	6	7
省级	2	4	3
市级	12	10	13

表4	2021—2023 年宁海专利授权情况		单位：件
年度	2021	2022	2023
高价值发明专利	277	391	529
新授权专利	4963	5717	262
新授权发明专利	208	5369	316

近五年，象山县先后有 26 个次海内外高层次人才领衔项目入选市级及以上重点人才工程（其中国家级 8 个、省级 5 个、市级 12 个）。2023 年，新引进大学生 1.74 万人，增幅居全市第一；国家级人才工程入选 6 个、甬江引才工程入选 5 个，较往年有较大突破。

二、南翼地区人才引育政策的主要问题

虽然南翼地区重点产业发展和人才引育工作近年来取得显著成效。但与宁波中心城区相比，南翼地区无论产业发展、基础设施还是人才引育都还稍显薄弱。对薄弱地区加快补足发展短板，并呈现跨越式发展之势，才是高效打造共同富裕先行市的关键之举。

通过政策文件梳理、走访相关机关企事业单位（包括主管单位、用人单位、中介服务机构等）以及文献调研，梳理了目前南翼地区人才引育存在以下主要问题。

（一）政策效应不足

1.政策同质竞争

目前出台的人才政策多为对市级政策的承接，与周边区县市的人才政策内容相似度很高，主要内容集中在人才创业创新资助、住房保障、薪酬补贴等，但基于自身的财政承受能力，以及本地产业发展、城市能级、承载平台

等环境条件，制定的特色化、差异化人才政策偏少，已制定政策作用发挥不明显，错位竞争的优势尚未真正形成。

2. 政策覆盖不全

企业普遍反映地区政府对"高精尖"人才引进的扶持政策较多，对企业较为关注的中高端人才、应用型人才的引进与培养方面缺乏有效的支持保障。从目前的政策体系和工作实践来看，人才政策在人才引进上下足了功夫，而对人才的有效利用重视还不够，政策内容没有全面涵盖引、育、用、留、管等不同人才开发环节。

3. 政策协同不够

人才政策的创新性和动态调整性有一定滞后，总体设计上缺乏全过程理念、具体措施设计上存在短期行为。政策中使用了大量经济手段支持人才引进，短期内对人才创新创业具有很强的正向激励作用，但重引进、轻培养，在人才管理环节缺乏对人才的追踪与评价，管理、激励等长效性机制也不完善。

（二）平台出效较慢

1. 产业培育周期长

近几年，南翼地区依托各自优势产业搭建了中乌新材料、生物产业园、海洋经济等重点平台，引进新材料、生物医药、海洋经济等朝阳产业项目较多，但企业培育周期长，如生物医药产业培育期约7年至10年，新材料产业约3年至5年，项目显效慢，投入需求大，很多仍处于中试和研发阶段。项目资金以政府投入和企业自筹为主，缺乏市场资本的有效介入。

2. 创新基础较薄弱

目前，全县拥有市级以上各类企业创新平台178家，但在数量、规模与服务能力上，同其他区县市相比还有不小的差距，尤其是缺乏有分量、有影响力的科研院所和企业研发机构，全县仅建新集团被认定为省创新型领军企业，省级重点企业研究院仍是空白。

3. 扶持体系需强化

平台建设是一个系统工程，在资金投入、税收优惠、项目集聚、人才管理等方面，相关扶持政策还需进一步完善和配套。如何实现平台建设、人才队伍建设和项目扶持政策的良性互动和共同发展，尤其是在如何通过平台建设和项目扶持政策来有力支撑人才引进与培养方面，还缺乏相对清晰的思路和有效的运行机制。

（三）企业作用不大

1.企业缺乏现代人才管理理念

调研发现，南翼地区企业对经营管理人才的引进和使用力度远远不够。一些民营企业正处于"创一代"向"创二代"交班之际，在引进使用经营管理人才特别是职业经理人方面有所顾忌，担心"抢班夺权"，缺乏成熟的科学管理理念和完善的现代企业经营管理制度，使人才引进、培育大大受限，制约了企业的进一步发展壮大。

2.企业人才引育意识不强

一些企业偏重于生产实践和经济效益，把大量资金投入到设备、厂房、原料等硬件上，而不注重人才方面的投入。普遍认为，投入高新科研项目周期长、见效慢，总是通过"临时抱佛脚"以解燃眉之急。有的倾向于引进有"帽子"的人才，而看不到青年人才的发展潜力，人才引进成本偏高。

3.人才发展通道不畅

企业培养人才的动力不足，担心培育后的人才流往别处，为他人做了"嫁衣"。一些企业虽重视人才工作，也引进了高端人才，但在实际工作中只要求人才老老实实工作，却忽视了为人才提供创业舞台，人才的潜能未被充分挖掘。人才晋升通道单一，没有明确的培养实用方向和规划，造成人才梯队分布不合理。尤其是专业技术人才的发展空间相对欠缺。

三、造成宁波南翼地区人才引育问题的深层次原因

通过政策文件梳理、走访相关机关企事业单位（包括主管单位、用人单位等）以及文献调研，总结南翼地区人才引育问题的原因，主要有以下四点。

（一）经济社会发展水平相对滞后

地区经济发展水平与人才吸引力之间存在密切的关联。宁波南翼地区的经济发展水平相对滞后，这直接影响了该地区对人才的吸引力。相较于一线城市或经济更为发达的地区，南翼地区在薪资水平、职业发展机会等方面可能不具明显优势，这使人才在做出职业选择时可能会倾向于前往更发达的

地区。

（二）产业结构和创新能力略显不足

宁波南翼地区的产业结构相对单一，缺乏具有竞争力的新兴产业和高新技术产业，这限制了人才在该地区的职业发展空间。同时，创新能力的不足也影响了南翼地区对高端人才的吸引力，因为高端人才往往更倾向于在创新氛围浓厚、科研条件优越的环境中发展。目前全市共有 26 家重点创新平台，南翼地区无一上榜，明显处于较大劣势。

（三）企业引才用才主体作用发挥不够

大部分企业认为买技术比引人才更划算，多以柔性项目合作为主。企业人才意识有待提升，没有真正算好人才这本大账。近些年，企业研发投入有所放缓，一般来讲，企业研发投入与企业引才数量呈正相关。以宁海为例，2022 年全县营业收入前 20 强企业的总研发费用为 14.35 亿元，占营收比重为 1.74%，低于全县平均 0.9 个百分点，导致全县万名就业人员中 R&D 人员从 2021 年的 209 人年/万人下滑到 2022 年的 201.8 人年/万人，掉出全市第一方阵。

（四）城市环境和文化氛围存在缺憾

城市环境和文化氛围对人才引育同样具有重要影响。宁波南翼地区在城市规划、基础设施建设、文化活动等方面可能还有待提升，这可能会影响人才的生活质量和归属感。一个良好的城市环境和文化氛围能够为人才提供舒适的生活和工作环境，增强他们对地区的认同感和归属感。

宁波南翼地区人才引育问题的深层次原因涉及经济发展水平、人才政策与引育机制、产业结构与创新能力以及城市环境与文化氛围等多个方面。为了有效解决这些问题，南翼地区需要综合考虑这些因素，制定更加全面、系统的人才引育策略。

四、国内同类城市特色做法和经验启示

（一）各种人才政策总结

从各地引才模式来看，大抵可以归纳成政策引才、平台引才、城市引才和产业引才四类。

"政策引才"主要通过投入大量的真金白银吸引人才。比如，绍兴上虞

对新引进的博士给予 25 万元的安家补助和 50 万元的购房补贴，宁波为 15 万元的安家补助和最高 35 万元的购房补贴；再如，海南海口对新引进的全日制硕士、本科生分别给予房租补贴 2.4 万元 / 年、1.8 万元 / 年，宁波给予硕士和本科生 1 万元 / 年的房租补贴。但是，近年来上级明令禁止通过政策"攀比"、恶性竞争等方式引才，同时各地政策也逐渐趋同，靠传统"砸钱引才"的方式已难以为继。

"平台引才"一般见于高校、科研机构能级强、数量多的地区，创新平台是人才实现自我价值的重要舞台，对人才特别是高端人才有着强大的吸附能力。比如，成立于 2017 年的之江实验室，目前人才队伍总规模已突破 4000 人，学术带头人近 260 人，研究人员中博士以上学历占比超 90%；宁波东方理工大学（暂名）筹建不到 3 年时间，已引进海内外院士 7 人、核心教研人才 52 人。根据教育部最新公布的全国高等学校名单，被称为"大学之城"的武汉和西安，分别拥有高校 80 所、63 所，宁波仅有 14 所，目前宁海暂无高校落地；全市共有 26 家重点创新平台，宁海无一上榜。总体来看，宁海在"平台引才"方面处于较大劣势。

"城市引才"适用于北上广深等重点城市，这类城市吸引人才主要有两方面优势：一方面，医疗、教育等资源丰富、水平较高，餐饮娱乐、购物休闲等服务功能比较完善，能满足各类人才高品质生活需求；另一方面，城市外向度较高，包容性更强、发展机会更多，具有吸引人才的天然优势。

"产业引才"主要有两个方向：一是依托优势产业精准招揽各类创新人才，推动优势产业创新迭代，持续保持行业领先地位；二是依托强大的产业链优势，吸引上下游优质的创业人才团队集聚，不断实现产业强链延链。以江苏溧阳为例，2016 年引入宁德时代长三角基地，现已带动集聚了动力电池上下游产业 60 多个项目，汇聚了 18 位院士、150 余位国省级人才、超 1 万名高层次人才，成为国内产业链完备、产出规模最大的动力电池产业集群。

综上分析，借鉴江苏溧阳产业引才成功案例，产业引才模式将是下阶段南翼地区人才工作的重要抓手。

此外，要特别注重与高校、科研机构的合作。宁海的乌材所是中国中心为核心，与乌科学院及下属 7 大所、基辅理工大学等构建合作矩阵，引进乌方专家 23 名，其中国家级人才 8 人、省级人才 2 人。强化中乌合作平台与高校、科研院所、企业的人才合作共享机制，突破县域教育条件对高层次人才培养的制约，通过借助中东欧高层次人才力量，以"传帮带"和二次创新的形式合作开展新材料领域基础技术研发，培养一支以中青年骨干力量为核心的国内技术研究团队。近年来，中乌合作平台健全"1+X"合作运行模式，建立宁波大学、辽宁轻工科学研究院、江西理工大学 3 个分中心，同时与宁波大学签约共建高性能轻量化制造研究院、研究生实训基地等新型平台，通过"人才—技术—产业"转化培养机制，进一步扩大人才集聚规模，加快形成国内新材料领域高层次人才蓄水池。

（二）与南翼类似地区的典型案例

与宁波南翼地区经济体量相似一些周边城市的成功案例更值得我们关注研究，如绍兴柯桥区、无锡惠山区以及常州市武进区等地。

1. 着力于营商环境优化，特别聚焦于"人才 +"专项支持计划

柯桥区通过实施专项服务政策，旨在集聚新材料、生物医药、泛半导体等战略性新兴产业领域的人才项目。柯桥区设立了"人才 + 大赛""人才 + 基金""人才 + 平台""人才 + 产业"四大专项支持计划，对入选的人才项目提供资助和后续发展扶持，金额从 100 万元到 700 万元不等，甚至有的项目可以获得最高 2000 万元的资助。这样的政策力度，显示了柯桥区对于引进高质量人才项目的决心和投入。

此外，柯桥区还举办了如"海创赛"等创新创业大赛，通过比赛的形式吸引海内外高层次人才和项目。在这些大赛中脱颖而出的项目，不仅可以获得丰厚的奖金，还能获得项目落地奖等实质性的支持。同时，根据柯桥人才新政 4.0 版的规定，对于认定为特定级别的人才和项目，还有高额的项目资助和奖励。

2. 注重优化人才引育政策体系，激活聚才内生动力

惠山区明确人才考核导向，将重点人才引育列入高质量发展考核指标，并完善双招双引考核实施办法。同时，党群部门、招商部门、专业园区等通力合作，形成招才引智的叠加优势。惠山区还释放人才政策红利，从人才、企业、引才机构三个维度精准发力，升级实施聚才留才微政策，并出台海外

引才奖励办法。此外，该区还搭建国际高精尖人才"服务直通车"，给予特殊待遇和一事一议的支持。在创业支持方面，惠山区制定"科技＋金融"双轨驱动创业支持政策，设立招才引凤"金融基金池"，发布科技贷款、融资担保等金融产品，以支持人才创新创业。

3.致力构建更加积极、开放、有效的人才政策体系

武进区通过提供优厚的待遇和福利，如人才公寓、住房补贴、子女教育等，来吸引人才。同时，该区还加大对创新创业人才的扶持力度，通过设立创业基金、提供创业指导等方式，鼓励和支持人才在武进区创新创业。此外，武进区还积极搭建人才交流平台，促进人才之间的合作与交流，推动人才与产业的深度融合。

对于宁波南翼地区来说，可以从这些城市特别是可以从相同特点城市的特色做法中汲取经验启示。以人才技术集聚为方向，以产业化应用为导向，通过整合政府、平台、高校、科研院所、企业等多方合作拓展县域资源，强化科研技术链、材料应用链、高端人才链"三链融合"，将县域城市打造成科技创新、成果转化、科技服务、人才培养、国际合作"五位一体"的人才技术辐射中心。

五、南翼地区优化人才引育政策的对策研究

南翼地区深化特色产业引才路径，必须坚持系统思维，以强化党管人才为统领，以体制机制改革为先导，以全方位引育人才为主线，以平台提能造峰为抓手，以人才生态优化为保障，加快形成一批具有地区辨识度的首创性、标志性成果，为推进中国式现代化县域先行新征程提供源源不竭的人才支撑。

（一）深化体制机制革新

1.顶层设计，构建多元开放引才机制

配强产业引才工作力量，组建人才战略咨询委员会，加大对人才、科技工作的顶层规划和战略设计；筹建人才发展集团，整合人才招引、基金运营、住房保障等资源要素，探索构建市场化、专业化、产业化的现代人才发展新体系。聚焦城市能级和重点产业定位，立足城市发展实际需求，以市场

为导向，因地制宜出台一些"小而美""专而精"的产业人才专项政策。

例如，宁海应聚焦"3+2"产业赛道，研究制定产业人才专项政策，着力形成产才融合差异竞争和"错峰"引才优势。通过柔性引进、项目合作等方式持续引进中东欧专家团队，进一步增强研究力量，充分挖掘外专人才的技术优势与市场需求的结合点，引进新材料方面的金属溶液微吹排技术、防腐材料技术、高性能钨铜基复合材料等研发团队。

靶向精准引才，定期发布产业发展紧缺人才目录，配套编制产业人才地图，特别是注重引进青年人才担任科技攻关负责人、优质项目带头人，力争每年实现10%动态增长。建强引才网络，配齐"双招双引"人员力量，拓展强化异地商会、宁海中学校友会等平台引才功能，常态化开展招才引智活动。

2. 深耕产业，大力培育本土产业人才

强化企业家队伍建设，把抓好企业家队伍作为推动人才引育工作的源头工程，深入实施新生代企业家培育、经营管理人才素质提升工程，不断增强企业家的人才理念和创新意识。强化本土工匠队伍建设，放大产业人才学院品牌效应，强化校地企合作，推行企业定制班培养模式，统筹抓好卓越工程师、缑城工匠建设，力争每年新增高技能人才5000人以上。

深化产教融合、校企合作，拓宽教育培训、技能提升、交流学习等渠道，鼓励并支持人才持续学习和自我提升，充分提供发展和晋升机会，注重人才的个人成长和职业发展。

建议南翼地区高度重视高层次技术人才自我培养的重要性和紧迫性，统筹教育项目建设，以发展应用型高等院校为重点，以资源共享、功能互补、产学研一体化为目标，创造条件，引进一批高等院校科研机构，建设1~2所具有一定规模的本土应用型高等院校，加速推进高技能人才本土化培养，使其成为南翼地区经济社会发展的新引擎。

3. 提级服务，完善人才全生命周期管理

整合优化"人才码""企服通"等数字化平台，集成政务服务、双创服务、生活服务等多个功能模块，实现人才服务"一码集成、码上通办"。建立项目立项、日常管理、年度考评、经费拨付、结题验收、退出机制等项目全环节管理流程，运用数字化手段，全过程跟踪服务人才项目情况。加快人力资源、科技服务、金融创投、知识产权等要素的市场化配置和集成，力促项目精准落地、高质量发展。

建立健全"以实绩论英雄"的人才评价机制，提供优厚福利待遇，提高对人才的吸引力。加快建立以创新价值、能力、贡献为导向的市场化评价体系，健全以转化应用为导向的科技成果评价机制。

（二）强化平台载体优势效能

1. 放大重点平台整体效能

以一流标准建强甬南双创大走廊，打造"实验室 + 众创空间 + 孵化器 + 加速器 + 产业园区"的全链条创新创业孵化体系。建议市级出台扶持政策，更大力度支持宁波南部滨海经济开发区、浙江象山经济开发区等跨越式发展，使之成为宁波经济新的增长极。全力推进光伏储能省级高新技术产业园区、宁波（大目湾）青创城等一批标志性科技创新平台创建建设。支持机械科学研究总院南方中心、乌材所中国中心、海洋生物种业研究院等现有重大平台建设。优化人才资源配置，加强政策、要素和服务供给，打造"实验室 + 众创空间 + 孵化器 + 加速器 + 产业园区"的全链条创新创业孵化体系，形成平台赋能区域发展、区域发展反哺平台攀高的良性循环。

2. 做大企业自主创新效能

推进企业平台建设，积极引导"大优强"、单项冠军、专精特新"小巨人"等企业建设重点实验室、工程技术中心等高水平创新机构，积极对接甬江实验室、宁波大学等科研院所，不断提升企业的人才密度、创新浓度。鼓励企业、高校、科研机构之间加强合作，共同开展技术研发、人才培养等活动，推动产业升级和人才结构优化。促进各类创新要素创新资源向企业汇拢集聚，打通以研促产、以产带研内循环。

3. 放大特色载体品牌效能

放大品牌效应，更大力度支持与各类高校科研院所共建产业学院和实训基地。如宁海，可以深化与浙江工商职业技术学院合作机制，整合现有县内职技校资源，通过校区合并、专业调整、师资融合等手段，升格建设为高等职业院校，为本土化培养高技能人才提供坚实基础。念好"山海经"，做大做强"山海"产业，突出文旅融合优势，聚力引育一批文旅、文艺领域高层次人才团队。厚植技能人才优势，加快推进产业人才学院建设，发挥政策优势，放大品牌效应，更大力度支持与各类高校院所共建产业学院和实训基地，努力打造校企赋能、产教融合的"四方联动"大国工匠培养示范样板。

（三）优化人才生态服务

1.优化营商环境，助创业

强化企业"精准画像""一企一策"，持续推动头部企业向链主企业转变、腰部企业向头部企业跃升、小微企业向规模以上企业升级，形成大、中、小企业融通发展格局。加快提升软硬综合营商环境，切实解决企业后顾之忧为人才和人才企业提供更高效更便捷的服务。系统重塑高层次人才项目评审管理机制，着力打造源头把控优、过程服务好、后续成长快的一流引才营商环境。加速人才、服务、业态"三导入"，深入探索个性化、定制化、精准化的人才服务模式。助力企业转型升级，更快更好地搭上南翼发展"主赛道"，进一步提高产业本地化配套水平，形成强大的产业生态圈。

2.支持创新创业，促发展

出台专项政策，大力支持南翼地区重点产业的创新创业，对入驻园区的企业给予专项优惠政策。鼓励优秀青年创新创业，并给予一定的房租减免、金融支持以及创新贡献奖励等政策。建立健全人才服务机构，提供一站式、便捷高效的人才服务，包括就业指导、职业规划、法律咨询等。鼓励工会、共青团、妇联等群团组织定期开展青年活动，营造宜居宜业的环境氛围。

3.优化生活环境，强保障

市级层面要优化南翼地区交通、学校等基础设施布局，加速推进G15改扩建、城轨等建设，改善城市环境，提升城市品质，优化完善城市新场景和新业态。加强托幼、义务教育、医疗保障、文化休闲体育等公共服务配套升级，为人才提供舒适的生活和工作环境。

4.优化社会环境，浓氛围

做好产城人融合文章，借力特色节庆，高标准谋划举办招才引智专场活动，大兴敬才、爱才、重才之风。组织部门要积极出台相关政策，特别要持续加大落实力度，定期举办人才交流活动、招聘会等，为人才和用人单位提供交流平台，促进人才与产业的对接。各级媒体要加强宣传报道，引导全社会营造良好的人才氛围，利用多种渠道，加强对南翼地区人才政策的宣传和推广，提高政策知晓度。

黎　震

余姚市融入国家"3+N"人才战略布局的路径研究

中央人才工作会议明确提出加快建设世界重要人才中心和创新高地的战略布局，并提出了"3+N"人才战略布局的具体思路，这是党中央对加快建设人才强国作出的战略决策，是做好新时代人才工作的总抓手。目前，县级城市并未在国家"3+N"人才战略布局总体方案和省级建设方案中被赋予一定的功能定位，但县级城市既是承载国家人才发展战略部署的微观基础，也是人才链与创新链、产业链、资金链、深度融合的重要纽带，如何找准县级城市在国家"3+N"人才战略布局中的位置，厘清县级城市在下一轮人才竞争中面临的特征挑战，进而明确县级城市主动融入国家"3+N"人才战略布局的发展对策，具有十分重要的理论价值和现实诉求。

一、县级城市融入国家"3+N"人才战略布局的条件分析

（一）县级城市的共性特征分析

1.经济与产业结构共性特征

一是前沿产业、战略性新兴产业发展不充分，产业转型进展缓慢，即使以余姚为代表的产业发展基础比较好的长三角地区县级城市，也以传统制造业为主，高科技企业较少，面临较大的转型升级和环保压力；二是创新研发投入不足，科技服务业支撑能力偏弱，普遍面临科研资源稀缺的问题，企业在科研创新上的投入不足；三是县级城市产业集中度和集聚度不高，产业发展"低小散"特征突出，支柱产业发展不充分。

2.区位与城市建设共性特征

一是县级城市城区规模普遍较小，土地开发并不充分，限制了县级城市中心区的集聚能力，但同时也意味着县级城市具有较大的土地利用空间和发展潜力；二是城市建设较为落后，县级城市的城市化水平普遍不高，城乡结合特点比较突出；三是县级城市与中心城市的交通普遍有待加强，除少部分邻近中心城市，大部分县级城市与中心城市的距离较远，连通性较低，具有较大的提升空间。

3.人口与人才发展共性特征

一是青年人口流失。县级城市人口普遍存在向大城市转移流动趋势，造成人口规模尤其是年轻人口的流失，县级城市尤其是以余姚为代表的东部发达地区县级城市，历经多年城镇化建设，年轻人口已基本从农村地区转移至城区，实现大规模增量已较难实现；二是与产业高质量发展相匹配的紧缺型人才普遍存在短板，县级城市普遍缺乏高等教育资源，高端人才的培养能力受限，加之受过高等教育的年轻人才流失，面临着较大的高端人才缺口；三是存量人才层次低和分散化，存量人才以技能人才为主，高层次人才缺乏且分散在不同产业，集中程度低，未能形成明显的产业导向的人才集聚。

4.创新主体和平台建设共性特征

一是普遍缺乏高水平的大学和科研院所，除极少数个例县级城市拥有本科院校，绝大多数县级城市没有高校资源，个别拥有高校资源也以职业技术院校为主都缺少本科级别的高校资源。二是高水平科创平台和设施缺乏。目前国家级的重点实验室、重大科技基础设施、大科学装置等主要分布于大型城市，县级城市该方面的资源非常匮乏。

（二）县级城市在国家"3+N"人才战略布局的功能定位

1.成为人才高地战略布局的空间节点

县级城市作为城市竞争和人才竞争的基本单元，在"3+N"战略布局下，能通过自身的相对优势，如低住房成本、低用地成本、低生活成本等，成为吸引人才及人才项目的重要空间单元和+"3+N"战略布局的重要空间节点。"3+N"中心城市对县级城市具有虹吸效应的同时，也会带来一定的人才外溢、产业外溢和技术外溢机遇，通过上下结合、串珠成链等方式，推动县级城市在科技教育人才方面的差异化、互补式联动发展，用好周边中心城市人才密度大、层次高、门类全等优势。

2. 成为人才高地战略布局的产业节点

"3+N" 战略布局以建设成为新一轮科技革命和产业革命的重要策源地为核心，强调在重要领域引领全球产业发展，因此 "3+N" 战略布局对相应城市的产业发展都形成了一定的要求。例如，北京以集成电路、关键新材料等关键产业核心技术攻关，上海在电子信息、生命健康、新能源汽车、现代金融等重点领域高端人才集聚，杭州围绕数字经济、宁波围绕新材料等培育一批科技领军企业。因此，县级城市可以充分发挥产业节点的功能和优势，积极承载中心城市的产业支撑要求，瞄准重点产业发展方向，布局一批具有特色优势和竞争力的产业和关键技术攻关。

3. 县级城市成为人才高地战略布局的科技节点

当前，区域协同攻关成为解决"卡脖子"技术难题的关键实施路径，重大科技攻关不仅需要科研前端的重大科技研发平台和高水平大学，也需要后端产业研发平台的一线验证，并实现最终的产业化，对毗邻 "3+N" 战略布局中心城市的县级城市，能通过发挥自身的产业基础、政策优势，积极承载中心城市的产业需求和科技需求，成为 "3+N" 人才高地战略布局的重要科技节点。

二、县级城市融入国家 "3+N" 人才战略布局的路径分析

（一）依托产业发展的融入路径

依托产业优势补齐核心城市短板，在核心城市人才高地建设分工中发挥积极作用，是县级城市融入人才高地建设的有效途径之一。县级城市的产业优势主要体现在两方面：一方面，一些县级城市通过长期的积累，发展出了一些特色的高精特新"小巨人"企业，甚至在一些特定产业内具有明显的产业链和产业集群优势，可以为核心城市补齐产业短板，承接科技成果转化等方面发挥积极的作用；另一方面，一些县级城市依托自身资源禀赋，发展出了国家乃至世界级的特色产业，并围绕特色产业建设了相应的研究机构，通过特色产业可以为核心城市提供配套和供应链支持，还可以在特定领域为核

心城市提供智力支持。

（二）依托科教设施的融入路径

共享重要科技设施、提供优质人才服务，为核心城市人才高地建设提供助力，是县级城市融入人才高地建设的重要途径之一。县级城市能提供的设施和服务主要体现在以下几个方面：首先，一些县级城市建设有国家级或省级的科研设施，可以通过共享的方式开放给核心城市所在机构和企业使用，从而加强与核心城市的合作；其次，一些县级城市拥有较好的教育资源，可以部分针对核心城市高级别人才子女开放，加强与核心城市的教育合作；最后，县级城市可以利用自身在特定产业上的政策优惠，吸收核心城市溢出的产业和人才。

（三）依托区位优势的融入路径

依托区位优势融入高地或核心城市"都市圈"建设，发展配套产业是县级城市融入国家人才高地战略布局的重要路径之一。区位优势首先体现在地理位置上，一些县级城市毗邻中心城市，或处于多个中心城市之间，这种地理位置一方面提供了往来县级城市和中心城市的交通便利，从而为县级城市发挥居住和生活低成本优势，吸引中心城市人才来此居住生活提供了契机。另一方面，地理位置的优势也给县级城市发展与中心城市匹配的配套产业和供应链企业提供了机会，同时也更容易吸收中心城市溢出的高校、研究所等科研载体和平台资源。

三、余姚的基础优势与困难分析

（一）基础优势分析

1.区位优势比较明显

余姚地处长三角经济圈内上海、杭州、宁波经济"金三角"核心地带，东接宁波市区，西临绍兴，北与上海隔杭州湾相望，域内有高铁、萧甬铁路及杭甬高速等横贯东西，并设有余姚高铁北站等枢纽，往北经杭州湾跨海大桥到上海仅需2小时车程，具有便捷的海陆空交通和得天独厚的区域优势。同时，余姚也是"一带一路"、长江经济带、长三角一体化发展等重大部署交叉叠加的县级城市，重大战略叠合交汇，为余姚更深层次更高水平融入国家"3+N"人才战略布局提供了新空间。

2.经济产业基础整体较好

近年来，余姚依托原有的产业基础，着眼打造先进制造业高地、建设智能经济示范区，推动了智能光电、机器人等一批特色小镇建设，产业结构正从散点式向集群化、从传统制造向高端制造转型，智能经济正成为余姚发展的"新引擎"。2022年全市实现地区生产总值1513亿元，财政总收入206亿元，人均GDP达12万元，全市累计认定国家高新技术企业581家，省科技型中小企业1816家，设立研发机构企业数达859家，位居全省第二，特别是龙头企业舜宇光学6年蝉联《财富》中国500强榜单，2020年首次跻身中国企业500强。良好的产业经济基础为余姚加快重塑人才集聚核心竞争力，更好地参与全球人才竞争创造了良好基础和有利条件。

3.双创平台建设有一定基础

近年来，余姚引进或新建了一大批平台，如中东欧国际产业合作园已在中意宁波生态园正式揭牌，浙江余姚人才创业园成功获批国家级留创园、国侨办"侨梦苑"等，新建设宁研院、阳明工研院等科研机构，新引进浙大机器人研究院、诺丁汉余姚电气研究院等一批科创载体。大力培育企业创新载体，累计建成院士工作站19家，博士后工作站31家，各级研发中心404家，企业研究院28家。

4.人才工作底盘基础比较扎实

多年来，余姚大力实施"姚江英才计划"等重点人才工程，持续强化高层次人才引进培育工作，为融入国家人才战略布局打下了良好基础。截至目前，余姚累计自主申报入选国家、省重点人才计划专家120余人，省领军型创业创新团队12个，宁波"甬江人才工程"（含原"3315系列计划"）117个，22家人才企业成长为规模以上企业，4家人才企业被列入国家专精特新"小巨人"企业名单，江丰电子和甬矽电子相继成功上市，人才企业上市数列宁波第一。

（二）困难挑战分析

1.高端人才和青年人才流失的挑战

余姚坐落于沪杭甬三大城市的几何中心位置，虽坐拥得天独厚的区域位置优势，但与中心城市有显著的能级差异，在科技、产业、基础设施、营商环境、人才发展治理政策等方面无法与中心城市相比，人才虹吸效应大于人才溢出效应将成为今后一段时间的常态。以海外人才为例，根据《2023海外留学人才就业发展报告》，猎聘大数据显示海外人才最期望的前四城市是上海、北京、深圳、广州，占比分别为31.13%、16.19%、10.68%、6.05%，累计占比超过64.05%，显示北上广深等超大城市依然是其最期望的城市。特别是在国家"3+N"人才高地战略布局下，北上广深及若干中心城市将建设更多更强科研创新平台，各类高端人才、优秀青年人才向中心城市进一步集聚的趋势将进一步凸显，对余姚人才集聚和留住人才形成较大的挑战。

2. 产业竞争力与体系化培育的挑战

伴随着超大城市和中心城市人才、产业、教育和科技的快速发展，大城市能以相对较低的成本来推动产业尤其是高新产业和战略性新兴产业的快速发展和集聚。对县级城市来说，对一些非传统优势的产业带来挑战，一是难以培育成较有影响力的产业体系和产业集聚，二是一些非优势产业"留不住人、引不来人"的困境将日益突出。从余姚来看，产业发展短板主要体现在产业链高端环节、核心产品、关键技术等领域的核心竞争力仍然偏弱，科技含量较低。例如与慈溪、昆山两地作比较，余姚2023年上市公司为17家，超越了慈溪市的12家，但与昆山的41家相比差距依然较大；余姚规模以上工业企业R&D经费支出占营业收入比重达到2%，不仅高于慈溪的1.34%，也高过昆山的1.42%，说明余姚规模以上企业对于研发的重视力度是足够的，但在规模上仍具有明显的劣势，高新技术企业只有294家，低于慈溪的380家，相较于昆山的2014家则差距尤其巨大。

3. 创新主体和平台建设不足的挑战

余姚缺乏具有全国影响力和竞争力的高能级创新平台，没有国家级的重点实验室、工程中心、企业中心、科技孵化器等"国字号"创新载体，导致人才等高端创新要素的吸引力、竞争力不足。与江苏江阴、昆山等发达县级城市相比，余姚拥有国家级和省级层次的各级研发中心分别为3家和64家，而江苏江阴拥有国家级研发机构8个、国家级科创载体8个、诺贝尔奖得主研究院6家，江苏昆山则拥有博士后工作站多达79家，余姚只有18家，均体现出较大差距，与慈溪 22 家相比也略有差距。同时，余姚也缺少高校资源和科研院所，没有普通的本科或高职院校，更缺乏能承载战略型顶尖创新人才或帅才型领军创新人才的"双一流"高校，昆山市不仅有 2 所本科、3 所专科院校，而且其中有高水平、国际化的昆山杜克大学，慈溪也已拥有宁波大学科学技术学院一所本科院校。

四、余姚市融入国家"3+N"人才战略布局的对策建议

（一）强化产城人文融合，推进城市整体融入战略布局

1. 打造人才引领"四链"融合发展先行区

聚焦新材料、智能制造等标志性产业集群，深化实施"姚江英才"等重点人才工程，分领域建立人才引育任务清单，围绕优势资源、特色产业、重点项目按需靶向引才育才，通过促进战略性新兴产业集聚发展，激发人才"聚变"效应。立足既有产业优势，完善"企业出题、政府立题、联合破题"科研攻关机制，以揭榜挂帅制、赛马制、创新挑战赛等方式，努力集聚国际顶尖人才，依托产业一体化以及周边地区的人才共享共用，促进人才链与产业链的互补共享，形成"以产引才、以才促产、产才融合"的良性循环。

2. 探索建设姚江科创走廊

结合宁波甬江科创大走廊的重大战略部署，在沿姚江优势地段谋划打造姚江科创走廊，强化新材料、机器人等研发创新方向，建设沿姚江两岸为主轴的产业创新带，集全市之力打造面向世界、引领未来、支撑产业的区域科创策源地和人才集聚高地。谋划建设姚江人才科创大厦，营造集科研、交易、转化、孵化、创业等功能于一体的多元创新综合体。加强与甬江科创大走廊的整合互动，不断提升应用研究、开发研究以及科技成果转化能力，促进打造长三角重要科创策源地的余姚节点。

3. 整体提升城市引才竞争力

结合"余山姚水阳明心城"打造城市形象，努力增强人才、产业、科技等政策供给的集成性、灵活性和系统性，促进人才、教育、科技、经济、社会等方面政策措施的有效衔接，加快推进国土空间等各类规划编制，加速推动龙泉山、北部融湾新城等重点片区开发，为产业迭代、人才创新腾出更多

新空间，全域提升人居环境、彰显历史文脉、提升空间品质、激活发展动能。积极谋划并争取以余姚北站为节点，通过高速轨道连通萧山机场与宁波西枢纽，加速余姚融甬联杭接沪进程，提升交通枢纽功能。

（二）改进人才招引模式，全力优化人才项目招引体系

1.提质升级本级人才计划体系

着眼构建"数量合理、结构优化、质量提升"人才计划支持体系，发挥政府引导和市场运作协同作用，通过整合、优化人才计划项目，着力形成"姚江英才"引才计划和"四明英才"育才计划两大体系。加强产业人才需求预测，精准引育重点产业链急需紧缺人才。改革"姚江英才项目"，谋划实施海外专项，探索标准化认定机制，推进人才计划遴选方式多元化，把工作履历、薪酬待遇、获得投资额度等作为确定支持对象的重要标准，提高项目支持覆盖面，发挥上级人才工程储备库功能。

2.推动人才链与项目链"双招引"

强化招商引资和招才引智联动，形成"团队＋技术＋资本"的招商模式，在招商引资中同步增加招才引智任务指标，集中火力开展招商引资和招才引智"双攻坚"行动。借力异地商会、市场化引才机构等渠道，加紧设立人才招引联络站，构建覆盖世界主要发达国家（地区）的招才引智网络。发挥峰会、大赛等重大活动引才作用，推进余姚民营资本与海外智力互动交流和深化合作，促进余姚企业、园区、风投创投机构与海内外人才、项目对接，推广"民资＋海智"的市场化引才模式。

3.全力激活引才工作市场主体作用

加强与省、宁波人才发展集团合作，谋划组建市人才发展集团，探索设立市场引才专项基金，加大市场化引才力度，落实引才伯乐专项、人才薪酬补贴和猎头服务补助等举措。激发企业引才主体作用，鼓励企业通过期权激励等形式引进高端人才，探索将人才作为要素市场化配置的重要指标，企业人才工作情况作为享受工业经济、用地指标、科技项目等方面优惠政策重要依据。

（三）布局高能科创平台，夯实高端智力承载支撑体系

1. 谋划建设战略性聚才平台

规划启动姚江实验室建设，以光学、新材料等领域基础研究、创新和应用转化为主线，布局若干个细分研究领域，聚焦国际前沿战略新技术攻关、"卡脖子"核心技术突破、创新链产业链融会贯通，集聚一批光学、新材料等领域顶尖人才、领军人才，着力打造为引领余姚科技创新体系的标杆性平台。推动与甬江实验室互动和整合，将姚江实验室打造成为甬江实验室重要的科创节点和产业化节点，共同推动重大技术攻关和产业化培育。

2. 推动既有创新平台扩容发展

推动中意宁波生态园快速融入前湾智造创新带，接住用好上级特殊政策。提升浙江余姚人才创业园能级，强化园区产业集群强链补链延链和园区"二次开发"。谋划开展"姚江英才"乡镇园创建，制定园区创建标准，加强园区招才力量和优质项目导入，打造乡镇人才创业园区矩阵。积极引进国内外知名高校在余姚设立合作办学机构或余姚校区，升级扩建浙江大学机器人研究院、宁波阳明工业技术研究院等既有平台，支持国内外知名高校、科研机构、行业龙头企业等来余姚设立研发机构，形成产学研良性循环生态。

3. 支持重大聚才平台灵活用才

面向重点平台、重点企业推出定制人才政策，完善"人才谁使用谁评价"体系，实行特殊评审和评价机制，推出"姚江英才项目"标准化认定直通车等举措，推行重点平台本级人才计划自主评审、入选项目自主管理，创新"以才荐才、以企荐才"等举荐制人才评价模式，丰富市级授权松绑改革工具箱，授予重点平台更多决策权、管理权。

（四）加强科研院所合作，推高区域产学研用协同水平

1. 加强产学研合作基地和技术创新平台建设

加强与浙江大学、宁波大学、宁波东方理工大学等高校合作，围绕重点产业、重点领域谋划共建成果转化中心、校地合作研究院、博士后联合培养流动站、产业技术研究院等，争取知名高校在余姚设立特色研发中心，结合市场需求深化校地合作，共同开展人才联合培养与科技协同攻关，推进余姚人才、产业和科技的对外交流合作。

2. 畅通企业与高校科研院所沟通渠道

推进企业与长三角高校合作对接，开展人才互派挂职、人才活动联办等，深化实施阳明学者制度，探索开展"百博入企""产业教授"等制度，支持更多高校科研教师到企业一线进行技术指导和人才素质培训。建立"双向征集"机制，梳理科技企业技术难题和需求以及高校科研院所科研成果，及时进行匹配，促进高校技术研发和科技成果来余姚转化。

3. 提升建设校企合作人才研发平台

加强企业人才研发机构建设分类指导，支持和指导企业采取不同模式建设研发中心、检测中心、设计中心等研发机构，尤其以科技型企业为主体，加强多层次企业实验室体系建设，打造一批具有余姚产业与科创辨识度的产业主导性重点实验室。因企制宜推进人才研发机构扩面攻坚，帮助有条件的企业积极创建认定各级企业工程（技术）中心。

（五）健全政策服务保障，打造人才创业创新最优生态

1. 构建人才创业政务服务支撑体系

切实加强人才创业创新要素供给和政策集成，努力为人才打造审批最快、服务最优、成本最低的创业创新软环境。完善宁波"人才之家"运行机制，进一步布局一批人才创新创业服务综合体，复制政务资源集成、人才驻停港、多功能展厅、路演平台等特色功能，为人才提供更加全面、便捷的一站式服务。加强与出入境管理相关部门对接，谋划构建集签证护照、工作居留许可、落户办证、海关税务、检验检疫等出入境和停居留服务快速办理于一体的绿色通道。

2. 营造人才安居乐业氛围

优化完善人才生活保障，面向来余姚应聘人才推出"大学生来余姚求职礼遇卡"，根据面向特定层次人才推出"人才礼遇卡"，功能集金融服务、健康医疗、安家落户、子女教育、休闲娱乐等各个方面，持续提升人才来余姚的认同感和归属感。推动人才社区纳入城市整体规划，完善人才社区建设顶层设计，加快谋划高品质人才社区，如结合黄山未来社区建设，配套建设国际化人才公寓和基础商业，打造集医院、学校等基础配套的"类海外"海智生活社区；结合剑江区块邻近才创园等特点，发挥局部人才集聚优势，配套

建设创客空间，推动实现"产城融合、职住一体、功能齐备、配套完善"。

（六）完善整体智治体系，构建动态全息人才治理机制

1. 数字化量化人才价值体系

构建人才积分指标体系，依据学历职称、创新价值、能力水平、薪酬评价、社会贡献等指标对在余姚人才动态赋予相应积分，对意向来余姚人才赋予模拟积分，作为余姚人才评价体系重要标准，分层分类纳入人才服务和激励对象。依托人才积分体系，构建企业人才创新指数评价体系，通过科学设置人才引育实效、人才密度、创新强度等量化指标，测评企业人才创新指数和人才企业成长指数，开展企业人才星级评定，推动能源、土地等资源向高星级企业倾斜。

2. 加快数字多跨场景应用探索

运用海量数据，精准推送政策礼包，并以定向发放和刮奖惊喜等方式推送甬城泊车券、观影邀请券、购物消费券、姚城欢乐游、酒店开心住等优惠，打造丰富应用场景。依托大数据，对职位信息和人才信息进行双向精准推送，双向降低企业求才和人才求职信息成本，推动人才引进、培养、评价、服务等各个环节无缝对接、紧密相连。提高人才积分在全市金融机构、教育医疗等社会服务机构的认可度，推动提高人才积分与"人才贷"等信贷产品关联度。

中共余姚市委组织部课题组

鄞州区推进产才融合的现状、问题及对策

2023 年 9 月，习近平总书记亲临浙江考察，作出的重要讲话中，明确指出"提高科技创新能力，人才是关键""推动创新链产业链资金链人才链深度融合"。深度推进产业人才融合、高水平建设产业人才高地，是鄞州区贯彻落实习近平总书记考察浙江重要讲话精神，融入国家人才战略，形成人才竞争比较优势的具体行动；是鄞州区发挥自身产业优势，服务锻造硬核力量，加快打造人才强区创新强区的有力举措。

本文从鄞州区人才需求和产业基础出发，结合百企大调研已走访的 150 余家重点企业的实际情况，系统梳理产才融合存在的问题短板，从产业端、人才端、政府端三个关键环节剖析内在原因，并提出相应举措建议，探索全区以高质量首善之区争当中国式现代化区域示范的人才路径。

一、鄞州区产才融合现状

近年来，鄞州区高度重视产业与人才"互促共荣"，抢抓重大机遇，积极承接全省"一号开放工程"试点项目，大力集聚海内外人才，全力提高产业链与人才链的匹配度、紧密度，推进产业与人才融合发展。总体来看，鄞州区产业和人才的协同发展呈现出以下三个明显特征。

一是产业基础日趋扎实，产才融合潜力增大。坚持先进制造业、现代服务业"双轮驱动"的产业发展体系，2022 年地区生产总值占宁波市的17.4%，其中第二产业占比为 26.9%，第三产业占比达到 71.8%，综合实力稳居全市首位。全区集聚了全市 2/3 的银行法人机构、区域总部以及一大批非

银金融机构，1/3 以上的航运物流企业和 4/5 以上的会展企业，1/2 以上的专业服务机构，拥有 40% 的律师事务所。同时，着力增强产业发展的接续性和竞争力，推动短板产业补链、优势产业延链、传统产业升链、新兴产业建链，打造"创新型初创企业—高新技术培育库企业—高新技术企业—创新型领军企业"的雁阵梯队发展格局，目前已拥有中国 500 强企业 5 家；上市企业 25 家（次），全市第一，国字号单项冠军企业（产品）21 家、国家级专精特新"小巨人"企业 75 家，总量均稳居全省第一，高新技术企业从 2017 年的 250 家增加到 2022 年的 873 家，作为浙江省首批创新型试点城区，产业优势和未来发展潜力较大。

二是各级人才加速集聚，产才融合格局拓宽。截至目前，全区人才资源总量 43.84 万。累计引育国家级、省级人才工程、甬江人才工程项目 310 个，遴选支持区级人才项目 280 个，高层次人才集聚效应逐渐增强。聚焦技能人才队伍，率全省之先启动"鄞州金匠"和"鄞州银匠"评选工作，共有 6 批 350 余人次获得"鄞州金匠银匠"殊荣，带动全区高技能人才（见图1）等指标稳居全市首位。近两年来，随着青年大学生专项政策及博士后工作日益成熟，年均引进青年大学生超 4 万人，依托全省首个"博士后工作服

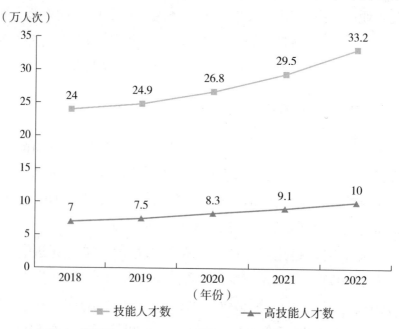

图 1　鄞州区 2018—2022 年技能人才数和高技能人才数

务基地"、全区 59 家工作站引育的 220 余个博士后，获发明专利授权 700 余项，为企业新增产值超 100 亿元，人才硬实力正在逐步转化为产业发展的原动力。

三是平台载体不断发力，产才融合生态向好。以国家级"双创"示范基地为重要抓手，出台"众创空间—孵化器—加速器"全链条孵化政策，持续完善平台雁阵格局，发挥重点平台对产业人才的带动作用，推动产学研协同创新。当前全区拥有各类科技创新创业平台 51 个（其中国家级平台 14 个），孵育企业年产值近 100 亿元，其中产值超千万元孵化企业 108 家（其中超亿元企业 11 家），在孵平台数量、体量和质量均稳居全市第一方阵。重点打造的特色平台中，宁波院士中心充分发挥"顶尖智力对接交互枢纽"作用，启用三年来已累计促成 40 个院士合作项目，109 位院士亲临现场为地方战略布局、产业发展贡献智慧；国家级人力资源产业园助力全区人力资源产业规模跃居全省第一。

从已调研重点企业的实际情况来看，"人才跟着产业走，产业靠着人才兴"的局面正在逐步形成，产业人才的培养、分布、需求、从业表现出鲜明的特色。

（一）在产业人才培养上，依赖一种主导模式

经统计分析，被调研企业主要通过以下四种方式来培养产业人才，弥补人才缺口：一是与上下游客户或合作方携手，通过共同培养的形式，提升企业人才的实践能力和综合素质。二是与高校院所合作，借助高校院所丰富的教育资源和人才培养经验，共同打造企业发展所需的产业人才队伍。三是通过"揭榜挂帅"，面向社会征集选拔具有创新精神和突出能力的人才，为他们搭建平台，助力企业发展。四是通过内部长期积累，以企业内部系统的培训和实践，定向培养人才。在以上四种方式中，第二种方式所占比例达 48%（见图 2），远远高于其他三种方式。这说明了产教合作方式是当前鄞州区企业破解人才短缺的主要途径。

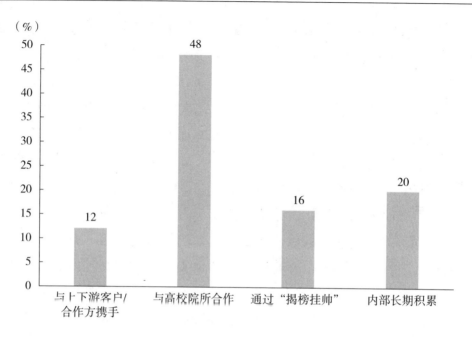

图 2　产业人才培养方式及占比

（二）在产业人才分布上，呈现两个集中趋势

鄞州区产业人才在地域分布和专业分布上都存在一定的不平衡性，集聚效应明显。一是区域集中。将国家级、省级、市级、区级人才计划入选数量，博士等高层次人才数量，海外引进人才数量，院士工作站（科技创新中心）和博士后科研工作站数量，中级职称自主评价试点企业和技能人才自主评定试点企业数量等五个具有代表性的指标按照镇（街道）、园区汇总，可以发现在全区 22 个镇（街道）、3 个园区中，潘火街道、姜山镇、首南街道、鄞州经开区和下应街道稳居前五位，各类指标合计占总数的 77%（见表 1），其余镇（街道）、园区各类指标仅占 23%。一定程度上说明了目前产业发展所需的各类人才在全区呈现出不均衡的分布。二是专业集中。对产业人才按照专业分类汇总，排在前五位的专业大类依次为材料类、机械类、电子类、化学类、计算机类，合计占总数的 78%（见表 2），与鄞州区先进制造产业发展表现出较强的一致性，与现代服务的契合度相对较低。

表1   产业人才相关指标分镇街、园区统计表

调研街镇	总计	国家级、省级、市级、区级人才计划入选数量	博士等高层次人才数量	海外引进人才数量	院士工作站（科技创新中心）和博士后科研工作站数量	中级职称自主评价试点企业和技能人才自主评定试点企业数量
潘火街道	69	30	5	13	9	12
姜山镇	49	19	1	14	6	9
首南街道	43	23	3	6	8	3
鄞州经开区	20	4	0	2	7	7
下应街道	18	7	2	1	4	4
云龙镇	9	1	0	3	4	1
五乡镇	8	1	0	2	3	2
东钱湖镇	6	1	0	3	0	2
中河街道	5	4	0	0	0	1
瞻岐镇	4	3	0	0	0	1
咸祥镇	4	1	0	3	0	0
横溪镇	4	3	0	0	1	0
高新区	4	2	0	0	1	1
东吴镇	69	1	0	0	2	1
百丈街道	49	2	0	1	0	0
明楼街道	43	1	0	0	1	0
钟公庙街道	20	1	0	0	0	0
塘溪镇	18	0	0	0	1	0
邱隘镇	9	1	0	0	0	0
福明街道	8	1	0	0	0	0
东胜街道	6	1	0	0	0	0
东郊街道	5	0	0	0	0	1
总计	258	107	11	48	47	45

表2　　　　　　　　　　　　　产业人才分专业统计表

专业分类	小计	潘火街道	首南街道	姜山镇	下应街道	鄞州经开区	五乡镇	其他街镇
材料类	40	10	4	7	4	4	3	8
机械类	23	6	2	3	2	3	0	7
电子类	15	6	5	0	0	1	0	3
化学类	12	5	2	0	2	0	1	2
计算机类	9	1	3	2	0	0	0	3
信息类	8	1	4	0	0	0	0	1
生物类	8	2	2	0	3	0	0	1
汽车类	5	0	1	1	1	1	0	1
医学类	4	0	0	1	3	0	0	0
自动化	3	0	1	0	0	2	0	0

　　在产业人才需求上，包含三大共性层次。已调研企业对产业人才的需求存在共性，整体上可分为三种层次：一是高层次人才。高层次人才是指处于产业前沿并且在相关领域具有较高影响力的人才，在调研企业中，过半企业（52%）主动表达了对高层次人才的需求（见图3）。但由于高层次人才薪酬高、

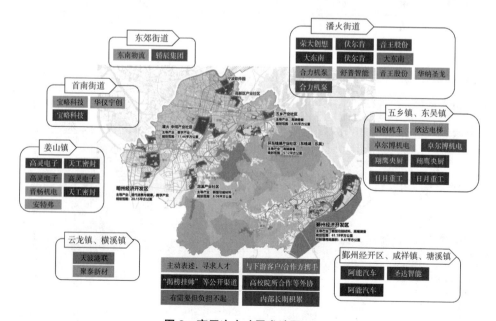

图3　高层次人才需求地图

产出投入比低等，有 16% 的企业表示负担不起直接引进的成本支出。二是中级人才。中级人才具体可细分为三类，即中级研发人才、中高级技能人才和技术类运营人才，已调研企业对中级人才的需求也很迫切（分别见图 4、图 5、图 6）。三是管理人才。管理人才包括中高级管理人才、研发管理人才、生产车间管理人才等类别，多数企业表示管理人才能够有效控制与降低生产成本，对企业发展有较为明显的推动作用，因此也是企业重点关注的人才群体。

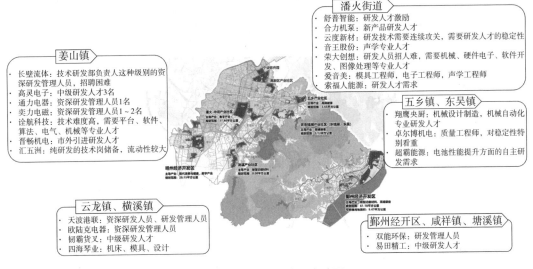

图 4　中级研发人才需求地图

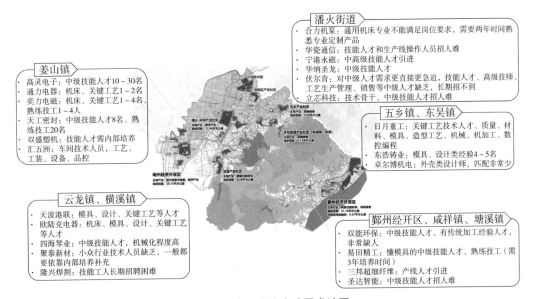

图 5　中高级技能人才需求地图

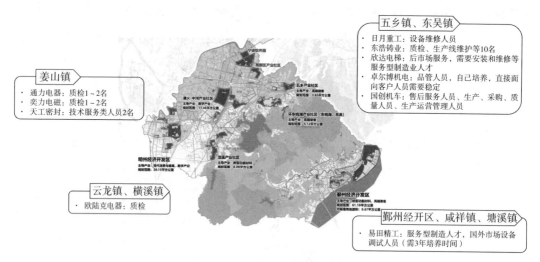

图6　技术类运营人才需求地图

（三）在产业人才从业上，涵盖四类市场机遇

产业人才从业领域可分为四种类型：一是重大行业市场，指具有市场前景好、发展速度快、财税贡献大、技术含量高等优势的重大产业，调研中以新能源汽车及零部件产业为代表（见图7）。二是长期稳定增长的行业龙头，指依托龙头企业产业链长期稳定发展带动业务增长的产业，调研中相关产业包括关键基础部件、高端装备、电子材料和都市消费产业（见图8）。三是新

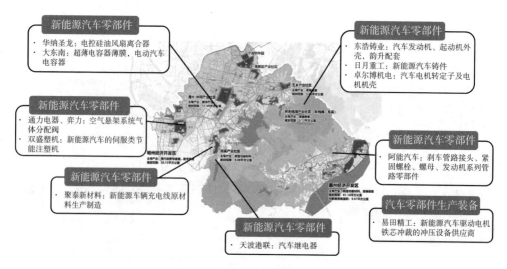

图7　重大行业市场产业地图

增市场机遇，指由于政策和行业形势变化等原因带来新增业务和新发展机遇的产业，调研中相关产业主要有节能环保与新能源装备、节能与新能源汽车等高端装备产业，软件与互联网等数字产业，都市消费产业（见图9）。四是潜力产业，指基于对企业的现场调研和综合评估得到的未来有发展潜力的产业，调研中相关产业主要有集成电路、电子材料等数字产业，健康服务产业和高端装备产业（见图10）。

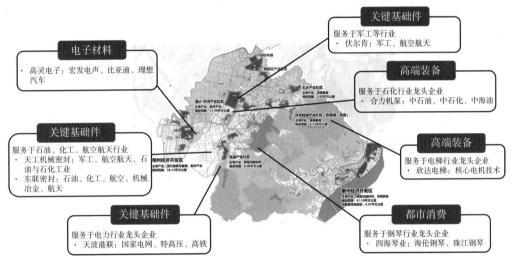

图 8　长期稳定增长的行业龙头产业地图

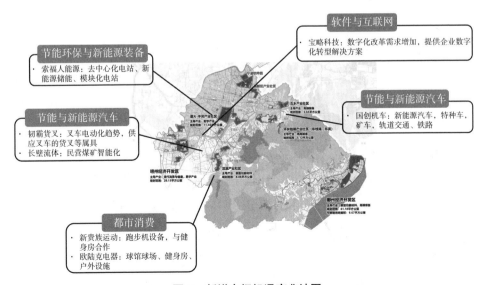

图 9　新增市场机遇产业地图

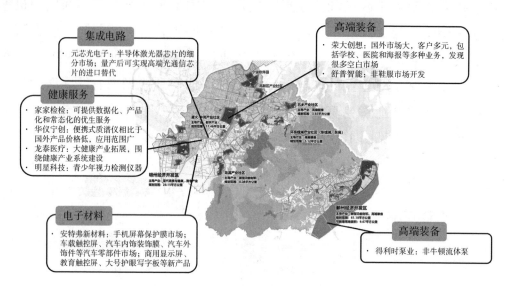

图 10　潜力产业地图

二、鄞州区产才融合存在问题

对标先进地区成功经验和"首善之区"目标要求，鄞州产才融合尚有一定差距，以产聚才、以才兴产的力度、广度和深度有待进一步提升，主要表现为"三个不匹配"。

（一）人才供给与产业需求不匹配

鄞州大力实施先进制造业和现代服务业双轮驱动战略，谋划打造"224X"先进制造业产业体系和"423"现代服务业产业体系，产业升级的步伐不断加快，对卓越工程师、高技能人才、高素质人才的需求日益增加，专业领域内具有实践创新能力的复合型人才严重缺乏。以数字产业和港航服务业两大重点发展产业为例，二者都面临专业性人才供给紧张的局面，2022年宁波大学相关学院毕业生占比分别仅有7.69%和3.76%，其中港航服务业从业人员学历整体偏低，据统计，全市约15万从业人员中，拥有硕士及以上学位占比不到5%，本科学历占比不到30%，中高级专业技术人员占比仅有15%。鄞州区相关产业的从业人员结构与全市基本保持一致，总体呈现操作型人才多而创新型人才少、单一型人才多而复合型人才少的困境，港航衍生服务的船舶经纪、船舶融资和租赁、海上保险、船舶交易、海事仲裁等方面专业人才极度紧缺。主导产业人才占比较小，成为鄞州提升产业竞争优势、推动经济转型升级的突出短板。

（二）就业结构与产业结构不匹配

2016 年行政区划调整后，鄞州产业结构发生显著变化，由制造业单轮驱动向制造业服务业双轮驱动转变，第二产业占 GDP 比重下降至 2022 年的 26.9%，第三产业占 GDP 比重上升至 71.8%，二者之比为 1∶2.67。就业结构也进行了一定调整，但 2022 年第二产业从业人员占比 45.7%，第三产业从业人员占比 54.3%，二者之比为 1∶1.19，与产业结构存在一定的不协调性与不对称性，与二、三产业之比差距较为明显。目前鄞州大量的劳动力滞留在第二产业，从业人员占比仍在 45% 以上，就业结构的调整滞后于产业结构的调整，协调性有待增强。

（三）引才主体与用才主体不匹配

企业是人才集聚主阵地，调动企业的主动性和积极性、发挥企业引才主体作用至关重要，但当下企业的主体作用不够突出，引才工作变成政府自弹自唱的"独角戏"。政府主导引才工作会出现以下问题：一是难以准确了解企业实际需求，无法保证人才与企业的价值观契合度，导致引进人才与企业要求脱节；二是不具备市场化的动态机制，难以根据市场需求灵活调整招聘策略以吸引和留住合适的人才；三是可能导致资源配置无效率、低效率，对特定行业或领域的人才提供更多支持和福利，一定程度上会忽视其他人才的需求。鄞州亟须提高企业对人才工作的认识、帮助企业充分发挥引才用才主体作用，通过提供政策支持、薪酬补贴、个税返还等方式，鼓励企业积极参与引才工作。

三、原因分析

针对上述问题，下面从产才融合的产业端、人才端、政府端三个关键环节进行剖析。

（一）产业端："三个不强"导致产才融合动力不足

一是龙头企业规模有限、实力不强。区内企业以民营为主，整体研发经费投入较低。2022 年鄞州区营收前 10 强企业中，规模最大的为中基宁波集团股份有限公司，刚刚迈过1000亿元营收的门槛，10家企业中有6家营收没有超过500亿元，与杭州余杭区（阿里巴巴营收8364亿元）、佛山顺德区（美的集团营收3412亿元）等先进地区差距明显。截至2023年7月14日，鄞州区上市公司市值最大的为宁波银行，为1669亿元，不到美的集团（4035亿元）的1/2。二是企业梯队结构不优、后劲不强。鄞州区企业总体呈现出明显的"金字塔"形结构，大型企业少，小微企业多。2021年鄞州区共有"四上"企业4041家，其中大型企业74家，占比仅1.8%。工业方面，鄞州区规模以上企业1357家，产值超亿元的300家，占比22.1%；慈溪市规模以上企业1730家，产值超亿元的521家，占比30.1%；北仑区规模以上企业1042家，产值超亿元的372家，占比35.7%。服务业方面，规模以上服务业企业1042家，营收亿元以下企业占绝大部分，营收超20亿元的1家，10亿～20亿元7家，5亿～10亿元30家，1亿～5亿元156家。三是高端业态量质不佳、牵引不强。鄞州区从成熟的纺织服装、机械加工等劳动密集型产业，向以智能化、数字化为核心发展的制造业转型升级，加快战略性新兴产业的发展，但多数企业无法完全掌握新技术、新科技，没有强有力的产业链共同体支撑，也缺乏核心技术和市场定价权。

（二）人才端："三个缺乏"导致产才融合活力不足

一是缺乏领军型人才，面临引领不足问题。鄞州区人才总量在全省领跑领先，自主申报和引进的国省级人才近年来也有了较大突破，但省市领军型人才引进和入选相对较少，领军人才对产业发展转型升级的引领作用仍不够凸显。二是缺乏竞争优势，面临人才流失问题。随着长三角一体化发展上升为国家战略，鄞州紧邻上海、杭州等中心城市，受到人才"虹吸效应"的影响，引不进、留不住的问题难以得到有效解决。近年来，在甬高校毕业生留甬就业比例始终不高，2022年宁波大学、浙大宁波理工学院、浙江万里学院等高校就业毕业生中，留在宁波的占比仅为40%左右，"留甬率"最高的宁波工程学院也只有53.10%（见图11）。三是缺乏一流高校，面临支撑乏力问题。由于起步较晚、基础较弱、积累不深等原因，宁波高等教育整体实力不强，层次结构偏低，尤其是优质高教资源较为缺乏。2022年在甬高校大学生中，全日制研究生仅占5.4%，教育规模只有杭州的8.8%，培养的毕业生学历层次与鄞州重点发展的产业所需不相适应，出现了本地培养的本专科毕业生遭遇产业端"不需要"或"用不上"的窘境，更难以发挥推动产业发展的正向作用。

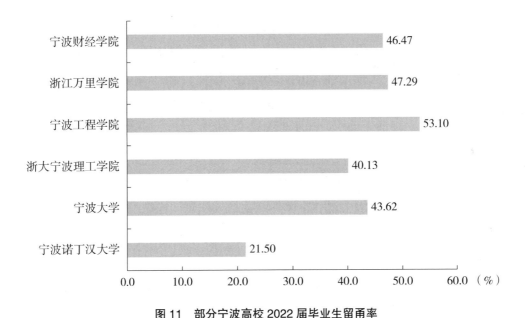

图 11　部分宁波高校 2022 届毕业生留甬率

（三）政府端："三个不紧密"导致产才融合合力不足

一是部门协同共进还不够紧密。各部门密切配合的工作格局还有待进一步完善，镇（街道）、园区之间的协同发展、差异化竞争的格局尚未完全形成。二是双招双引联动还不够紧密。实际开展项目引进时，存在"产业居前、人才居后"的问题，招商引资对高投资额度、高技术项目的关注程度更高，人才要素关注较少。三是产才统筹互融还不够紧密。当前重点围绕"224X"先进制造业集群、现代服务产业体系集聚人才，但是落实在数字经济、现代金融等细分产业上，以产引才、以才促产的精准度和实效性还不够强，在引进带技术、带项目的领军创业人才，催生新兴产业方面做得不够，高层次创新创业人才仍有一定程度的短缺；同时，以数字贸易为代表的新型贸易等新兴产业对人才的承载能力偏低，吸纳和承载空间相对偏弱，一定程度上也阻碍了新兴产业急需紧缺人才的集聚。

四、对策建议

围绕产业与人才互促共融，努力形成以产聚才、以才兴产的"鄞州样本"，提升产业链与人才链的匹配度、紧密度，实现人才和产业双向奔赴。

（一）突出"效"字，全领域推进机制革新

捋顺政府、企业、人才三者之间的关系，探索推出更开放、更灵活的人才招引和培育机制。从政府推动向市场驱动转变，树牢市场化思维方式，破除行政化管理模式，变"政府主导、政策带动招才"为"政府引导、市场驱动引智"。从单兵作战向联合作战转变，推动产业与人才部门常态化沟通协调、精细化职责分工、制度化推进落实，将人才与产业同步规划、一体推进，优化整合分散在各部门的碎片化政策，提升人才政策与产业政策的衔接度与紧密度；以大人才观的格局整合"双招双引"力量，打造任务同部署、工作同推进、人员同培训、考核同实施的招商引资与招才引智联动机制，推动传统引才、单纯招商向"人才团队、资金技术、项目资源"打包引进模式升级。从管理职能向服务职能转变，创新"菜单式"人才工作新模式，政策制定从"政府端菜"转向"企业点单"，在政策拟定、落实、优化闭环运转中，充分尊重企业意见、听取企业建议、回应企业需求，持续提升人才工作与产业培育、企业发展的适配度；聚焦破除人才评价"四唯"弊端，扩大职称自主评审试点范围，面向国家级"单项冠军""小巨人"企业等全面赋予中级职称自主评审权，把人才认定授权给企业，服务企业自主引进急需紧缺人才。

（二）突出"融"字，全方位推动供需匹配

立足鄞州区产业基础和人才现状，多举措推动人才链与产业链精准铆合，加快构建以人才为中心的产学研协同创新生态。围绕主导产业精准发力，瞄准重点行业、关键领域，摸清各类人才需求，明确招引方向，变"撒网式"引才为"打靶式"引才，编制形成企业人才需求清单，积极指导企业引进拔尖人才和创新团队，开展企业与人才的双向对接；探索建立重点产业人才导航系统，深挖大数据资源整合，通过对平台数据的采集、加工、分析，绘制从顶尖到基础、从上游到下游的"人才地图"，助力企业借助人才

地图的大数据分析和自动搜索功能，进行"按图索才"，实现企业需求与人才供给精准匹配、无缝对接。改善人才供给强化协同，构建校企一体化人才培养模式，打造"合作就业、合作发展"的紧密型校企合作机制；鼓励重点骨干企业聘请行业专家、技术能手担任培训导师，发挥高层次人才传帮带作用，依托企业培训中心、产教融合实训基地、高技能人才培训基地等，大力培养高技能产业人才。立足企业需求牵线搭桥，聚焦区内重点产业领域"卡脖子"技术、关键核心技术、重大共性技术等，建立企业界出题、科技界答题的"揭榜挂帅"机制，推动产学研合作由点对点合作向系统紧密式合作转变。

（三）突出"强"字，全要素搭建高能平台

加快构建与鄞州区产才融合现状相匹配的产业技术创新中心、院士工作站（院士创新中心）、重点实验室等科技创新平台，精心搭建人才干事创业大舞台。全力引育校地合作平台，促进更多"躺在"实验室的科研成果转移转化，推动高端人才资源与产业发展有效衔接。探索"产业教授+技术高管"模式，引导院校专家"走出去"、企业科研人员"走进来"，鼓励专家学者创办企业或到企业兼职，支持有创新创业经验的企业科技人才到院校任职，推动高校科研成果与区域需求相结合、与市场供需相匹配。稳步赋能特色产业平台，围绕优势主导产业和战略性新兴产业，积极创建集"产业—创新—人才"三合一的产才融合示范园区，扎实推动产业特色人才引进和培育，不断提升园区承载能力和产业集聚度；打造一批国字号、省字号特色平台，提升人力资源产业园、四明金融小镇、微电子产业园等能级，围绕"打造千亿级产业、争创国家级园区"总体目标，着力营造创业创新好生态，把产业平台建设成为高端人才集聚的创新高地。持续激活产学研用平台，加快创新主体培育，鼓励企业加大研发经费投入，建立院士工作站、博士后工作站等创新载体，并积极引导企业争创省市级研发机构。

（四）突出"暖"字，全要素提升服务氛围

在现有保障要素的基础上，进一步深化"五优五遇"人才服务体系建设，通过强化人才安居地图、人才服务岗和鄞州人才码建设，高效提升人才多元工作生活满意度。加快"一图"谋划，在2023年11月发布的人才安居地图基础上，以人才房所属社区为基准，以凤起潮鸣小区所在福明街道宁城社区为样板，谋划国际人才社区"一核多点位"布局，将人才服务进一步融入基层治理范围。加强"一港"建设，着眼人才引育全链条、人才服务全周期，通过线上线下双线程共同发力，着力加快构建人才增值政务服务体系，推动人才服务机制重塑和流程再造。线下部分，立足"智鄞未来"人才服务港职能定位，进一步优化服务港"15 分钟营商圈""点单帮办""智能陪办""远程代办"四大模块功能配备。线上部分，迭代升级"智鄞未来"云平台，着力打破"数据壁垒"，提升平台应用集成度，真正实现人才服务"全网覆盖"。

中共鄞州区委组织部课题组

奉化区完善人才安居机制的探索与实践

习近平总书记在党的二十大报告中指出：必须坚持"人才是第一资源"，坚持"人才引领驱动"。近年来，奉化持续实施"人才强区、创新强区"首位战略，迭代升级人才新政3.0版，人才集聚力度显著增强，但因住房价格上涨、土地供应限制及生活成本提高等因素，使人才住房配套措施难以同步跟上，影响了人才战略的实施。在这一背景下，如何完善和创新奉化人才安居机制，是各级组织部门需要思考的重要课题。本文以宁波市奉化区为样本，通过问卷调查、个别访谈、座谈调研、数据分析等方式，对奉化在人才新政背景下人才安居机制方面的探索和实践进行了分析和梳理，进而对如何打造人才安居品牌，吸引集聚人才进行了思考和总结。

一、奉化区人才安居现状

（一）人才住房保障实施情况

奉化区于2021年9月修订出台人才住房保障新政，明确人才住房保障的实施方式主要有四种：人才公寓申购、人才租赁房申租、人才购房补贴、人才租房补贴。2019—2022年货币补贴发放人次及金额情况如表1所示。

表 1　　　　　　　　2019—2022 年货币补贴发放人次及金额情况

序号	补贴类型	人才类型	人数	补贴金额（万元）	合计金额（万元）
1	各类人才购房补贴	博士研究生（包含正高）	28	1485	17889.2
		硕士研究生（包含副高、高级技师）	145	3880.58	
		本科（包含中级、技师）	608	10903.66	
		专科（包含初级）	162	1620	
2	租房补贴	博士研究生（包含正高）	67	99.6	484.66
		硕士研究生（包含副高、高级技师）	283	210.2	
		本科（包含中级、技师）	673	174.86	

（二）人才住房建设情况

截至 2023 年 5 月底，奉化区已建成人才专项用房共 999 套，其中出售型 262 套；出租型 737 套，此外，其他可适用于人才住房的房源有两类：（1）全区已累计筹集保障性租赁住房 5000 套（间）以上，预计到年底可筹集 6300 套（间）以上。（2）全区存量商品房约 11200 套，面积 118 万平方米。

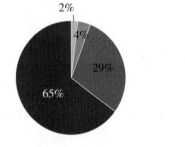
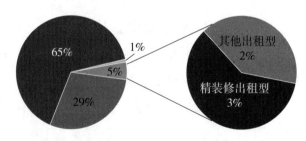

图 1　奉化住房情况

二、奉化人才安居存在的问题

奉化实施人才安居新政后，进一步激发了人才集聚热情，并收到了显著效果，截至 2022 年年底，奉化人才总量已超过 19 万人，比 2019 年增加了 7 万人。人才引入后，怎样更好地留住人才更为重要，首先需要妥善解决住房保障等配套问题，课题组在调研及资料分析的基础上，发现奉化人才安居存在以下几个方面问题。

（一）区域间房源供给不平衡，高品质人才住房缺乏

目前，奉化已建成人才专项用房共 999 套，就区域分布看主要分布在中心城区岳林街道和锦屏街道，而其他几个镇街道特别是人才比较集聚的宁南片区和滨海片区没有已建成的人才专项用房。另外，住房品质参差不齐，小区周边基础设施配套不足，由于高端人才对生活设施、人文环境、子女教育等要求较高，较低品质的保障性住房代替人才住房降低了人才的居住满意度，使部分配套不太完善的人才住房入住率低，全区人才公租房房源共 283 套，有 103 套房屋处于闲置状态。

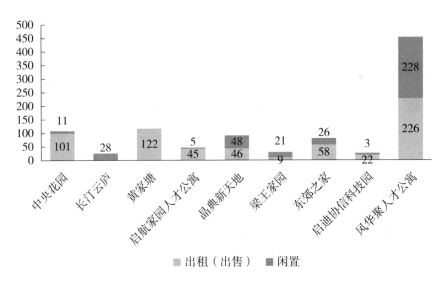

图 2　奉化区人才公寓房、公租房使用情况

（二）申请门槛较高，政策覆盖率低

奉化人才住房政策对本科及以上人才的支持较多，而较低层次的人才群体则普遍无法享受相关补贴政策。比如申请人才公租房必须要求全日制本科及以上学历，而大专学历人才无法享受人才公租房，2022 年奉化引进的大专

3757 人，占引进大学生人才的 34%。同时，数据显示，2019—2022 年奉化享受过住房安居政策的人才数量为1966人，仅占3年来新增人才总量的2.8%，住房安居政策的覆盖率还是偏低。

（三）管理服务不够细致，瓶颈问题有待解决

人才公租房管理单位分散，全区人才公租房由区房管中心、区城投集团、区东郊公司等单位分别管理，未建立可供人才自主选房的平台，人才自行租房缺乏统一可靠的租赁平台，社会性租房市场供应主体参差不齐，在租房过程中难以甄别，影响人才居住的稳定性和满意度。

三、奉化人才安居机制的探索与实践

针对以上问题，奉化区本着开拓资源、租购并举、统一管理的原则，重点完善了供应、分配与管理的一体化人才安居统筹协调机制，主要做法如下。

（一）坚持多维度、多渠道，创新人才安居供应机制

解决人才安居首先要从供应端入手，从信息和房源上开拓资源。一是摸清家底、以需定建，设立多维度信息共享机制，建立人才动态管理机制，房管部门对申报登记的房源资产进行统一管理，全面梳理、列出清单，规范登记制度，确保上报、更新、登记的及时准确，按"谁拥有，谁申报，谁负责"的原则，明确责任；完善人才住房需求库，实现人才需求、流动和退出的动态管理。二是住房保障和市场培育两端发力，构建多渠道人才房源供应体系，通过项目回购、长期租赁、合作建设等多途径筹集房源，一方面政府投资建设人才房，通过"轨道+物业"开发模式，在地铁3号线沿线建设"风华聚"人才公寓，以精装交付配备文体智能设施的高端人才社区模式，满足人才高品质的住房需求。另一方面充分发挥保障房源市场化供给，实现房源的多点布局，以"代理经租"模式构建以"晶典新天地""梁王家园"人才公寓为代表的"长租公寓"，采用"房屋托管+标准化装修+租后服务"方式解决人才社会性租房市场散、小、乱状态，同时，在"小户型、低租金"总体思路上，配建宿舍型公寓，解决就业大学生、产业工人等新市民群体安居难点。

（二）坚持精准滴灌、弹性分配，创新人才安居分配机制

明确人才认定标准，扩大安居政策受益面，采取"租购并举"方式，完善人才住房分配。一是标准化匹配与市场化评定相结合，实施精准滴灌，对于学历型人才采用标准化认定，通过奉化人才码，认定 A～G 类人才可以按层次享受购房、租房补贴。对于技能型、产业需求型人才，健全市场化评价机制，修订出台三领人才认定标准，将人才认定与实际贡献紧密结合，根据评选的金、银、蓝领对应享受购房补贴，同时，给予企业一定的人才自主认定权，由企业自主推举人才参与三领人才认定，实施精准滴灌，使政策能涵盖至"夹心层"人才，有效提高政策的精准度。二是实物配租和货币补贴相结合，实施弹性分配，坚持"租购补"三位一体，针对新就业大学生量身定制的住房保障机制，通过三年人才租赁房租金优惠、"市场价格＋政府补贴"解决人才过渡性居住需求，人才最高可累计获得 10.8 万元租金补贴；提供262 套人才房以低于市场价格向人才配售，推出高额度购房补贴、落户奖励，夫妻双方可叠享受补贴，最高可领 120 万元购房补贴和落户奖励，发挥政策最大效力，让来奉留奉人才"买得起"。

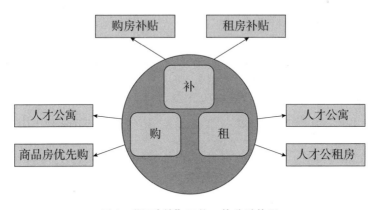

图 3　"租购补"三位一体分配体系

（三）坚持多位一体、纵横体系，创新人才安居管理机制

一是构建"多位一体"的人才住房保障政策体系，形成以人才公租房租赁、租房补贴、生活津贴等基础政策广覆盖的塔基，以购房补贴、落户奖励、人才公寓购置优惠、优先购房等差异化政策的塔身，塔尖配套顶尖人才

一事一议的多位一体住房保障政策机制，不同层次人才梯度化享受住房保障标准。同时，从产业导向和人才需求出发分区域建立人才专项用房，坚持以产业人才、重点人才为导向，通过政策引导，引导相关人才向重点产业集聚。二是构建"一横一纵"一站式人才住房保障工作体系，"一横"即由组织部、财政局、人力社保局、住建局等部门连成一线，成立人才住房保障工作管理办公室，构建人才住房保障联席管理制度。"一纵"就是整合人才安居政策各项业务板块，依托"惠企、人才一键通平台"，对内通过系统流转，细化人才工作分工，明确负责部门，实现政府部门间信息联动共享及动态监管；对外为人才提供"受理、处理、回复"三级服务，提高人才服务效率。

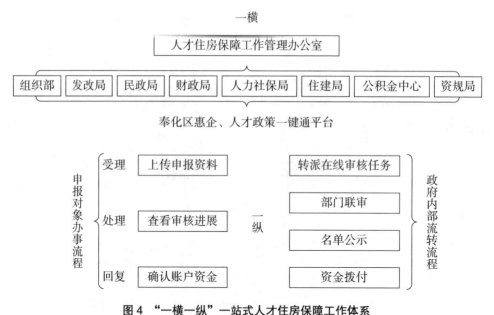

图4 "一横一纵"一站式人才住房保障工作体系

四、经验启示

　　人才住房保障是激发人才创新活力的重要依托，奉化强有力的人才安居政策有利于营造尊才、爱才、惜才的良好氛围，将更好地激发各类人才干事创业的激情。

　　（一）坚持政府与市场手段的高效结合

　　发挥政府主导作用的同时充分运用市场机制，一方面政府及主管部门要规划、组织、统筹、协调好各方力量，共同推动完成人才住房的建设筹集任务，同时在政策机制上做好标准化制定。另一方面充分发挥市场作用，提高人才住房租赁企业规模化、专业化水平，满足人才多层次、多样化的住房需求，对于人才住房需求度高且土地资源紧张的区域，多采用"租购补"三位一体的弹性补贴方式，帮助人才群体解决住房难问题；同时，在人才政策享受、分类评定上要引进市场化评价机制，让"夹心层"人才无后顾之忧。

（二）坚持人才与城市发展的同步跃升

将人才住房保障规划与城市发展战略相结合，统筹考虑财政政策、税收政策、土地政策、就业政策、产业政策和社会保障，实现人才住房保障工作与城市规划、产业发展、民生工程建设的有机结合，建立人才住房保障规划计划与城市更新计划的联合征求意见体系，实现资源共享、数据联动，确保规划指标制定的有效沟通和无缝连接。

（三）坚持力度与温度的同频共振

一方面要加大政策保障力度，合理设置每个层次人才的补助标准，细化政策颗粒度，扩大住房保障覆盖面，让符合条件的人才应享尽享，实现住房保障政策的普惠性。另一方面要保障政策的温度，实施温情政策，给予人才更多人文关怀，创新公共租赁住房的柔性退出机制，打造高品质人才社区环境，完善交通、教育、医疗等配套服务，让人才"招之能来，来之则安"，打造近悦远来的创业创新沃土。

中共奉化区委组织部课题组

政策规划篇

宁波市专家服务管理办法（2023 年修订）

（甬人社发〔2023〕20 号）

第一章　总　则

第一条　为贯彻落实习近平总书记关于做好新时代人才工作的重要思想，深入推进人才强市战略，充分营造识才爱才敬才用才的环境，推进专家服务管理制度化、科学化、常态化，打造"宁波五优、人才无忧"服务生态，特制定本办法。

第二条　专家服务管理的基本原则是：坚持党管人才，加强党对专家工作的领导；坚持服务大局，充分发挥专家服务经济社会发展作用；坚持分类管理，增强专家服务管理的针对性和精准性。

第三条　市专家服务管理工作由市委组织部（市委人才办）、市人力社保局牵头，市专家服务管理联席会议负责统筹协调，实行分层分类的管理体制和市县联动工作机制。

第二章　界定和分类

第四条　本办法所称专家是指在宁波市行政区域内全职工作或退休领取养老金且符合下列分类条件之一的人员：

A 类专家：列入市人才分类认定目录顶尖人才、特优人才的人员以及享受国务院政府特殊津贴的人员。

B 类专家：列入市人才分类认定目录领军人才的人员。

C 类专家：列入市人才分类认定目录拔尖人才的人员以及受聘正高级专业技术职务的人员。

第五条 专家所在单位负责专家信息载入、动态维护，人力社保部门、专家主管部门负责专家入库审核工作。

第三章　服务和待遇

第六条 联系制度。各地各部门和专家所在单位负责人与专家建立密切联系，常态化开展联络交流。一般每人联系 2 名专家，每批次联系期限 3 年，每年至少走访联系一次。

第七条 慰问制度。各地各部门和专家所在单位负责人在重要节日、专家取得重大成就、罹患重大疾病或去世时应分层分类开展慰问。

重要节日慰问一般安排在春节前，慰问金标准为顶尖人才每位 2000 元，其他专家每位 1000 元。

专家取得重大成就时，应通过贺信、登门拜访、座谈交流等形式进行慰问。

专家住院，慰问金（品）标准为顶尖人才每人每次不高于 2000 元，其他专家每人每次不高于 1000 元。

专家去世后，各地各部门或专家所在单位应组织慰问，慰问金（品）标准不高于 2000 元。A 类专家去世后，可在《宁波日报》等媒体上刊登生平简介。

第八条 荣誉评选和奖励。定期开展"宁波市杰出人才""宁波市有突出贡献专家"等评选，做好国家和省级专家评选推荐工作。对作出突出贡献的专家和团队按照有关规定给予表彰和奖励。

第九条 知识更新和学术技术交流。组织专家赴国内、国（境）外开展短期和中长期专业研修培训。按照中央、省、市有关文件精神，对从事教学科研工作的专家因公临时出国（境）开展学术技术交流合作实施区别管理，优化审批程序，加强经费管理。

第十条　疗休养。一般由市县两级人力社保部门组织实施，每年各开展1至2期，活动可兼顾学术研讨或座谈交流，参加对象由各地各部门推荐安排。

第十一条　医疗保健和健康体检。

A类专家：享受市属医疗保健对象服务，其中顶尖人才享受市属重点医疗保健对象服务。提供市定点三级甲等医院每年8次绿色通道就医服务，住院时可入住干部病房，定期组织体检。

B类专家：享受市属医疗保健对象服务。提供市定点三级甲等医院每年5次绿色通道就医服务，住院时可入住干部病房，定期组织体检。

C类专家：享受市定点三级甲等医院优先安排、专家提前预约等服务。正高级职称聘任满5年的C类专家享受市属医疗保健对象服务，住院时可入住干部病房，定期组织体检。

有关职能部门和专家所在单位做好专家健康体检工作并建立健康档案，为专家配备家庭医生。

第十二条　配偶就业和子女入学。对新引进的专家配偶未就业且有就业需求的帮助推荐工作岗位，其中A类、B类专家配偶未就业期间，给予每月不低于上一年度宁波市居民人均可支配收入的生活补贴和相应社会保险补贴，时间最长不超过3年。

A类专家子女可根据个人意愿，在全市公办幼儿园或公办义务教育阶段学校选择入读一次，升入宁波市高中阶段学校就读的，根据中考成绩、专家工作单位所在地（户籍所在地或常住地）统筹安排；B类、C类专家子女按现行人才政策解决入学问题。

第十三条　"一老一小"服务。A类、B类专家的父母、配偶的父母及未满18周岁的直系亲属，可与专家统筹使用绿色通道就医服务次数。提供定点医疗机构体检和健康咨询服务，推荐优质养老、家政、托育服务，有关行业主管部门建立服务机构备案监管机制。

第十四条　交通健身游览服务。专家享受一分钱乘坐宁波市行政区域内轨道交通、公共汽车等公共交通工具；免费在指定的体育场馆健身锻炼；免费携带一定数量同行人员到指定的景区景点游览；到指定的酒店住宿可享受协议价。拓展甬台、甬舟专家服务场景，推进专家服务资源共建共享。在职的 A 类专家享受宁波火车站绿色通道服务，在职的 A 类、B 类专家享受宁波机场贵宾通道服务。

第十五条 医疗补助和特殊困难补助。专家因住院或门诊特殊病种治疗发生的符合基本医疗保险支付范围的医疗费，在一个医保年度内，扣除符合基本医疗保险、大病保险和惠民型商业补充保险报销后的个人自付资金分三档给予补助：累计在 5000 元（含）以下的，A 类、B 类和 C 类专家分别给予 100%、90%、80% 的补助；5000 元至 1 万元（含）部分，A 类、B 类和 C 类专家分别给予 40%、30%、20% 的补助；1 万元以上部分，A 类专家给予 20% 的补助。

对因罹患重大疾病、家庭出现重大变故或丧失劳动能力等原因，造成生活困难的专家给予困难补助。

第十六条 税务金融保险便利服务。对 A 类、B 类专家涉税事项提供预约和"一对一"咨询服务。推荐优质的金融服务，担任企业法人或实际控制人的专家及其企业享受银行信贷服务、直接融资支持、创新人才保险等政策。

第十七条 外籍专家便利服务。外籍 A 类、B 类专家及其随行直系家属根据需要提供工作、居留许可便利，新办工作许可"即申即办"，许可延期申请执行"外国人工作一件事"。提供宁波社保卡办理便利服务。提供优质的中文语言等培训服务。中国籍 A 类、B 类专家的外籍直系亲属享受本条款待遇。

第十八条 收入分配倾斜。事业单位对急需紧缺的 A 类、B 类专家可单独制定收入分配倾斜政策，实施年薪制、协议工资或项目工资制等，不纳入绩效工资总量。国家、省、市对完成科技成果或为转化科技成果作出重要贡献专家的奖励，不纳入绩效工资总量。

第十九条 职称晋升和聘任绿色通道。对新引进的高层次、急需紧缺专家可直接申报或确认相应职称、聘任相应专业技术职务。对取得重大技术突破或标志性成果的，优先推荐申报浙江省高层次创新型人才职称"直通车"评审。

高校、科研院所、公立医院等事业单位在引进急需紧缺的 B 类及以上高层次专家时，可按省、市事业单位岗位设置规定，申请设立特设岗位，不受岗位总额和结构比例的限制。

第二十条　市外和柔性引进专家服务。未在宁波全职工作的符合市顶尖人才条件的甬籍专家，以及柔性引进在甬工作2年以上的专家，经审核后做好联系慰问等服务，在甬期间给予第十四条规定的同等待遇。

第二十一条　符合条件的在职专家报刊书籍费和专家退休津贴按有关规定执行。

第四章　发挥专家作用

第二十二条　支持创业创新。支持企业聘请高校、科研院所专家到院士工作站、博士后科研工作站等开展科技创新和人才培养。支持高校、科研院所聘请企业专家担任客座教授、兼职导师。事业单位专家兼职、在职或离岗创办企业按有关规定执行。符合条件的专家可申请加入宁波人才院，按规定享受事业单位养老保险待遇。

第二十三条　开展各类服务活动。专家应发挥自身优势，主动投身服务基层、服务企业、服务对口协作等活动，每年至少参加1次，服务绩效作为各类专家、人才工程选拔和评聘专业技术职务的重要依据。鼓励退休专家到企事业单位继续发挥作用。对国家级、省级专家服务基地和示范团给予经费支持。

第二十四条　搭建合作交流平台。组织开展产学研合作活动，搭建产业链合作平台，促进专家跨界合作。打造"专家朋友圈"，常态化开展联谊交流，定期开展礼敬人才暖心活动。各级人才之家为专家开展活动提供服务。

第二十五条　延长退休年龄。符合条件的专家确因工作需要，身体能够坚持正常工作，征得本人同意，经有关部门批准，可适当延长退休年龄。

第五章　管理和保障

第二十六条　通过"宁波人力资源和社会保障局"微信公众号、"宁波人才码"、社保卡"一卡通"等线上平台和服务专员、热线电话等为专家提供便利服务。

第二十七条　专家服务管理工作纳入市人才工作考核内容。

第二十八条　本办法规定的专家工作和生活保障所需经费，在甬省部属及市级机关事业单位所需经费由市财政负担，区（县、市）机关事业单位属地保障，其他单位按原渠道保障。

第二十九条　有以下情形之一者，不再列入市专家服务管理范围，不再享受本办法规定的有关待遇：

（一）触犯法律，构成犯罪或造成较大社会不良影响的；

（二）经查实存在严重违反学术道德或职业操守行为的；

（三）其他法律、法规、规章或行政规范性文件明确应予取消的。

第六章　附则

第三十条　本办法实施期限为 2023 年 9 月 1 日至 2028 年 8 月 31 日。

（2023 年 12 月 20 日由宁波市人力资源和社会保障局、中共宁波市委人才工作领导小组办公室、宁波市财政局联合发布）

宁波市乡村人才振兴十五条

（甬农发〔2023〕169 号）

为深入实施乡村振兴战略，贯彻落实习近平总书记考察浙江重要讲话精神，加快推动全市乡村人才队伍结构优化、质量提升，高水平建设农业强市，高品质打造"田园城市、都市乡村"，制定以下支持政策。

一、推动乡村人才数量质量全面提升

（一）推进农业科研人才自主培养。面向农业主导产业和特色优势产业，选拔和培育一批具有发展潜力的领军型、创新型、复合型农业专业技术人才。支持青年科技领军人才培养，对入选省领军型创新创业团队的，按规定给予最高 1000 万元补助。加大农业科技推广人才培养力度，完善市级农业科技推广项目管理办法，鼓励农技人员积极承担农业科技推广项目。创新基层农技人员培养机制，推广深化乡镇农技人员定向培养，实施"入学有编、毕业有岗"改革试点，按考生户籍以区（县、市）为单位实施定向招生（招聘）。深入实施领军拔尖人才自主培养项目，第一、第二层次人才分别安排资助经费 10 万元和 6 万元。

（二）培育农业农村生产经营人才。强化市县联动，以提升农业从业人员素质、推进稳产保供和农业高质量发展为重点，深化开展乡村振兴领军人才、高素质农民、农村实用人才培训，不断完善培训方式，丰富培训内容，提高培训绩效，努力培育一支懂生产、会管理、善经营的农业生产经营管理队伍。依托美丽乡村建设成果，着眼山水人文资源开发和乡愁经济发展，开展乡村运营管理人才培育，打造一支资源开发能力强、市场运作水平高、营销策划创意好的乡村运营人才队伍，培育认定一批宁波市星级乡村旅游运营团队。

（三）推进农业农村转移就业人才培育。着眼农村劳动力转移就业，开展农民二、三产业就业技能培训，拓宽农民稳定就业空间。深入实施新型农业经营主体提升行动和万名农创客培育行动，加快推进新型农业经营主体法人化。将农业农村转移就业劳动者纳入创业培训范围，按规定给予创业培训补贴，考核合格的颁发创业培训合格证书。开展农业农村转移就业劳动者职业技能培训，符合条件的，按规定予以补贴，考核合格的颁发培训合格证书。

（四）推动农民参与职业技能评选。贯彻落实"神农英才"培育计划，培育一批出类拔萃、对农业产业发展有突出贡献的农业农村领域精英。贯彻实施国家、省乡村振兴局乡村工匠培育工程精神，以乡村手工艺类、种养加服类和农村电商类人才为重点，分层分级开展培育，挖掘培养一批能够带动乡村特色产业发展、促进农民创业就业的新时代乡村工匠。支持符合条件的乡村工匠，按照新时代宁波工匠遴选办法参加遴选。

（五）加快高层次人才（团队）引进。依托甬江人才工程，积极引进现代农业创业创新人才（团队），加快农业一流领军人才和创新团队集聚。鼓励种业企业引进高层次种业人才从事育种研发或种质资源保护工作，符合条件的按规定给予支持。鼓励农业企业引进"海外工程师"，按规定给予企业最高 100 万元的年薪补助；符合条件的农业企业高层次科技人才，可申请进入宁波人才院，纳入市级高层次人才"编制池"管理。

二、打造乡村引才聚才平台

（六）推进全市农业科技人才联盟建设。发挥联盟人才整合作用，建设农业科技人才库，构建覆盖创新链、产业链、全领域的人才队伍体系。鼓励支持科研人员积极承担市级以上研发计划项目，并按规定给予支持。鼓励联盟相关产业技术团队积极参与农业科技推广重大项目，强化技术整装配套综合应用，建设一批农业技术试验示范基地，建立一支农业科技成果快速产业化队伍。

（七）建设高能级农业科研平台。坚持农业科技自立自强，加强高能级农业科研创新平台建设，发挥战略支撑、创新引领和原力驱动作用。聚焦生物育种、耕地保育、农机装备、设施农业、智慧农业等领域，布局建设一批农业重大科创平台。立足市内农业科研院校、农业科技企业，加强与市内外涉农院所合作，创建省重点农业企业研究院、市重点实验室等科研平台，并按规定进行资助，着力破解农业领域重大应用技术问题。鼓励企事业单位加强与院士专家的科创合作，开展院士工作站、院士科技创新中心建设，符合条件的，按照规定给予支持。鼓励有条件的单位积极开展博士后科研工作站建设，对获批国家级、省级博士后科研工作站，按照规定由隶属地财政按100万元、50万元标准分别给予资助。

（八）发展壮大农业科技企业。强化企业技术创新主体地位，加大科技创新投入，培育一批涉农领域国家高新技术企业，鼓励由农业龙头企业牵头，高等院校、科研机构、相关学协会等共同组建的科企创新联合体。引导有条件的农业龙头企业加强技术研发和资金投入，推动农业优质新品种、新技术、新工艺、新机具等集成化试验和推广应用，孵化和改造提升一批农业科技型中小企业。鼓励农业企业开展技术创新中心建设，对认定为市级技术创新中心的，按相关政策给予支持。鼓励农业科技企业与国（境）外机构开展国际人才交流与科技创新项目合作，开展农业重大项目科技攻关，对符合条件的国际合作项目给予最高500万元补助。

（九）推进涉农院校新农科建设。面向新农业、新乡村、新农民、新生态，鼓励在甬涉农高校加快新农科建设，锚定宁波农业发展方向，结合学科基础条件，增设农业科学技术、农林经济管理、乡村治理等重点领域紧缺专业，优化涉农学科专业结构。依托高水平涉农院校，科教协同探索本硕博一体化培养，造就一批高层次、高水平、国际化的创新型农林人才。对接乡村产业发展需求，产教融合加强学生实践能力培养，培养造就一批适应性强、综合素质高的应用型农林牧渔人才。支持鼓励高校院所精准对接，选派科技特派员，组建利益共同体，推动科技成果进园入乡镇，提高对接成效。

三、健全乡村人才评价激励机制

（十）分类推进乡村人才评价。以推进农业农村现代化的实际贡献为基本标准，针对不同类型、不同层次人才开展分类评价，构建顶尖人才、特优人才、领军人才、拔尖人才、高级人才及其他人才梯度推进的乡村人才评价和培育体系。研究提出乡村人才分类体系，推动更多乡村人才融入全市"人才朋友圈"，推动人才跨界融合，助力人才生态建设。

（十一）强化人才激励奖励。加大人才政策宣讲推介力度，推动更多符合条件的乡村人才纳入全市人才体系，按规定享受创业、住房、子女就学等优惠政策。积极引进农业农村领域科技领军人才（团队）、青年科技人才、海外人才等，按规定给予专项政策支持，并向国家级学会推荐任职，参评重要奖项。在甬从事农业种植业、畜牧业、林特业和养殖业领域的大学生投保《年度宁波市政策性农业保险市级财政补贴标的险种目录》内的险种，自缴保费部分，市级财政补贴50%；加大险种创新力度，探索开发经营风险、研发损失等特色险种，为大学生在农业领域创业创新提供风险保障。

（十二）加大乡村人才综合保障力度。鼓励优秀人才到乡村创新创业，放宽人才和外来劳动者落户条件，方便其配偶、未婚子女和父母随同迁入。丰富人才安居方式，完善货币补贴与实物配置相结合的保障模式，对新引进符合条件的乡村人才，按规定给予生活补助。落实高层次人才子女入学政策，按规定分级分层保障高层次人才子女就学。按照专家服务办法，给予优秀乡村人才便捷就医通道，为高层次人才未成年子女提供参加城乡居民医保便捷服务。

四、健全乡村人才工作引领和保障机制

（十三）坚持党建引领乡村人才振兴。坚持党管人才，党管农村工作，全面落实职能部门党管人才责任清单，加强人才政治引领和政治吸纳，推动全市农村常态化开展"弘扬爱国奋斗精神、建功立业新时代"活动。在乡村振兴优秀人才中发展党员，推荐乡村振兴优秀人才担任"两代表一委员"，参评"宁波市荣誉市民"等各类荣誉，选树一批"懂农业，爱农村，爱农民"

的先进典型。

（十四）建立乡村人才振兴工作体系。深入贯彻落实乡村振兴战略，大力推进乡村人才振兴，建立党委统一领导、组织部门统筹指导、农村工作部门具体协调、相关部门分工负责的乡村人才振兴工作联席会议制度。构建市县镇联动的乡村人才振兴工作体系，把乡村人才工作纳入乡村振兴实绩考核，作为落实五级书记抓乡村振兴责任清单的重要内容，推动乡村人才振兴各项工作落地见效。

（十五）落实乡村人才振兴工作责任。强化"管行业就要管人才、抓项目就要抓人才"主体责任，落实联席会议成员单位乡村人才振兴职责。各区（县、市）农业农村局（渔业局）明确1名党委委员分管人才工作，明确1个内设科室，科室主要负责人担任联络员，相关科室根据职责做好配合；明确党委及党委书记人才工作责任清单，开展乡村人才振兴谋划与研究，组织农业农村领域人才招引活动，落实联系服务人才专家制度，帮助解决实际困难和问题。

（2023年11月14日由宁波市农业农村局、
中共宁波市委人才工作领导小组办公室、
宁波市科学技术局、宁波市财政局、
宁波市人力资源和社会保障局联合发布）

关于加快推进新时代人力资源服务业
高质量发展的若干举措

（甬人社发〔2023〕9号）

为贯彻落实全市服务业高质量发展大会精神，充分发挥人力资源服务业推动经济发展、促进就业创业和优化人才配置的重要作用，根据《关于推进新时代人力资源服务业高质量发展的意见》（人社部发〔2021〕89号）、《关于实施人力资源服务业创新发展行动计划（2023—2025年）的通知》（人社部发〔2022〕83号）和《关于推进新时代人力资源服务业高质量发展的若干意见》（浙人社发〔2023〕7号）等文件精神，结合我市实际，就推进我市人力资源服务业高质量发展，制定如下举措。

一、指导思想

以习近平新时代中国特色社会主义思想为指导，深入贯彻党的二十大精神，全面贯彻新发展理念，构建新发展格局，围绕实施就业优先战略、人才强国战略、乡村振兴战略，以促进高质量充分就业为根本，进一步提高人力资源服务水平；以提高人力资源要素配置效率为导向，推动行业向专业化和价值链高端延伸；以培育壮大人力资源服务力量为抓手，进一步凝聚发展新动能；以建设高标准人力资源市场体系为目标，打造多层次、多元化的人力资源市场格局。加快构建功能健全、特色明显、专业突出的人力资源服务产业体系，为我市打造一流城市、促进高质量发展、实现共同富裕和市域现代化"两个先行"提供有力支撑。

二、发展目标

到 2025 年，基本建成与现代化滨海大都市相匹配、与共同富裕先行市相融合、与"一城三地"城市人才战略相适应的长三角南翼人力资源服务高质量发展新高地，形成专业化、规范化、协同化、数字化、国际化的人力资源服务体系，对经济社会和人才发展贡献显著提升。

——规模能级更上台阶。全市人力资源服务机构达到 2500 家，其中，提供猎头、测评、薪酬福利、外包、咨询等高人力资本、高技术、高附加值业态的中高端服务机构占比超过 35%。引进培育龙头总部机构 10 家、专精特新机构 20 家、成长型机构 30 家，全省综合百强机构不少于 50 家。规模以上人力资源服务机构净服务收入突破 1300 亿元。全年配置人力资源总量 500 万人（次），服务经济实体 40 万家（次）以上。

——园区布局更趋完善。围绕区域特色产业，构建布局合理、特色鲜明的产业园发展体系，新增省级人力资源服务产业园 2 家以上。中国宁波人力资源服务产业园孵化功能和集聚效能不断显现，吸引一批中高端业态优质项目，引领产业高质量发展。宁波国家人力资源服务出口基地建设成效明显，每年新引进 10 家优质人力资源服务机构，年服务贸易进出口总额达到 100 亿元。

——平台载体更具特色。继续高质量举办中国（宁波）人力资源服务创新创业大赛，打造成为全国行业创新发展重要策源地，遴选吸引大赛优秀项目团队落户宁波。不断提升本土机构知名度和品牌影响力，围绕长三角一体化、东西部协作、山海协作、甬舟一体化等发展战略，进一步推动区域人力资源服务合作。搭建制造业等重点领域人力资源服务供需对接平台，推动人力资源服务深度融入制造业产业链，实现人力资源市场化配置水平和服务就业能力明显提升。

——发展生态更加优化。鼓励数字技术与人力资源管理服务深度融合。全面建立统一规范、竞争有序的市场体系，健全行业正向激励和优胜劣汰机制，激活行业发展内生动力。加强行业自律，建立机构星级评定制度，每两年评选人力资源诚信服务机构。建立分层分类行业人才培养体系，每年开展学术交流和研修活动。全市从业人员达到 10 万人。

三、主要举措

1. 充分发挥人力资源市场决定性配置作用。坚持把服务实体经济作为着力点，鼓励机构针对我市制造业"大优强"培育企业、国家级"单项冠军""专精特新"企业及人才企业搭建人力资源供需对接平台。扩大市场化人才服务供给，猎头机构为上述企业引进个人所得税年纳税额在 10 万元及以上人才的，给予猎头费 50%、最高 50 万元奖励。鼓励机构与高校合作开展大学生技能实训，机构为我市企业培养并输送大学生技能人才的，按每人500 元标准给予最高 50 万元补贴。支持机构建设大学生就业实践基地，为大学生提供就业实习见习岗位，对获评市级大学生就业实践示范基地的机构，按相关规定给予补贴。鼓励公共就业和人才服务机构、行业协会搭建校企合作平台，组织企业到高校、职业院校和技工学校开展对接洽谈和招聘活动。鼓励机构发挥市场化配置作用，对参加市本级赴外招聘活动的机构，视同实体企业按相关规定给予赴外招聘补贴。对吸纳就业人数多、稳岗效果好且用工规范的小微人力资源服务机构，可按规定申请"甬岗贷"专项信用贷款。

2. 全面升级高端人力资源服务产业链。高质量举办中国（宁波）人力资源服务创新创业大赛，集聚全球优质人力资源服务项目，着力打造行业创新策源地。加大人力资源领域高端人才项目支持力度，对获得大赛三等奖以上且符合申报条件的项目团队，可直接进入"甬江人才工程"城市经济领域集中遴选终轮专家评审环节。依托中国宁波人才市场产业孵化基地，支持全球知名机构来宁波开展猎头、测评、咨询式培训等高端业务。组织开展"专精特新"人力资源服务机构遴选培育，对首次进入行业全省猎头、网络招聘、测评、培训、管理咨询等榜单 10 强的人力资源服务机构，给予 10 万元奖励。鼓励机构积极申报国家高新技术企业，对首次认定为国家高新技术企业的机构，给予 20 万元一次性奖励。支持非信息技术类企业的人力资源服务机构实施数字化改造，对实际投入资金达到 100 万元及以上的，经评审择优选取项目，按照不超过实际投入的 20% 给予补助，每家最高不超过 100 万元。

3. 着力构建专业化特色化产业园体系。按照"一核驱动多团组联动"产业园布局，支持各地因地制宜、"一园一品"打造特色化专业产业园，实现产业园区（县、市）全域覆盖。对新建省级人力资源服务产业园的，给予50万元一次性奖励。支持人力资源服务产业园创建公共实训基地、中小企业公共服务平台。建立人力资源服务产业园交流协作机制，推进人力资源服务就业帮扶、区域协同和开放合作。每年组织对产业园及园区机构的专业化、特色化服务进行绩效考评，择优奖励。产业园新增单栋楼宇年度综合贡献首次突破1亿元的，按相关规定给予奖励。

4. 加快建设国家级人力资源服务出口基地。发挥浙江自贸区宁波片区（北仑区）政策优势，扩大人力资源服务领域对外开放，市区共建宁波国家人力资源服务出口基地，市级给予一定资金补助用于基地政策支持。大力发展人力资源服务离岸外包，鼓励企业在基地设立人力资源服务机构、从事人力资源服务出口业务，基地按照年出口额标准给予企业最高100万元补助。首次入选国家、省级服务贸易领域特色（示范）基地的，按相关规定给予一定金额的一次性资金补助。对支持期内离岸服务外包业务出口额达到一定金额的人力资源管理服务外包企业，可按相关规定申报离岸外包贴息支持。

5. 加速引育人力资源服务龙头总部机构。符合条件的新引进人力资源服务机构总部，按相关规定给予补助。对新引进列入《浙江省优先引进人力资源服务企业推荐名录》的人力资源服务机构，给予最高50万元补贴。鼓励我市机构"上规入库"，对各区（县、市）"小升规"的机构，按相关规定给予奖励。鼓励人力资源服务机构参加全市服务业企业百强评选。支持培育人力资源服务机构上市，对成功上市的机构，按相关规定给予最高300万元奖励；对在宁波股权交易中心培育并入选市级拟上市企业培育库的机构，按相关规定给予最高50万元奖励。

6. 持续打造高素质行业人才队伍。鼓励机构引进培养行业紧缺急需的高端团队和高层次人才。每年组织行业高管人才赴国（境）内外开展学术交流和研修活动，组织机构中层骨干开展素质提升培训，支持行业协会开展从业人员培训。对达到一定规模的人力资源服务企业副总经理以上职务人员，可不受学历、资历、任职资格等条件限制，按相关规定破格申报评审高级经济师职称资格；对进入行业全省综合10强榜单机构主要负责人，可参照高级人才按规定享受公交地铁、体育场馆等宁波市专家服务待遇。支持符合条件的人力资源服务机构设立博士后科研工作站或创新实践基地。

7. 不断营造诚信规范的行业发展环境。着力构建信用监管体系，支持人力资源服务行业协会开展人力资源服务机构星级评定工作，发挥行业协会在推动行业公平竞争、诚信服务、自我约束、健康发展等方面的重要作用。对主持制（修）定国际标准、国家标准、省和市地方标准，主持承担国家、省、市级标准化试点示范项目的机构，按相关规定给予补助。持续开展清理规范人力资源市场秩序专项行动，严肃打击查处各类违法违规行为。鼓励机构通过购买"灵活保"等商业保险，为劳动者分担工作中的意外伤害风险。

8. 加强统筹领导形成发展合力。成立由市人社局牵头，市委人才办、市科技局、市财政局、市商务局、市市场监管局、市地方金融监管局、市统计局、市服务业局、市投资促进署等部门组成的工作专班，加强人力资源服务业规划发展和统计监测，定期编制发布人力资源服务发展报告，开展创新案例遴选。成立市人力资源服务产业专家咨询委员会，邀请全国知名行业专家作为我市行业智库。在市人才发展专项资金中安排人力资源服务业专项经费，用于扶持人力资源服务业发展。

四、附则

本举措所指人力资源服务机构，是指在我市依法注册并取得《人力资源服务许可证》的经营性人力资源服务机构。

本举措自 2023 年 5 月 13 日起施行，有效期三年。本举措与宁波市级其他人力资源服务业相关政策不一致的，按本举措执行。如遇到国家重大政策调整时，本举措可作相应调整。对同一事项涉及多项奖励、补助等的，按"就高、补差、不重复"原则执行，具体操作办法由市人力社保局会同相关部门另行制定。

（2023 年 4 月 12 日宁波市人力资源和社会保障局等 9 部门联合发布）

关于加快推进新时代人力资源服务业高质量发展相关政策的实施细则

（甬人社发〔2023〕19号）

为贯彻落实《关于加快推进新时代人力资源服务业高质量发展的若干举措》（甬人社发〔2023〕9号）文件精神，现就猎头费奖励、大学生技能人才输送补贴、赴外招聘补贴、省榜单首次入围奖励、新建省级产业园奖励、专业化特色化产业园绩效考评奖励、宁波国家人力资源服务出口基地建设补助、人力资源服务出口业务补贴、新引进省优先名录机构补贴等政策制定实施细则。

一、猎头费奖励

（一）政策内容。鼓励机构针对我市制造业"大优强"培育企业、国家级"单项冠军""专精特新"企业及人才企业搭建人力资源供需对接平台，猎头机构为上述企业引进个人所得税年纳税额在10万元及以上人才的，给予猎头费50%最高50万元奖励。

（二）适用对象。在我市依法注册并取得《人力资源服务许可证》的经营性人力资源服务机构。

（三）奖励标准。按实际支付猎头费50%标准，每家机构年累计奖励额不超过50万元。

（四）资金渠道。由市级财政负担。

（五）申报材料。1.《宁波市猎头专业服务费奖励申请表》；2.高级人才寻访委托合同；3.猎头费支付发票复印件或扫描件。

（六）申报流程。1.符合条件的人力资源服务机构于每年7月通过"宁波市人才服务申报系统"（hrs.nbrc.com.cn）申报，填写申请表并提供相应材料；2.市人才服务中心初审并汇总后，于次月15日前上报市人社局；3.市人社局复核并按级审批后，按有关程序发放奖励资金。

（七）其他事宜。1.我市制造业"大优强"培育企业、国家级"单项冠军""专精特新'小巨人'"企业，以市经信局提供名单为准；2.人才企业，指由市级以上重点人才计划人才为主创办的企业（人才须为该企业创始人、法定代表人，且是第一大股东或最大自然人股东），以市委人才办提供名单为准；3.新引进人才须在2023年5月13日后从市外引进，并首次在甬缴纳社会保险，申报时应在该企业工作满一年（含）以上（在该企业连续缴纳社会保险满一年含以上）；4.提交申请视为同意相关部门按需核查新引进人才上一年度个人所得税缴费记录和参保信息。

二、大学生技能人才输送补贴

（一）政策内容。鼓励机构与高校合作开展大学生技能实训，机构为我市企业培养并输送大学生技能人才的，按每人500元标准给予最高50万元补贴。

（二）适用对象。在我市依法注册并取得《人力资源服务许可证》的经营性人力资源服务机构。

（三）补贴标准。按每人500元标准，每家机构年累计补贴额不超过50万元。

（四）资金渠道。由市级财政负担。

（五）申报流程和申报材料。

1.机构遴选：（1）符合条件的人力资源服务机构于每年3月或9月向所属区（县、市）人社部门提出大学生技能实训申请；（2）区（县、市）人社部门对其培训资质、实训场地、设施设备、课程安排等进行资料审查或实地核查，并于次月15日前将推荐机构名单上报市人社局；（3）市人社局组织专家遴选，择优纳入大学生技能人才输送机构名录；

2. 培养输送：（1）机构填写《宁波市大学生技能人才输送补贴申请表》，并将实训合作协议、花名册（包含姓名、身份证号、实训工种、实训时间等内容，由机构、高校双方盖章）、签到表、录像等佐证材料提交给所属区（县、市）人社部门；（2）区（县、市）人社部门审核后在其申请表上盖章；

3. 补贴申请：（1）机构通过"宁波市人才服务申报系统"（hrs.nbrc.com.cn）申报，上传申请表并提供实输送员工花名册（包含姓名、身份证号、所在单位及岗位等内容，由机构、用工企业双方盖章）等佐证材料；（2）市人才服务中心初审并汇总后，于次月15日前上报市人社局；（3）市人社局复核并按级审批后，按有关程序发放奖励资金。

（六）其他事宜。1. 大学生技能人才输送机构名录每年上下半年各增补一次，大学生技能人才输送补贴随时申报、随时受理；2. 大学生技能人才须取得全日制大专及以上学历后由机构推荐或派遣到我市企业就业，首次在甬缴纳社会保险满3个月（含）以上（在该企业连续缴纳社会保险满3个月含以上），输送时间须在2023年5月13日后；3. 大学生技能人才须在高校在读期间和毕业后两年内参加技能实训；4. 大学生技能人才已享受职业技能培训补贴的，机构不得重复申报大学生技能人才输送补贴；5. 提交申请视为同意相关部门按需查询大学生技能人才参保信息。

三、赴外招聘补贴

（一）政策内容。鼓励机构发挥市场化配置作用，对参加市本级赴外招聘活动的机构，视同实体企业按相关规定给予赴外招聘补贴。

（二）适用对象。在我市依法注册并取得《人力资源服务许可证》的经营性人力资源服务机构。

（三）补贴标准。按省外长三角以内地区1000元/次、长三角以外地区2000元/次标准。

（四）资金渠道。由市级财政负担。

（五）申报流程。机构根据赴外招聘邀请函或通知，在"甬上乐业宁波市人力资源综合服务平台"（ycyg.nbhr.org.cn）进行招聘报名，经审核确定并按规定参会后，按有关程序发放补贴资金。

四、省榜单首次入围奖励

（一）政策内容。对首次进入行业全省猎头、网络招聘、测评、培训、管理咨询等榜单 10 强的人力资源服务机构，给予 10 万元奖励。

（二）适用对象。在我市依法注册并取得《人力资源服务许可证》的经营性人力资源服务机构。

（三）奖励标准。按 10 万元标准，一次性奖励。

（四）资金渠道。由市级财政负担。

（五）申报流程。省人社厅正式发布《浙江省人力资源服务业发展白皮书》后，由市人才服务中心通知符合条件的人力资源服务机构进行统一集中申报，填写收款账户信息，并汇总上报市人社局。市人社局复核并按级审批后，按有关程序发放奖励资金。

（六）其他事宜。1. 机构在 2023 年 5 月 13 日前曾入围《浙江省人力资源服务业发展白皮书》猎头、网络招聘、测评、培训、管理咨询等任一榜单 10 强的，不适用省榜单首次入围奖励；2. 每家机构仅可享受 1 次省榜单首次入围奖励；3. 省人社厅正式发布《浙江省人力资源服务业发展白皮书》后 3 个月内完成申报，逾期不再受理。

五、新建省级产业园奖励

（一）政策内容。对新建省级人力资源服务产业园的，给予 50 万元一次性奖励。

（二）适用对象。我市新建省级人力资源服务产业园。

（三）奖励标准。按 50 万元标准，一次性奖励。

（四）资金渠道。由市级财政负担。

（五）申报流程。省人社厅正式发布同意设立文件后，由市人社局通知符合条件的人力资源服务产业园进行统一集中申报，提供产业园基本情况。市人社局按级审批后，于次年按有关程序发放奖励资金。

（六）其他事宜。省人社厅正式发布同意设立文件后 3 个月内完成申报，逾期不再受理。

六、专业化特色化产业园绩效考评奖励

（一）政策内容。每年组织对产业园及园区机构的专业化、特色化服务进行绩效考评，择优奖励。

（二）适用对象。我市人力资源服务产业园。

（三）奖励标准。按 10 万元标准，一次性奖励。

（四）资金渠道。由市级财政负担。

（五）申报流程。市人社局每年组织 1 次全市专业化、特色化人力资源服务产业园绩效考评，组建专家考评组，考评组制定考评规则和程序。考评结果经市人社局党组会议审议通过和公示后，于次年按有关程序发放奖励资金。

（六）其他事宜。人力资源服务产业园当年度已申报新建省级产业园奖励或仍在省、市级人力资源服务产业园区（基地）建设补贴兑现期内的，不得重复申报专业化特色化产业园绩效考评奖励。

七、宁波国家人力资源服务出口基地建设补助

（一）政策内容。发挥浙江自贸区宁波片区（北仑区）政策优势，扩大人力资源服务领域对外开放，市区共建宁波国家人力资源服务出口基地，市级给予一定资金补助用于基地政策支持。

（二）适用对象。宁波国家人力资源服务出口基地。

（三）奖励标准。根据出口基地实际创建和运营情况，每年给予最高 100 万元补助。

（四）资金渠道。由市级财政负担。

（五）申报流程。市人社局每年组织 1 次宁波国家人力资源服务出口基地建设绩效考评，组建专家考评组，考评组制定考评规则和程序。考评结果经市人社局党组会议审议通过和公示后，按有关程序发放奖励资金。

八、人力资源服务出口业务补贴

（一）政策内容。鼓励企业在基地设立人力资源服务机构、从事人力资

源服务出口业务，基地按照年出口额标准给予最高 100 万元补助。

（二）适用对象。企业在宁波国家人力资源服务出口基地设立并从事人力资源服务出口业务的人力资源服务机构。

（三）补贴标准。对上一年度人力资源服务出口额达到 100 万美元（含）至 500 万美元（或相当金额的人民币）的机构，补贴 10 万元；对上一年度人力资源服务出口额达到 500 万美元（含）至 1000 万美元（或相当金额的人民币）的机构，补贴 30 万元；对上一年度人力资源服务出口额达到 1000 万美元（含）至 2000 万美元（或相当金额的人民币）的机构，补贴 50 万元；对上一年度人力资源服务出口额达到 2000 万美元（含）至 3000 万美元（或相当金额的人民币）的机构，补贴 70 万元；对上一年度人力资源服务出口额达到 3000 万美元（或相当金额的人民币）及以上的机构，补贴 100 万元。

（四）资金渠道。由宁波国家人力资源服务出口基地统筹解决。

（五）申报材料。1.《宁波市人力资源服务出口业务补贴申请表》；2. 人力资源服务出口合同及执行情况清单：从商务部业务系统统一平台"服务贸易统计监测管理业务应用系统"中下载打印，时间跨度为上一个自然年度。

（六）申报流程。1. 符合条件的人力资源服务机构于每年 3 月向市人才服务中心提出申报，填写申请表，并提供相关材料；2. 市人才服务中心初审并汇总后，于次月 15 日前上报市人社局；3. 市人社局复核并按级审批后，按有关程序发放补贴资金。

（七）其他事宜。企业须为其所设立的人力资源服务机构的第一大股东。

九、新引进省优先名录机构补贴

（一）政策内容。对新引进列入《浙江省优先引进人力资源服务企业推荐名录》的人力资源服务机构，给予最高 50 万元补贴。

（二）适用对象。在我市依法注册并取得《人力资源服务许可证》的经营性人力资源服务机构。

（三）补贴标准。对新引进列入《浙江省优先引进人力资源服务企业推荐名录》前 50 强（含）的人力资源服务机构，给予 50 万元一次性补贴；对新引进列入《浙江省优先引进人力资源服务企业推荐名录》前 100 强（含）

的人力资源服务机构，给予 30 万元一次性补贴；对新引进列入《浙江省优先引进人力资源服务企业推荐名录》的其他人力资源服务机构，给予 10 万元一次性补贴。

（四）资金渠道。由市级财政负担。

（五）申报流程。1. 符合条件的人力资源服务机构向市人才服务中心提出申报，填写收款账户信息；2. 市人才服务中心初审并汇总后，于次月 15 日前上报市人社局；3. 市人社局复核并按级审批后，按有关程序发放奖励资金。

（六）其他事宜。1.《浙江省优先引进人力资源服务企业推荐名录》，以浙江省人社厅官方发布的最新版本为准；2. 新引进，指人力资源服务机构首次在甬设立总部或区域型、功能型总部，须依法注册、具有独立法人资格，并取得《人力资源服务许可证》；3. 机构在我市依法注册后 3 个月内完成申报，逾期不再受理。

十、附则

本细则自 2023 年 5 月 13 日起施行，有效期三年。《关于印发〈加快发展人力资源服务业政策有关问题的实施细则〉的通知》（甬人社发〔2016〕31 号）文件废止。

各经办部门要严格按照要求审核把关，对把关不严的相关责任人员进行严肃问责。对企业、机构和人才弄虚作假、骗取补助资金的，要依法追回并列入黑名单，不再给予政策支持；涉嫌违法犯罪的，移送有关机关依法处理。

（2023 年 8 月 31 日由宁波市人力资源和社会保障局发布）

宁波市人民政府办公厅关于进一步放宽
我市户口准入条件的通知

（甬政办发〔2023〕53号）

各区（县、市）人民政府，市直及部省属驻甬各单位：

为进一步优化我市户口迁移政策，吸引更多人口来甬就业创业，助力宁波经济社会高质量发展，经市政府同意，现将进一步放宽我市户口准入条件有关事项通知如下：

一、放宽居住落户条件

在本市居住生活，本人、配偶或直系亲属在市区城镇地区有合法稳定住所的，经房屋所有人同意，申请迁移人凭居民户口簿、居民身份证和合法稳定住所证明，可申请将户口迁入合法稳定住所处。

二、放宽租赁落户条件

连续租住同一区级行政区域范围内城镇地区的成套住宅登记满1年，本人（含配偶和未成年子女）在市区城镇地区无合法稳定住所的，按照"一房一户"的原则，可申请将户口迁入申请时租赁房屋所在地社区公共集体户。经房屋所有人同意，可申请将户口迁入该房屋坐落地址。

三、拓展就业落户范围

在市区城镇地区合法稳定就业并参加社会保险满1年，本人（含配偶和未成年子女）在市区城镇地区无合法稳定住所的，可申请将户口迁入工作单位集体户或工作单位所在地社区公共集体户。

在市区合法稳定就业并参加社会保险满 6 个月，连续租住同一区级行政区域范围内城镇地区的成套住宅登记满 6 个月，本人（含配偶和未成年子女）在市区城镇地区无合法稳定住所的，按照"一房一户"的原则，可申请将户口迁入申请时租赁房屋所在地社区公共集体户。经房屋所有人同意，可申请将户口迁入该房屋坐落地址。

社会保险缴纳年限为累计缴纳年限，即参加社会保险满 1 年为"申请日之前 2 年内累计缴纳 12 个月"，其中市区参加社会保险满 9 个月、市区外参加社会保险满 3 个月及以上的，申请落户时可合并计算；参加社会保险满 6 个月为"申请日之前 1 年内累计缴纳 6 个月"；补缴记录不得计入缴纳年限。

四、放宽人才落户条件

具有普通高等教育专科及以上学历或中级工及以上职业资格（技能等级）人才，在市区合法稳定就业并参加本市社会保险，本人（含配偶和未成年子女）在市区城镇地区无合法稳定住所的，可申请将户口迁入工作单位集体户、工作单位所在地人才服务机构集体户或投靠市区城镇地区同意被投靠的亲友处。

全日制普通高校、中等职业学校（含技校）毕业生毕业 20 年内或 40 周岁以下非全日制大专及以上学历人才，有意愿来本市就业的，可申请将户口迁入人才服务机构集体户或投靠市区城镇地区同意被投靠的亲友处。

五、试行居住证转户籍制度

在本市城镇地区连续居住并登记满 3 年的《浙江省居住证》持有人，凭居民户口簿、居民身份证和本市登记的《浙江省居住证》，可申请将户口迁入申请时居住地社区公共集体户。其中，符合户口准入条件的未成年人应当随符合户口准入条件的父亲、母亲或其他监护人一并迁入。

六、简化投资创业落户材料

在本市投资办企业、个人就业创业（含灵活就业），按规定缴纳税款或参加本市社会保险，并取得商业用房或办公用房合法所有权的，可直接申请落户，不再需要提交《浙江省居住证》。

本通知所指"市区"为海曙区、江北区、镇海区、北仑区、鄞州区（含宁波高新区）、奉化区；"城镇地区"为宁波市所辖区域内区级人民政府驻地及所辖街道（镇）实际建设连接到的社区居委会所辖区域和其他区域，一般指设立社区居委会的地区。

本市已发布的户口准入条件有关规定，与本通知不一致的，以本通知为准。余姚市、慈溪市、宁海县、象山县落户政策与本通知有差异的，按照"有利于迁移人落户"的原则执行。

本通知自 2023 年 11 月 24 日起施行，由市公安局负责牵头组织实施。

（2023 年 11 月 20 日由宁波市人民政府办公厅发布）

关于对引进人才等住房消费加大住房公积金支持力度的通知

（甬房公委〔2023〕2号）

市住房公积金管理中心、各分中心：

为贯彻落实市委市政府"人才强市"战略部署，加大住房公积金对引进人才等住房消费的支持力度，现就有关事项通知如下：

一、在宁波市就业并缴存住房公积金的全日制本科毕业生，从2023年5月1日起，在宁波大市范围内购买自住住房且申请住房公积金贷款的，贷款额度可按当期最高贷款限额上浮20%；符合租房提取住房公积金条件的，可提取的月度限额提高至1800元。

二、在宁波市就业并缴存住房公积金的全日制硕士毕业生，从2023年5月1日起，在宁波大市范围内购买自住住房且申请住房公积金贷款的，贷款额度可按当期最高贷款限额上浮30%；符合租房提取住房公积金条件的，可提取的月度限额提高至2000元。

三、高级及以上层次人才，在宁波大市范围内购买自住住房申请住房公积金贷款的，贷款额度可按当期最高贷款限额上浮50%；符合租房提取住房公积金条件的，可按租赁普通自住住房实际支付的房租提取本人及配偶的住房公积金。

四、从 2023 年 6 月 1 日起，符合租房提取住房公积金条件的缴存职工可按月办理租房提取业务，也可累计多月提取，提取起始月份不超过上次租房提取时间且最长提取期限不超过 12 个月。

五、购房时间以房屋交易管理部门信息系统网上签约的时间为准。

（2023 年 4 月 20 日由宁波市住房公积金管理委员会发布）